In herzlicher Verbundenheit

Ihr

ALLE KRAFT IST WILLE

1849

Österreichische Schriftenreihe zum gewerblichen Rechtsschutz, Urheber- und Medienrecht (ÖSGRUM)

herausgegeben von Hon.-Prof. DDr. Robert Dittrich

20. Band

Wien 1997
Manzsche Verlags- und Universitätsbuchhandlung

Beiträge zum Urheberrecht V

Herausgegeben von

Hon.-Prof. DDr. Robert Dittrich
Sektionschef i. R. im Bundesministerium für Justiz

Wien 1997
Manzsche Verlags- und Universitätsbuchhandlung

Zitiervorschlag: *Dittrich* (Hrsg), Beiträge zum Urheberrecht V (1997) [Seite]

Die Deutsche Bibliothek – CIP-Einheitsaufnahme

Beiträge zum Urheberrecht – Wien : Manz.
5. / Hrsg. von Robert Dittrich. – 1997
(Österreichische Schriftenreihe zum gewerblichen Rechtsschutz, Urheber- und Medienrecht ; Bd. 20)
ISBN 3-214-07718-X
NE: Dittrich, Robert [Hrsg.]; GT

Printed in Austria

A-1014 Wien, Kohlmarkt 16
Telefon: (01) 531 61-0
eMail: redaktion@MANZ.co.at
World Wide Web: www.MANZ.at
Datenkonvertierung und Satzherstellung: Satzstudio Manfred Gross, Wien 22
Druck: MANZ, Wien 5

Vorwort

Der nunmehr vorliegende Band enthält Vorträge, die auf den Tagungen des Arbeitskreises Urheberrecht am 18. und 19. 3. 1996 sowie am 3. und 4. 3. 1997 in Krems gehalten worden sind.

Auch dieser Band hätte ohne einen Druckkostenzuschuß nicht erscheinen können. Mein besonderer Dank gilt daher jenen Verwertungsgesellschaften, die durch Zahlung eines namhaften Betrages das Erscheinen dieses Bandes ermöglicht haben, nämlich

AKM – Staatlich genehmigte Gesellschaft der Autoren, Komponisten und Musikverleger, reg GenmbH,

Austro Mechana, Gesellschaft zur Verwaltung und Auswertung mech-musik Urheberrechte GesmbH,

Literar-Mechana Wahrnehmungsgesellschaft für Urheberrechte GesmbH,

LSG Gesellschaft für Wahrnehmung von Leistungsschutzrechten GesmbH,

Oesterreichische Interpretengesellschaft (OESTIG),

VAM Staatlich genehmigte Verwertungsgesellschaft für audiovisuelle Medien,

VBK Verwertungsgesellschaft bildender Künstler,

VG Rundfunk.

Wien, Juni 1997 *Robert Dittrich*

Inhaltsverzeichnis

Neuerungen im österreichischen Urheberrecht

Ist die E Ludus tonalis ein Irrweg?*)

Von *Hon.-Prof. DDr. Robert Dittrich*,
Sektionschef im BMJ iR, Wien

1. Durch ein Erk des VfGH[1]) ausgelöst, hat sich die B-VGNov BGBl 1964/59 Problemen über das Verhältnis des Völkerrechts zum innerstaatlichen Recht im allgemeinen und der Behandlung von Staatsverträgen im besonderen angenommen. Es ist insb die sog spezielle Transformation eingeführt worden.

Diese Novelle ist ihrer Bedeutung entsprechend besonders sorgfältig vorbereitet worden. Zur Vorbereitung ist durch das BKA eine Enquete abgehalten worden, an der Vertreter der Wissenschaft aus dem Bereich des Staats- und Völkerrechts sowie Praktiker aus diesen Sachgebieten teilgenommen haben. Diese Beratungen zeitigten unter anderem folgendes Ergebnis:[2])

---

*) Der Verfasser hat vor dem Arbeitskreis Urheberrecht einen Vortrag mit dem Titel „Neuerungen im österreichischen Urheberrecht" gehalten, der im wesentlichen aus drei Teilen bestand. Der erste Teil war der zum Vortragszeitpunkt zwar schon vom Plenum des Nationalrates, nicht aber auch vom zuständigen Ausschuß des Bundesrates und daher auch noch nicht vom Plenum des Bundesrates beschlossenen und daher auch noch nicht kundgemachten UrhGNov 1996 gewidmet. Nunmehr liegt die Kundmachung (BGBl 1996/151) schon so lange zurück, so daß die darin Interessierten sich nach Maßgabe ihres Interesses damit ohne Zweifel bereits beschäftigt haben; die Wiedergabe eines Überblicks über den Inhalt sowie der Unterschiede zwischen der Regierungsvorlage 23 BlgNR 19. GP (die durch Ablauf dieser Legislaturperiode gegenstandslos geworden ist), der Unterschied zwischen Gesetzesbeschluß und der Regierungsvorlage 3 BlgNR 20. GP sowie der Unterschiede zwischen dem dem Ausschußbericht (40 BlgNR 20. GP) beigedruckten Text und dem Beschluß des Plenums des Nationalrats nicht mehr zweckmäßig erscheint. Dasselbe gilt vom Teil 2, einem Überblick über die sonstige Rechtsentwicklung; auch diese Ausführungen sind infolge Zeitablaufs nicht mehr aktuell. Im 3. Teil ist über neuere Entscheidungen referiert worden. Auch die Wiedergabe dieses Teils in der seinerzeit vorgetragenen Form erscheint mir wegen der inzwischen verflossenen Zeit nicht mehr sinnvoll. Der vorliegende Beitrag beschränkt sich deshalb darauf, die damals geäußerte Kritik an der Entscheidung des OGH ludus tonalis (s die Fundstelle in FN 41) in einer erweiterten Fassung allgemein zugänglich zu machen.

[1]) 14. 10. 1961 VfSlg 4049.

[2]) 287 BlgNR 10. GP, 3.

„1. Die Frage, ob man sich zum Dualismus, zum Monismus oder zum gegliederten Monismus iS der von Verdross (vgl Völkerrecht, 4. Aufl, 62) entwickelten Lehre bekennen will, sowie ob man, ausgehend vom Monismus, dem Primate des Völkerrechtes oder dem des Staatsrechtes den Vorzug gibt, ist ein theoretisches Bekenntnis zu Grundauffassungen, dem mangels einer normativen Bedeutung kein Platz in der Verfassungsurkunde selbst zukommt.[3]) Diese Probleme finden demnach in der vorliegenden Regierungsvorlage keinen Niederschlag.“[4])

Dieser Auffassung sind die gesetzgebenden Körperschaften implizite gefolgt[5]). Auf Grund dieser Auffassung des historischen Gesetzgebers besteht kein Anlaß, diese Fragestellung als entscheidungswesentlich zu betrachten und ihr näher nachzugehen.

2.1. Das Völkerrecht sorgt idR nicht selbst für die Vollziehung seiner Normen; es überträgt vielmehr seine Durchführung den verpflichteten Staaten, die es durch ihre Organe zur Anwendung zu bringen haben. Dabei bleibt nach allgemeinem Völkerrecht – im Gegensatz zu völkerrechtlichen Verträgen – den Staaten die Entscheidung darüber überlassen, wie sie die Erfüllung ihrer völkerrechtlichen Verpflichtungen bewerkstelligen wollen[6]). Wenn eine Völkerrechtsnorm im innerstaalichen Bereich Rechtswirkungen bezweckt, so muß ihr Inhalt in die innerstaatliche Rechtsordnung eingeführt („inkorporiert“, „transformiert“) werden, um durch die staatlichen Organe des verpflichteten Staates erfüllt werden zu können[7])[8]).

---

[3]) Näheres darüber s insb bei *Verdross/Simma*, Universelles Völkerrecht, 3. Aufl, 53 ff und bei *Fischer/Köck*, Allgemeines Völkerrecht, 4. Aufl. 12 ff.

[4]) Siehe auch die ErlRV nach FN-Ziffer 10.

[5]) Vgl den AB 373 BlgNR 10. GP.

[6]) Siehe hiezu aus der Völkerrechtspraxis das Gutachten des StIGH zum Exchange of Greek and Turkish Populations, Series B, Nr 10, 20, das auf „un principe allant de soi, d'après lequel un Etat qui a valablement contracté des obligations internationales est tenu d'apporter à sa législation les modifications nécessaires pour assurer l'exécution des engagements pris“ hinweist. Dieses Prinzip findet seine Ergänzung in dem heute auch in Art 27 der Wiener Konvention über das Recht der Verträge BGBl 1980/40 niedergelegten Grundsatz, daß sich kein Staat der Erfüllung seiner völkerrechtlichen Verpflichtungen unter Hinweis auf sein Landesrecht entziehen kann.

[7]) Ein Beispiel für einen völkerrechtlichen Vertrag, der eine eingehendere Vorschrift über die Art und Weise seiner innerstaatlichen Erfüllung enthält, ist zB Art 10 des österreichischen Staatsvertrages vom 15. 5. 1955 BGBl 152: „Besondere Bestimmungen über die Gesetzgebung – 1. Österreich verpflichtet sich, die Grundsätze, die in den von der österreichischen Regierung und vom österreichischen Parlament seit dem 1. Mai 1945 angenommenen und von der Alliierten Kommission für Österreich genehmigten, auf die Liquidierung der Überreste des Naziregimes und auf die Wiederherstellung des demokratischen Systems abzielenden Gesetze und Verordnungen enthalten sind, aufrechtzuerhalten und ihre Durchführung fortzusetzen, die seit dem 1. Mai 1945 bereits getroffenen oder eingeleiteten gesetzgeberischen und administrativen Maßnahmen zu vollenden und die in den Artikeln 6, 8 und 9 des vorliegenden Vertrages festgelegten Grundsätze zu kodifizieren und in Kraft zu setzen und, soweit dies nicht schon geschehen ist, alle gesetzgeberischen und administrativen Maßnahmen, die zwischen dem

Dabei handelt es sich um eine Frage verfassungsrechtlicher, nicht völkerrechtlicher Natur[9]).

2.2. Diese Auffassung ist von den gesetzgebenden Körperschaften anläßlich der Beratungen der schon zitierten B-VGNov BGBl 1964/59 implizite gebildet worden. So sagen ihre ErlRV:[10])

„2. Staatsverträge begründen als völkerrechtliche Rechtsquellen unmittelbar grundsätzlich nur zwischen Staaten beziehungsweise anderen Völkerrechtssubjekten Rechte und Pflichten (vgl *Verdross* aaO 128 ff und *Oppenheim*, International Law, 8. Aufl, I 117 ff). Demnach sind unmittelbare Normadressaten von Staatsverträgen idR die Staaten. Die Staaten sind jedoch verpflichtet, in ihrem räumlichen Geltungsbereich die bezüglichen Völkerrechtssätze zu vollziehen. Das Völkerrecht überläßt es dabei dem nationalen Recht, die Methode zu bezeichnen, mit der das Völkerrecht im innerstaatlichen Recht durchgesetzt werden soll (vgl *Dahm*, Völkerrecht I, 55 und *Guggenheim* im Wörterbuch des Völkerrechtes, herausgegeben von *Strupp/Schlochauer*, 3. Band, 656).[11]) In der Praxis bieten sich dafür zwei Möglichkeiten an. Die Transformation völkerrechtlicher Normen in Landesrecht ohne ein besonderes Verfahren (generelle Transformation) und die Umwandlung von Völkerrecht in innerstaatliches Recht durch spezielle Maßnahmen (spezielle Transformation). Die Ausdrücke generelle und spezielle Transformation mögen rechtslogisch anfechtbar sein, sie sind jedoch in der staats- und völkerrechtlichen Literatur und Praxis allgemein geläufig und durchaus verständlich (vgl *Verdross* aaO, 66 und *Kelsen/Fröhlich/Merkl*, Die Bundesverfassung vom 1. Oktober 1920, Bemerkungen zu Art 50). Sie werden daher auch im folgenden verwendet.

Von der Transformation, durch die eine Norm völkerrechtlichen Ursprungs innerstaatlich Geltung erlangt, ist die Frage der unmittelbaren Anwendbarkeit, dh, die Frage, ob eine Norm self executing ist, streng zu unterscheiden. Gegenstand der Transformation ist, wie bereits erwähnt, die Geltung. Durch die Transformation, sei sie generell oder speziell, erlangt die völkerrechtliche Norm innerstaatliche Geltung. Self executing ist eine Norm dann, wenn sie so beschaffen ist, daß ihr Inhalt unmittelbar angewendet werden kann, dh, ohne daß es dazu erst weiterer Normen zu ihrer Ausführung bedarf (vgl *Verdross* aaO, 68, *Dahm*, Völkerrecht I, 55 und *Comte*, Die

---

5. März 1933 und dem 30. April 1945 getroffen wurden und die in Widerspruch mit den in den Artikeln 6, 8 und 9 festgelegten Grundsätzen stehen, aufzuheben oder abzuändern. – 2. Österreich verpflichtet sich ferner, das Gesetz vom 3. April 1919, betreffend das Haus Habsburg-Lothringen, aufrechtzuerhalten."

[8]) Für alle *Verdross/Simma* aaO 539 f.

[9]) Für alle *Verdross/Simma* aaO 538 mit zahlreichen weiteren Nachweisen sowie aus dem Schrifttum zur RBÜ ua *Masouyé*, Guide to the Berne Convention, 141 (= in deutscher Fassung *Walter*, Kommentar zur Berner Übereinkunft, 158) und *Ricketson*, The Berne Convention for the protection of literary and artistic works: 1886–1996, 131.

[10]) Seite 3 ff.

[11]) So auch die ErlRV nach FN-Ziffer 29.

Anwendung der Europäischen Konvention zum Schutze der Menschenrechte und Grundfreiheiten in der innerstaatlichen Rechtsordnung, Journal der Internationalen Juristenkommission, Bd IV, Nr 1, 101), vollzogen werden kann.[12]) Nicht nur Normen, die sich aus dem Völkerrecht herleiten, können nicht self executing sein. Auch Normen innerstaatlichen Ursprungs haben wiederholt diesen Charakter. Es sei hier beispielsweise auf Art 23 B-VG verwiesen. Diese Norm war seit ihrer Erlassung im Jahre 1920 in Geltung. Sie ist 1929 und 1949 sogar abgeändert worden.[13]) Die darin normierte Regelung war jedoch iS der übereinstimmenden Judikatur der Gerichte

---

[12]) Die „Anwendbarkeit" einer Rechtsvorschrift ist ein mehrschichtiges Phänomen. *Öhlinger* (Der völkerrechtliche Vertrag im staatlichen Recht [1973] 138 ff), dem wir diesbezüglich für das österr Recht grundlegende Überlegungen verdanken, sagt dazu (die FN-Ziffern samt FN wurden von mir weggelassen): „Die Erlassung eines Gesetzes etwa, das die Zuständigkeit des VfGH zur Entscheidung über Völkerrechtsverletzungen regelt, ergeht in ‚Anwendung' des Art 145 B-VG, der überhaupt erst die Kompetenz des Bundes zu einem solchen Akt der Gesetzgebung konstituiert. Die Erlassung einer Verordnung, die Voraussetzung für die Anwendung eines Gesetzes durch Gerichte oder nachgeordnete Verwaltungsbehörden ist, ist selbst ein Fall der Anwendung dieses Gesetzes durch eine Verwaltungsbehörde. In ähnlicher Weise läßt sich auch die Anwendung eines Staatsvertrages durch innerstaatliche Organe differenzieren. Der Begriff der ‚unmittelbaren Anwendbarkeit' bedarf daher einer näheren Präzisierung. Er erfaßt nach dem üblichen Sprachgebrauch der Rechtswissenschaft nicht die Fälle der ‚Ausführung' eines Vertrages durch die Gesetzgebung einschließlich der Verfassungsgesetzgebung, ist also auf die Anwendung durch Gerichte und Verwaltungsbehörden beschränkt. – Auch hier lassen sich wieder verschiedene Anwendungsformen unterscheiden. So kann sich die Anwendung eines Vertrages durch Verwaltungsbehörden auf die Erlassung von Verordnungen durch das oberste Verwaltungsorgan, die Regierung, beschränken. Seine Anwendung durch Gerichte kann sich in der Interpretation von Zweifelsfragen eines formellen Gesetzes erschöpfen, gemäß dem in der österr Judikatur ausdrücklich anerkannten Grundsatz der völkerrechtskonformen Auslegung, demzufolge Gesetze soweit als möglich im Lichte des Völkerrechts ausgelegt werden müssen. Eine Anwendung eines Vertrages durch ein Gericht liegt auch dann vor, wenn etwa der VfGH einen im Verfassungsrang stehenden Staatsvertrag zur Gesetzesprüfung oder einen im Gesetzesrang stehenden Staatsvertrag zur Verordnungsprüfung heranzieht. In intensivster Weise wird schließlich ein Vertrag im innerstaatlichen Bereich dann angewandt, wenn er die unmittelbare Grundlage einer Entscheidung eines Gerichtes oder einer Verwaltungsbehörde bildet, die an eine oder mehrere bestimmte Privatpersonen adressiert ist, wenn also auf der Grundlage eines Staatsvertrages ein gerichtliches Urteil oder ein verwaltungsbehördlicher Bescheid oder, allgemein ausgedrückt, ein Akt ergeht, durch den in förmlicher Weise über Rechtsverhältnisse von Privatpersonen gesprochen wird, sei es, daß bestehende Rechtsverhältnisse festgestellt oder neue Rechtsverhältnisse gestaltet werden. In einem solchen Fall ist nämlich der Staatsvertrag für alle in Betracht kommenden Rechtsunterworfenen verbindlich, so daß diese selbst als Adressaten des Staatsvertrages bezeichnet werden können. – Die zuletzt genannte Form der Anwendung ist in der Regel gemeint, wenn in der österr Literatur von der unmittelbaren Anwendung oder Anwendbarkeit eines Staatsvertrages gesprochen wird." In diesem engeren Sinn wird der Begriff der „unmittelbaren Anwendbarkeit" in den oben wiedergegebenen ErlRV verwendet (arg: „eine Norm . . . so beschaffen ist, daß ihr Inhalt . . . vollzogen werden kann").

[13]) Seither auch geändert durch BVG BGBl 1974/444.

für den Bereich der Verwaltung erst mit der Erlassung des AmtshaftungsG mit 1. 2. 1949 anwendbar geworden. Das gleiche gilt etwa auch für Art 145 B-VG.[14]) Auch diese Norm ist zweifellos geltendes Recht, jedoch nicht unmittelbar anwendbar, dh, nicht self executing. Die Frage, ob eine Norm self executing ist, ist die Frage nach dem Normadressat. Normadressat einer Vorschrift, die self executing ist, kann jedermann sein, während nicht unmittelbar anwendbare Normen, dh also Vorschriften, die nicht self executing sind, nur an bestimmte Normsetzungsorgane adressiert sind."

Auch diese Auffassung ist von den gesetzgebenden Körperschaften – wie aus dem AB[15]) folgt – implizite gebilligt worden. Sie ist daher den weiteren Überlegungen zugrunde zu legen.

2.3. Die RBÜ enthält keine solche Bestimmung, die die Art und Weise ihrer innerstaatlichen Erfüllung regelt.

3.1. Für diese Transformation in das innerstaatliche Recht – der Ausdruck Transformation hat sich in der verfassungsrechtlichen Lehre allgemein durchgesetzt – bieten sich nach den schon zitierten ErlRV zwei Möglichkeiten an:[16])

„Die nationale Rechtsordnung jedes Staates hat also nach Völkerrecht die Wahlmöglichkeit, die vom Staat völkerrechtlich übernommenen Verpflichtungen entweder im Wege der speziellen oder der generellen Transformation zu erfüllen (vgl dazu auch *Oppenheim* aaO, 924). Die österr Rechtsordnung hat sich so wie der Großteil der kontinentaleuropäischen Rechtsordnungen zur generellen Transformation entschlossen. Die entsprechende rechtliche Fundierung dafür findet sich, soweit es sich um Staatsverträge iS des Art 50 B-VG handelt, im Art 49 Abs 1 B-VG und, soweit es sich um andere Staatsverträge handelt, im § 4 des G über das Bundesgesetzblatt (vgl *Adamovich/Spanner*, Handbuch des österreichischen Verfassungsrechtes, 331 f) – hinsichtlich der Frage der Transformation von Völkergewohnheitsrecht wird auf die Ausführungen unter Punkt 7[17]) verwiesen. Gemäß diesen Bestimmungen erlangen Staatsverträge mit ihrer Kundmachung im Bundesgesetzblatt unmittelbar innerstaatlich Geltung.

Die Annahme der zweifellos völkerrechtsfreundlicheren generellen Transformation durch die österr Rechtsordnung bringt den Nachteil mit sich, daß infolge der unveränderten und direkten Übernahme staatsvertraglicher Normen das unkontrollierte Einfließen von der österr Rechtsordnung artfremden Rechtes in Österreich nur schwer abgewendet werden kann. Durch

---

[14]) Anträge nach Art 145 sind nämlich dzt nicht zulässig (VfGH 25. 2. 1991 Slg 12.615 unter Hinweis auf Vorentscheidungen).

[15]) Siehe FN 5.

[16]) Seite 3; aus der verfassungsrechtlichen Lehre sei für alle *Mayer*, Das österreichische Bundes-Verfassungsrecht, 166 zitiert.

[17]) Diese Ausführungen betreffen die Transformation der „allgemein anerkannten Regeln des Völkerrechts" (seinerzeit Art 9 B-VG, nunmehr Art 9 Abs 1 B-VG); s später die ErlRV nach FN-Ziffer 29.

die immer stärker werdenden zwischenstaatlichen Verflechtungen ist es einerseits in sehr vielen Fällen geradezu eine Notwendigkeit, bestimmten Vereinbarungen beizutreten, anderseits ist es aber, insb bei multilateralen Verträgen, selbstredend unmöglich, der Rechtsauffassung aller Mitgliedstaaten gerecht zu werden. Diese Schwierigkeit ist allgemein bekannt und hat wiederholt zu Klagen Anlaß gegeben.

Im Lichte dieser Problematik war daher zu erwägen, ob es vertretbar wäre, zum System der speziellen Transformation überzugehen. Diese wurde verschiedentlich auch gefordert. Die spezielle Transformation hätte wohl den Vorteil, daß staatvertragliche Normen nicht unverändert in Österreich in Geltung gesetzt würden. Demnach wäre die Gefahr, daß Normen, die der österr Rechtstechnik nicht entsprechen, in Österreich in Kraft treten, ausgeschlossen. Die innerstaatlichen Rechtsetzungsorgane (Verfassungsgesetzgeber, Gesetzgeber und Verordnungsgeber je nach dem materiellen Inhalt der Normen) könnten die staatsvertraglichen Vereinbarungen in eine der österr Rechtsordnung entsprechende Form bringen, um auf diese Weise der staatsvertraglich übernommenen völkerrechtlichen Verpflichtung innerstaatlich zum Durchbruch zu verhelfen.

Diesem theoretischen Vorteil der speziellen Transformationsmethode stehen jedoch erhebliche praktische Schwierigkeiten entgegen. Zunächst würde ein Übergang von der durchaus völkerrechtsfreundlichen generellen Transformation zur mehr statistischen und souveränitätsbetonten individuellen Transformation die Stellung Österreichs in der Völkergemeinschaft ungünstig beeinflussen. Dies verdient gerade im Zuge der Integrationsbestrebungen auf den verschiedensten Gebieten, von denen sich auch Österreich, soweit dies seine Stellung als ständig neutraler Staat zuläßt, nicht ausschließen will, Beachtung. Außerdem würde ein Übergang zur speziellen Transformation gerade bei der derzeit großen Zahl von Staatsverträgen zu einer Überforderung des Gesetzgebers führen müssen. Dies brächte die Gefahr mit sich, daß Transformationsgesetze nicht immer zeitgerecht erlassen und demnach völkerrechtliche Verpflichtungen nicht termingemäß erfüllt werden würden.

Um eine Überfremdung der österr Rechtsordnung einerseits möglichst hintanzuhalten und andererseits die mit einem Übergang zur speziellen Transformation verbundenen Nachteile auszuschließen, erscheint es zweckmäßig, unter grundsätzlicher Aufrechterhaltung des Systems der generellen Transformation die Möglichkeit zu schaffen, die generelle Transformation im Einzelfall zugunsten der speziellen Umwandlungsmethode auszuschließen. Damit wäre gewährleistet, daß in jenen Fällen, in denen die direkte und unveränderte Übernahme einer staatsvertraglichen Norm in die innerstaatliche Rechtsordnung eine eminente Gefahr für die Einheit der österr Rechtsordnung und damit die Rechtssicherheit darstellen würde, die Folgen der generellen Transformation auszuschließen und in einem solchen Fall die staatsvertraglich übernommene Verpflichtung durch spezielle, den Erfordernissen der österr Rechtstechnik formell entsprechende innerstaatliche Normsetzungsakte zu erfüllen . . . “

3.2. *Mayer* folgend[18]) ist die Rechtslage wie folgt zusammenzufassen: Wird anläßlich der Genehmigung eines Staatsvertrages durch den Nationalrat ein Beschluß nach Art 50 Abs 2 gefaßt (Erfüllungsvorbehalt), so hat der Staatsvertrag zunächst keine innerstaatlichen Rechtswirkungen; er ist nicht „unmittelbar anwendbar"[19]) und kann auch nicht Maßstab für die Rechtmäßigkeit eines anderen Gesetzes sein[20]). Ein solcher Beschluß nach Art 50 Abs 2 B-VG ordnet eine spezielle Transformation an. Wird ein derartiger Beschluß nicht gefaßt, so ist der Staatsvertrag unmittelbar anwendbar; dies bedeutet, daß er eine unmittelbare Grundlage für innerstaatliche Vollzugsakte (Bescheide und Urteile) ist; dies wird als generelle Transformation bezeichnet.

Die Frage, ob sich ein Rechtsunterworfener in einem bestimmten Staat unmittelbar auf einen völkerrechtlichen Vertrag berufen kann, wird also nicht durch das Völkerrecht, damit auch nicht durch einen völkerrechtlichen Vertrag beantwortet, sondern durch die jeweilige Verfassung, es sei denn, daß der betreffende völkerrechtliche Vertrag ausdrücklich das Gegenteil anordnet.

3.3. Diese hier vertretene Auffassung wird auch durch die Rechtsvergleichung bestätigt.

Das in diesem Zusammenhang wohl prominenteste Beispiel einer ausländischen Rechtsordnung ist jene der USA. § 104 (c) ihres UrhG lautet nämlich wie folgt:[21])

"(c) Effect of Berne Convention.–No right or interest in a work eligible for protection under this title may be claimed by virtue of, or in reliance upon, the provisions of the Berne Convention, or the adherence of the United States thereto. Any rights in a work eligible for protection under this title that derive from this title, other Federal or State statutes, or the common law, shall not be expanded or reduced by virtue of, or in reliance upon, the provisions of the Berne Convention, or the adherence of the United States thereto."

Ergänzend hiezu lautet Sec 2 des Berne Convention Implementation Act of 1988, also der Novelle zum UrhG der USA, mit der dieses an die RBÜ angepaßt worden ist, mit der Überschrift „Declarations" wie folgt:

"The Congress makes the following declarations:

(1) The Convention for the Protection of Literary and Artistic Works, signed at Berne, Switzerland, on September 9, 1986, and all acts, protocols, and revisions thereto (hereafter in this Act referred to as the 'Berne Conven-

---

[18]) AaO 166.

[19]) VfGH 30. 11. 1990 Slg 12.558 mit zahlreichen Nachweisen aus dem Schrifttum.

[20]) VfGH 16. 10. 1992 Slg 13.235.

[21]) Zitiert nach Copyright and Neighboring Laws and Treaties, Beilage zu Copyright bzw nunmehr Industrial Property and Copyright (zum Herausnehmen, Lochen und in Ordnern ablegen), Stand Jänner 1996.

tion') are not self-executing[22]) under the Constitution and Laws of the United States.

(2) The obligations of the United States under the Berne Convention may be performed only pursuant to appropriate domestic law.

(3) The amendments made by this Act, together with the law as it exists on the date of the enactment of this Act, satisfy the obligations of the United States in adhering to the Berne Convention and no further rights or interests shall be recognized or created for that purpose."

Ferner sagt Sec 3 dieser Novelle mit der Überschrift „Construction of the Berne Convention" unter (a) folgendes:[23])

„(a) Relationship With Domestic Law.–The provisions of the Berne Convention–

(1) shall be given effect under title 17, United States Code, as amended by this Act, and any other relevant provision of Federal or State law, including common law; and

(2) shall not be enforceable in any action brought pursuant to the provisions of the Berne Convention itself.

(b) Certain Rights Not Affected.–Any right of an author of a work, whether claimed under Federal, State, or common law, to claim authorship of the work, or to object to any distortion, mutilation, or other modification of, or other derogatory action in relation to, the work, that would prejudice the author's honor or reputation, shall not be expanded or reduced by virtue of, or in reliance upon, the provisions of the Berne Convention, the adherence of the United States thereto, or the satisfaction of United States obligations thereunder."

In den Erläuterungen zu den einzelnen Bestimmungen schließlich heißt es:[24])

"Section 4(3) of S. 1301 amends section 104 of the Copyright Act to codify the principles expressed in the declarations in section 2, and the rules of construction in section 3. As with our adherence to the Universal Copyright Convention and other copyright treaties, neither the fact of U.S. adherence to the Berne Convention nor the Convention's provisions may be the basis for a claim in the United States of a right or interest in a work subject to copyright protection under the U.S. copyright law. The scope and application of such rights, whether they derive from the Copyright Act, other statutes, or common law, or even the existence of such rights in a case in which the existence of the right is contested, are unaffected by U.S. adherence to Berne or the provisions of the Berne Convention itself. The courts are to resolve issues of the existence, scope, or application of rights in works subject to copyright through the normal processes of statutory interpretation and

---

[22]) Der Begriff „self executing" wird hier in einem anderen Sinn verwendet als in der österr Rechtssprache (vgl oben die ErlRV nach FN-Ziffer 10).

[23]) Zitiert nach aaO 30.

[24]) AaO S 40 f.

the application of common law precedents, as appropriate, rather than by reference to the provisions of Berne or the fact of U.S. adherence to the Convention."

3.4. Die Pariser Fassung der RBÜ ist generell in das österr innerstaatliche Recht transformiert worden[25]). Sie enthält weder eine Bestimmung über die Umsetzung ihrer Bestimmungen in das innerstaatliche Recht[26]), noch eine Regelung, wonach ihre Bestimmungen im Verhältnis zum nationalen Recht höherrangig sind[27]).

4.1. Art 9 Abs 1[28]) sagt, daß die allgemein anerkannten Regeln des Völkerrechtes als Bestandteile des Bundesrechtes gelten.

Zu dieser Bestimmung führen die schon mehrfach zitierten ErlRV zur B-VGNov BGBl 1964/59 ua folgendes aus:[29])

„7. Eine Bestimmung der österr Bundesverfassung, die im vorliegenden Zusammenhang zu zahlreichen Diskussionen Anlaß gibt, ist Art 9 B-VG.[26]) Eines kann dabei vorweg festgestellt werden: Art 9 B-VG[26]) kann, wiewohl er sowohl in der einen als auch in der anderen Richtung als Argument herangezogen wurde (vgl *Kelsen/Fröhlich/Merkl* aaO 76 und dazu konträr, wenn auch mit Bezug auf Art 4 der Weimarer Verfassung *Guggenheim* aaO 697), als zwingender Beweis weder für die Annahme des Primates des Staatsrechtes noch für die des Primates des Völkerrechtes durch die österr Bundesverfassung angesehen werden. Eine solche Aussage wäre auch, wie bereits unter Punkt 1[30]) festgestellt wurde, mangels eines normativen Gehaltes wertlos.

Weiters kann als sicher angenommen werden, daß Art 9 B-VG[28]) jedenfalls eine Kompetenzbestimmung ist, durch die die Vollziehung der allgemein anerkannten Regeln des Völkerrechtes zur Bundessache erklärt wird (vgl das Erk des VfGH Slg 1375 und *Adamovich/Spanner* aaO 81).

Wie bereits oben unter Punkt 2[31]) dargelegt wurde, überläßt es das Völkerrecht grundsätzlich dem nationalen Recht, das Völkerrecht in seinem räumlichen Geltungsbereich zu vollziehen. Jeder Staat hat dabei auch beim Völkergewohnheitsrecht genau so wie beim Völkervertragsrecht die Möglichkeit, entweder den Weg der generellen Transformation oder den Weg

---

[25]) Vgl die ErlRV 386 BlgNR 15. GP „Vorbemerkung" (S 56, insoweit abgedruckt bei Dittrich, Österreichisches und internationales Urheberrecht, 2. Aufl, 364) und unter „Allgemeines" (S 58, insoweit abgedruckt bei Dittrich, Österreichisches und internationales Urheberrecht, 2. Aufl, 367).

[26]) Vgl oben unter 2.3.

[27]) Die ErlRV S 58 (insoweit abgedruckt bei Dittrich, Österreichisches und internationales Urheberrecht, 2. Aufl, 367) sagen vielmehr ausdrücklich, daß die Pariser Fassung der RBÜ gleich den bisherigen Urheberrechtsverträgen auf der Stufe eines einfachen Gesetzes steht.

[28]) Durch die B-VGNov BGBl 1981/350 erhielt der bis dahin bestehende Art 9 die Bezeichnung Abs 1 und es wurde an diesen Artikel ein Abs 2 angefügt.

[29]) S 7 f.

[30]) Siehe oben die ErlRV nach FN-Ziffer 2.

[31]) Siehe oben die ErlRV nach FN-Ziffer 10.

spezieller Umwandlungsakte zu gehen. Mit Art 9 B-VG[26]) hat sich die österr Bundesverfassung zum Weg der generellen Transformation entschlossen. Auf Grund dieser Verfassungsnorm wird das Völkergewohnheitsrecht in innerstaatliches Recht transformiert, das so wie jede andere Rechtsnorm von den zuständigen Organen unmittelbar anzuwenden ist. Die österr Bundesverfassung folgt dabei unter direkter Anlehnung an den Art 4 der Weimarer Verfassung historischen Vorbildern des anglo-amerikanischen Rechtskreises. Auf die Ausführungen bei *Verdross* aaO 66 f darf in diesem Zusammenhang verwiesen werden.

Diese Bedeutung des Art 9 B-VG[28]) als Transformationsakt kann im wesentlichen als unbestritten angesehen werden. Zu Diskussionen Anlaß gibt lediglich die Frage, ob es sich dabei um eine einmalige Rezeption der im Zeitpunkt des Inkrafttretens des B-VG in Geltung gestandenen allgemein anerkannten Regeln des Völkerrechtes handelt oder um eine Norm, die eine fortlaufende Transformation des jeweiligen Völkergewohnheitsrechtes bewirkt . . . "

Diese Bestimmung löst eine Reihe von Problemen aus. Übereinstimmung besteht jedoch darin, daß diese Transformationsbestimmung nicht auch die Transformation völkerrechtlicher Verträge betrifft, wäre doch ansonsten die besondere Regelung in den Art 50 und 65 B-VG überflüssig.[32])

In diesem Zusammenhang ist darauf aufmerksam zu machen, daß nach der Rechtsprechung des VfGH[33]) aus Art 9 Abs 1 B-VG „unmittelbar ein subjektives Recht nicht abgeleitet werden" kann[34]).

4.2. Mit Art 9 Abs 1 B-VG korrespondiert in der Bundesrepublik Deutschland Art 25 GG. Sein erster Satz lautet:

„Die allgemeinen Regeln des Völkerrechtes sind Bestandteil des Bundesrechtes."

Unbestritten ist in der Bundesrepublik Deutschland, daß die von den Staaten geschlossenen rechtsgültigen völkerrechtlichen Verträge gehalten werden müssen, sofern nicht ein völkerrechtlich anzuerkennender Grund besteht, die Erfüllung verweigern zu dürfen; es ist also nicht der Vertragsinhalt eine „allgemeine Regel" und damit Verfassungsinhalt, sondern nur der Rechtssatz, daß der Vertrag gehalten werden muß[35]). Eine Vorrangklausel für das aus völkerrechtlichen Verträgen stammende Recht, soweit es nicht unter Art 25 GG fällt, enthält das GG nicht. Mangels einer anderen Regelung ist ein völkerrechtlicher Vertrag, soweit er zwar Rechtsnormqualität

---

[32]) Für alle *Walter/Mayer*, Grundriß des österreichischen Bundesverfassungsrechts, 7. Aufl, Rz 218.

[33]) VfGH 10. 1. 1931 VfSlg 1375; VfGH 27. 5. 1961 VfSlg 3950; VfGH 14. 12. 1974 VfSlg 7448; VfGH 1. 3. 1975 VfSlg 7478.

[34]) Dieser Meinung ist der VwGH gefolgt (29. 3. 1989, 88/02/0167).

[35]) Für alle *Maunz/Durig/Herzog*, Grundgesetz-Kommentar, Rz 20 zu Art 25 mit Hinweis auf die ständige Rechtsprechung des BVerfG.

besitzt, aber nicht zu den allgemeinen Regeln zu rechnen ist, dem einfachen Gesetzesrecht gleichzusetzen. Er kann daher auch nach seiner Inkraftsetzung als innerstaatliches Recht abgeändert werden; das spätere innerstaatliche Gesetz geht ihm vor (wenn auch freilich in völkerrechtswidriger Weise, was aber die innerstaatliche Geltung nicht aufhebt), ebenso das innerstaatliche Spezialgesetz[36]). Verträge, welche sich (ua) auf Gegenstände der Bundesgesetzgebung beziehen, „bedürfen der Zustimmung oder der Mitwirkung der jeweils für die Bundesgesetzgebung zuständigen Körperschaften in der Form eines Bundesgesetzes“[37]).

5.1. Unbestritten ist, daß das innerstaatliche Recht im Zweifel völkerrechtskonform auszulegen ist[38]).

5.2. Kommt man auf Grund dieses Auslegungsgrundsatzes nicht zu einer Übereinstimmung von einem auf der Stufe eines einfachen Bundesgesetzes stehenden, generell transformierten völkerrechtlichen Vertrag mit auf der Stufe eines einfachen Bundesgesetzes stehendem Bundesrecht, so gilt auf Grund der bisher angestellten Überlegungen mangels einer besonderen Regelung im völkerrechtlichen Vertrag folgendes:

a) Der völkerrechtliche Theorienstreit (Dualismus, Monismus oder gegliederter Monismus) ist ohne Bedeutung.

b) Es gibt keinen Vorrang des Völkerrechtes im Sinn einer Norm höherer Ordnung.

c) Es gilt der Grundsatz lex posterior derogat legi priori.[39])

6.1. Die Pariser Fassung der RBÜ ist in BGBl 1982/319 kundgemacht worden, die UrhGNov 1980, die dem vom OGH im Fall Ludus tonalis anzuwendenden § 42 UrhG seine Fassung gegeben hat, ist in BGBl 1980/321 kundgemacht worden, wobei die die Entscheidung tragenden Erwägungen aber durch die vorgenommenen Änderungen des § 42 UrhG überhaupt nicht berührt werden, diese Änderungen also weggedacht werden können, ohne daß sich an dem Gedankengang der Entscheidung irgendetwas ändern müßte. Die Pariser Fassung der RBÜ ist daher das spätere Gesetz[40]).

6.2. Auf Grund dieser Überlegungen ist die Entscheidung Ludus tonalis im Ergebnis zu billigen, wenn man den Prämissen (Auslegung des § 42 Abs 1 UrhG, Auslegung des Art 9 RBÜ Pariser Fassung) – wie ich es tue – zustimmt, die gegebene Begründung jedoch zu kritisieren.

---

[36]) AaO Rz 29 zu Art 25.

[37]) AaO Rz 24 zu Art 59 unter 4.

[38]) MGA ABGB 33. Aufl E 54 zu § 6 ABGB.

[39]) So die zweite Instanz im Fall Ludus tonalis, Fundstellen in FN 41.

[40]) Vgl VfGH 26. 3. 1962 ZVR 1962/160 = VfSlg 4161, wonach ein Gesetz erst mit der Kundmachung in dem in Betracht kommenden Gesetzblatt „erlassen“ ist.

7.1. Die im hier gegebenen Zusammenhang entscheidende Stelle der Entscheidungsgründe der Entscheidung Ludus tonalis[41]) lautet wie folgt[42]):

„Soweit ein Verbandsland die von Art 9 Abs 2 RBÜ gesteckten Grenzen verläßt, hat ein Urheber aus einem anderen Verbandsland (sog ‚Verbandsurheber') einen ihm iure conventionis zustehenden Korrekturanspruch (*Nordemann/Vinck/Hertin*, Internationales Urheberrecht Rz 4 zu Art 9 RBÜ; auch *Katzenberger* in *Schricker*, Urheberrecht Rz 67 vor §§ 120 dUrhG). Die RBÜ geht vom Grundsatz der Inländerbehandlung aus (Art 5), so daß sich der Berechtigte unmittelbar auf das jeweils maßgebende inländische Recht berufen kann; soweit aber die RBÜ mit ihren Mindestrechten einen über den in Frage stehenden Inlandschutz hinausgehenden (Mindest-)Schutz gewährt, kann sich der Berechtigte auch auf diese Mindestrechte stützen (*v Gamm*, Urheberrechtsgesetz Rz 5 zu § 121 dUrhG; *Nordemann/Vinck/Hertin*, Urheberrecht, Rz 2 zu § 121 dUrhG)."

7.2. Diese Entscheidung beruft sich als Belegstelle daher zuerst einmal auf *Nordemann/Vinck/Hertin*. Dieses Zitat ist korrekt. Es ist jedoch im Zusammenhang mit einer anderen Stelle dieses Werkes[43]) zu sehen. An dieser Stelle beschäftigen sich die Autoren ausführlich mit dem Verhältnis der Konventionen zum innerstaatlichen Recht. Sie unterscheiden drei Fallgruppen, und zwar

a) älteres „Landesrecht" widerspricht jüngerem Konventionsrecht,

b) jüngeres „Landesrecht" weicht von älterem Konventionsrecht ab und

c) jüngeres „Landesrecht" hebt älteres Konventionsrecht ausdrücklich auf.

Zu diesen drei Fallgruppen vertreten sie folgende Standpunkte:

Zu a): Das Konventionsrecht geht nach dem Grundsatz lex posterior derogat legi anteriori dem „Landesrecht" auch dann vor, wenn man beide für gleichrangig hält[44]).

Zu b): Für diese Fallgruppe nehmen die Verfasser zum Problem der Normenkollision keine Stellung. Sie verweisen lediglich zuerst einmal auf das – auch in der Bundesrepublik Deutschland allgemein anerkannte – Prinzip der völkerrechtsfreundlichen Auslegung des „Landesrechts". Ferner meinen sie, wenn Wortlaut und Entstehungsgeschichte eine solche völkerrechtsfreundliche Auslegung nicht zuließen, so löse sich der Konflikt noch immer mit der Feststellung, daß dann eben unterschiedliches Recht für Inländer (die unter die Neuregelung fallen) einerseits und für sonstige Ver-

---

[41]) OGH 31. 1. 1995 ÖBl 1995, 184 = MR 1995, 106 *(Walter)* = ecolex 1995, 422 *(Dillenz)* = EvBl 1995/95 = RdW 1995, 343.

[42]) In ÖBl 1995, 185 rechte Spalte.

[43]) AaO Einleitung Rz 30 ff.

[44]) Rz 32 unter Berufung auf BGHZ 11, 135 (138) = GRUR 1954, 216 = UFITA Band 18 (1954) 214 = NJW 1954, 305 = BB 1954, 113 = *Schulze* BGHZ 4 (hier die entscheidende Stelle auf S 7).

bandsangehörige (die sich auf das fortgeltende jus conventionis berufen können) andererseits bestehe[45]).

Zu c): Zu dieser Fallgruppe führen sie wie folgt aus: Der inländische Richter habe den erklärten Willen des Gesetzgebers grundsätzlich zu respektieren. Nur dort, wo völkerrechtliche Verträge ihrerseits durch eine höherrangige innerstaatliche Norm des Verfassungsrechts geschützt seien, werde er sich über das einfache Gesetz hinwegsetzen können. So sei in der Verfassung der Bundesrepublik Deutschland der Grundsatz verankert, daß „die allgemeinen Regeln des Völkerrechts" den Gesetzen vorgingen und „Rechte und Pflichten unmittelbar für die Bewohner des Bundesgebietes" erzeugten (Art 25 GG); zu den allgemeinen Regeln des Völkerrechts gehöre auch die Verpflichtung zur Einhaltung völkerrechtlicher Verträge. Die Auffassung der deutschen Völkerrechtslehre, wonach nicht jede innerstaatliche Verletzung eines völkerrechtlichen Vertrages nichtig sei, vielmehr das innerstaatliche Gesetz, wenn auch in völkerrechtswidriger Weise, dem völkerrechtlichen Vertrag vorgehe, sei mit dem klaren Text des Art 25 GG nicht vereinbar. Vielmehr könne sich vor deutschen Gerichten zumindest jeder Bewohner des Bundesgebiets auf Art 25 GG und damit auf das verletzte Konventionsrecht berufen[46])[47]).

Zusammenfassend meinen die Verfasser, der Meinungsstreit um den höheren Rang zwingenden Konventionsrechts gegenüber dem nationalen Recht sei nach all dem von einer nicht zutreffenden Basis aus geführt worden. Die Konvention werde mit ihrer Aufnahme in die innerstaatliche Rechtsordnung zwar formell einfaches nationales Recht, aber materiell habe sie einen höheren Rang als jenes: An ihr habe sich die Auslegung nationalen Rechts zu orientieren (Fallgruppen a und b), gegebenenfalls werde sie durch höherrangiges Recht geschützt (Fallgruppe c)[48]).

Diese Argumentation von *Nordemann/Vinck/Hertin* überzeugt nicht, und zwar aus folgenden Gründen:

a) Nach der – jedenfalls nicht in Österreich – als herrschend zu bezeichnenden Methodenlehre braucht ein „bewußtes Verletzen"[49]) des völkerrechtlichen Vertrages nicht vorzuliegen[50]) um eine Normenkollision zu bewirken. In aller Regel wird vielmehr dem „Gesetzgeber" ein Verstoß gegen einen völkerrechtlichen Vertrag bei der Erlassung eines späteren (innerstaatlichen) Gesetzes nicht bewußt sein; er wird vielmehr auf unserem Rechtsgebiet in aller Regel eine einheitliche Regelung für „Verbandsurheber" und Inländer

---

[45]) AaO Rz 33.

[46]) AaO Rz 34.

[47]) Die Untergruppe dieser Fallgruppe, daß der ausländische Richter inländisches Recht kraft Parteienvereinbarung oder aus anderen Gründen anzuwenden habe, kann hier außer Betracht bleiben.

[48]) AaO Rz 35.

[49]) So AaO Rz 33 unter b.

[50]) *Bydlinski*, Juristische Methodenlehre und Rechtsbegriff, 572.

schaffen wollen[51]). Dazu kommt noch, daß die Bestimmung eines (innerstaatlichen) Gesetzes im Zeitpunkt seiner Erlassung im Hinblick auf Art 9 Abs 2 RBÜ Pariser Fassung konventionskonform sein kann, jedoch durch eine spätere Änderung der tatsächlichen Verhältnisse konventionswidrig geworden ist[52]).

b) Es geht methodisch nicht an, eine einzige Auslegungsmethode, nämlich den Grundsatz der völkerrechtskonformen Auslegung zu verabsolutieren, alle anderen Auslegungsmethoden also von vornherein auszuscheiden[53]).

c) Das schwerwiegendste Argument gegen die Auffassung von *Nordemann/Vinck/Hertin* besteht darin, daß die von ihnen zu Art 25 GG vertretene Auffassung der oben wiedergegebenen herrschenden Meinung zu dieser Bestimmung widerspricht, sie ihre eigene Auffassung aber nur durch einen Hinweis auf den „klaren Text des Art 25 GG" begründen, ohne auf die Erwägungen einzugehen, die der herrschenden Meinung zugrunde liegen und die einer ständigen Judikatur des BVerfG entspricht.

Diese Überlegungen zeigen, daß der Satz des OGH, ein sog „Verbandsurheber" habe, soweit ein Verbandsland die von Art 5 Abs 2 RBÜ gesteckten Grenzen verlasse, einen ihm iure conventionis zustehenden Korrekturanspruch, in dieser verallgemeinernden Form zumindest irreführend ist.

7.3. Auf das Zitat von *Nordemann/Vinck/Hertin* folgt ein Zitat von *Katzenberger*. Die betreffende Stelle lautet wörtlich wie folgt:[54])

„Über das Rangverhältnis zwischen den Bestimmungen eines internationalen Vertrags und den Vorschriften der innerstaatlichen Gesetze entscheidet das Verfassungsrecht jedes Staates. In der Bundesrepublik Deutschland gehen nur die ‚allgemeinen Regeln des Völkerrechts' den Gesetzen vor (Art 25 Satz 2 GG). Grundsätzlich gilt daher das Prinzip der Gleichrangigkeit (s *Ulmer*[3] § 11 III gegen die Qualifizierung der Bestimmungen der RBÜ

---

[51]) Vgl etwa die ErlRV zur RBÜ Pariser Fassung 386 BlgNR 15, GP, 58 und 58 f: „Der Art 5 (der RBÜ, Ergänzung von mir) enthält keine unmittelbar anwendbare Sachnorm, seine Verweisung auf das innerstaatliche Recht, uzw auf das UrhG (I. und III. Hauptstück, §§ 1 bis 65, 81 bis 93) ist jedoch eindeutig. Von der Verweisung ausgenommen sind nur die Bestimmungen über die verwandten Schutzrechte (§§ 66 bis 78); diese werden durch die RBÜ nicht geschützt. Der Art 5 gewinnt daher durch innerstaatliches Recht seinen Sinn: Dem UrhG ist zu entnehmen, welchen Schutz Österreich den Werken seiner Staatsangehörigen gewährt. Das UrhG wird somit bei Tatbeständen mit Auslandsbeziehung nach Maßgabe der Übereinkunft kraft Verweisung auch in den Fällen anwendbar, in denen es nach den §§ 94 bis 99 a UrhG nicht anwendbar wäre."

[52]) Ich sehe die Situation hier in gleicher Weise, wie sie nach allgemeiner Auffassung für den verfassungsrechtlichen Gleichheitssatz gesehen wird (s hiezu für alle *Walter/Mayer*, Grundriß des österreichischen Bundesverfassungsrechts, 7. Aufl, Rz 1353 mit weiteren Hinweisen, insb auch auf die Rechtsprechung des VfGH).

[53]) Über den Kanon der Auslegungsmethoden und dem relativen Rang der juristischen Methoden s insb *Bydlinski* aaO 436 ff und 553 ff.

[54]) Die Fundstelle s oben in der nach FN-Ziffer 42 im Text zitierten Stelle der Entscheidung Ludus tonalis.

als Recht höherer Ordnung durch *Bappert/Wagner* Art 1 RBÜ Rz 8 und *Baum* GRUR 1950, 437 ff) sowie die allgemeine Rechtsregel ‚lex posterior derogat legi priori' (s BGHZ 11, 135 [138] – Lautsprecherübertragung, zur Rom-Fassung der RBÜ gegenüber dem älteren LUG von 1901/1910). Im Zweifel ist aber im Wege völkerrechtsfreundlicher Auslegung des innerstaatlichen Rechts ein Widerspruch zu konventionsrechtlichen Regeln zu vermeiden (s *Ulmer*³ § 11 III; *Nordemann/Vinck/Hertin* Einleitung Rz 34) oder notfalls auch das günstigere Konventionsrecht auf die Rechtsstellung ausländischer Urheber und das ungünstigere innerstaatliche Recht auf Inländer anzuwenden (so *Nordemann/Vinck/Hertin* Einleitung Rz 34)."

Sie spricht also für die hier vertretene Meinung und deckt die verallgemeinernde Formulierung des ersten Satzes der Begründung des OGH nicht.

7.4. Der zweite Satz der oben wiedergegebenen Stelle der Entscheidungsgründe des OGH[55]) schildert korrekt eine der Grundstrukturen der RBÜ Pariser Fassung. Diese sagt jedoch nichts darüber aus, ob es sich bloß um eine völkerrechtliche Verpflichtung handelt oder um einen Rechtssatz, auf den sich der Rechtsunterworfene in Österreich unmittelbar berufen kann. Die beiden angefügten Fundstellen lassen vor allem aus ihrer systematischen Stellung im jeweiligen Werk eindeutig erkennen, daß es den Verfassern lediglich darum gegangen ist, eine der Grundstrukturen der RBÜ Pariser Fassung darzustellen, ohne damit davon zu der unterscheidenden Frage Stellung zu nehmen, ob sich ein Rechtsunterworfener unmittelbar darauf berufen kann bzw über das Verhältnis dieser Norm zu einem allfälligen abweichenden innerstaatlichen Gesetz.

8. An dieser Stelle sei eingefügt, daß die Diskussion in der Vergangenheit[56]) weitgehend einerseits unter dem Gesichtspunkt geführt worden ist, ob der nationale Gesetzgeber über die Rechte, die die RBÜ einräumt, hinausgehen kann, mit anderen Worten, ob die RBÜ einen Maximalschutz vorsieht, andererseits aber auf einer heute dogmatisch nicht mehr vertretbaren Grundlage, nämlich daß das Recht der RBÜ ein Recht „höherer Ordnung" enthalte[57]).

---

[55]) Siehe in der nach FN-Ziffer 42 im Text zitierten Stelle.

[56]) Siehe insb *Baum*, Berner Konventionen und Landesgesetze, GRUR 1928, 684; *Hoffmann*, Berner Übereinkunft und Landesgesetz, GRUR 1928, 897; anonym (Etudes générales), La convention de Berne revisée et les lois nationales plus favorables, Le Droit d'Auteur 1929, 50 und 62; *Baum*, Die deutsch-russischen Urheberrechtsverhandlungen im Lichte der internationalen Rechtsentwicklung, GRUR 1931, 1061; *Baum*, Berner Konvention, Landesgesetze und internationales Privatrecht, GRUR 1932, 921 und 1012; *Ostertag*, La convention de Berne et le droit national, Le Droit d'Auteur 1941, 29 und 37; *Baum*, Droit international public, Convention de Berne et lois nationales, Le Droit d'Auteur 1946, 85, 101 und 114; *Baum*, Völkerrecht, Berner Konventionen und Landesgesetze, GRUR 1950, 437; *Saenger*, Das Verhältnis der Berner Konvention zum innerstaatlichen Urheberrecht (1940); *Fedder*, Das Verhältnis der Revidierten Übereinkunft zum Schutze von Werken der Literatur und der Kunst zum Landesrecht (Diss Hamburg 1964).

[57]) Siehe oben unter 3.

9. Daß der Satz der Entscheidungsgründe, soweit ein Verbandsland die von Art 9 Abs 2 RBÜ gesteckten Grenzen verlasse, habe ein Urheber seinem anderen Verbandsland (sogenannter „Verbandsurheber“) einen im jure conventionis zustehenden Korrekturanspruch, in seiner allgemeinen Formulierung nicht zutrifft, zeigt auch die gesetzgeberische Entwicklung seit dieser Entscheidung. Durch die UrhGNov 1996 BGBl 151 sind die Bestimmungen über die Vervielfältigung zum eigenen Gebrauch neu gefaßt worden; an die Stelle des bisherigen § 42 UrhG sind seine §§ 42 bis 42b getreten. Dabei ist der Gesetzgeber dem im Begutachtungsverfahren insb von den Interessenvertretungen der Musikverleger vertretenen Standpunkt, es sei ein allgemeines Verbot der Vervielfältigung von graphischen Aufzeichnungen von Werken der Tonkunst, also von (Musik)Noten notwendig, eine Zulässigkeit der Vervielfältigung von (Musik)Noten verstoße gegen Art 9 RBÜ, nicht gefolgt, ohne sich allerdings mit der Vereinbarkeit der nunmehrigen Rechtslage mit der RBÜ im einzelnen auseinander zu setzen[58]).

Nunmehr sind die §§ 42 bis 42b neuer Fassung im Verhältnis zur Pariser Fassung der RBÜ das jüngere Gesetz.

10.1. Die Entscheidung hat – zu Recht – die Frage offen gelassen, ob sich nach Einführung einer Reprographievergütung eine andere Einschätzung der Beurteilung der Frage auf Grund der RBÜ ergeben könnte[59]).

10.2. Der historische Gesetzgeber der UrhGNov 1996 hat diese Frage gesehen. So heißt es in der ErlRV[60]):

„Dem ist entgegenzuhalten[61]), daß das Fotokopieren von Musiknoten durch eine solche Regelung nicht verhindert werden kann und das Verbotsrecht des Urhebers damit weitgehend ein nudum ius ist. Der Entwurf hält es daher – auch im Interesse der Urheber von Werken der Tonkunst – für sinnvoller, die Vervielfältigung von Noten zum eigenen Gebrauch in demselben Umfang wie für alle anderen Werke auch zuzulassen und die wirtschaftliche Beeinträchtigung, die der Urheber dadurch erleidet, durch einen Vergütungsanspruch auszugleichen; dies geschieht durch die Einführung einer Reprographievergütung im § 42b. Diese Bestimmung sieht eine angemessene Vergütung vor; das erlaubt, das Ausmaß, in dem die ‚normale Auswertung‘ von Werken der Tonkunst mehr als bei Werken anderer Art beeinträchtigt wird, bei der Bemessung der Vergütung zu berücksichtigen.“

10.3. In diesem Rahmen kann aus Zeit- und Platzgründen auf diese Frage im einzelnen nicht eingegangen werden.

11. Nach den bisherigen Ausführungen ist im Ergebnis der Entscheidung ludus tonalis zuzustimmen, nicht aber der Begründung. Das Ergebnis

---

[58]) ErlRV 21 f.

[59]) ÖBl 1995, 186 linke Spalte.

[60]) S 22.

[61]) Gemeint ist die im Begutachtungsverfahren insb von den Interessenvertretungen der Musikverleger erhobene Forderung, eine freie Werknutzung für die Vervielfältigung zum eigenen Gebrauch von (Musik)Noten ersatzlos zu beseitigen; s oben unter 9.

hätte meines Erachtens auf Grund des Satzes lex posterior derogat legi priori gewonnen werden sollen.

12.1. Ob nach dem Satz lex specialis derogat legi generali die spezielle Regelung der allgemeineren vorgeht[62]), war weder vom Denkansatz des OGH in der hier besprochenen Entscheidung her noch von dem hier vertretenen Denkansatz aus zu beurteilen, wird aber für den Zeitraum ab Inkrafttreten der §§ 42 bis 42b in der Fassung der UrhGNov 1996 von Bedeutung sein.

12.2. Beide Regelungen, nämlich die §§ 42 bis 42b UrhG geltender Fassung wie auch Art 9 RBÜ Pariser Fassung regeln den Tatbestand der Vervielfältigung zum eigenen Gebrauch von (Musik)Noten mit Hilfe der Reprographie, die §§ 42 bis 42b UrhG ganz allgemein, Art 9 RBÜ Pariser Fassung für sogenannte „Verbandsurheber". Insoferne ist also die zitierte Bestimmung der RBÜ Pariser Fassung die speziellere Regelung (der Spezialtatbestand) im Verhältnis zur allgemeinen Regelung (dem Generaltatbestand). In einem solchen Fall ist im Einzelfall zu ermitteln, was die neue lex generalis will, ob Spezialregelungen weiterhin zugelassen sein sollen oder nicht. Hiezu sind alle anderen Auslegungsmethoden zu mobilisieren[63]).

12.3. Die Auffassung des historischen Gesetzgebers der UrhGNov 1996 ist ohne Zweifel dahin gegangen, eine einheitliche Regelung für sogenannte „Verbandsurheber" und für Nicht-„Verbandsurheber" zu schaffen[64])[65]).

---

[62]) Für alle *Koziol/Welser*, 10. Aufl I 32.

[63]) *Bydlinski* aaO 573.

[64]) Siehe die oben nach FN-Z 60 wiedergegebene Stelle der ErlRV („Dem – gemeint ist, daß die Zulässigkeit der Vervielfältigung von Musiknoten zum eigenen Gebrauch im Wege der Reprographie gegen Art 9 RBÜ Pariser Fassung verstoße – ist entgegenzuhalten, . . ."). In diesem Zusammenhang ist darauf hinzuweisen, daß mit zunehmender zeitlicher Entfernung der Rechtsanwendung die subjektive Absicht des historischen Gesetzgebers zunehmend an Gewicht verliert (MGA ABGB[34] E 41 zu § 6 ABGB), maW, daß die subjektive Absicht des historischen Gesetzgebers um so mehr Gewicht hat, je jünger der Gesetzgebungsakt ist.

[65]) Die Entscheidung Ludus tonalis ist auch insofern zu kritisieren, als sie von der Staatsbürgerschaft des (verstorbenen) Komponisten Paul Hindemith über den Begriff des sogenannten „Verbandsurhebers" auf einen iure conventionis zustehenden Korrekturanspruch schließt. Die Staatsbürgerschaft ist zwar seit der Pariser Fassung der RBÜ der erste „Anknüpfungspunkt" dafür, daß ein Urheber für sein Werk Konventionsschutz genießt. Diese Frage ist der Frage nach dem Ursprungsland logisch vorgeordnet; zuerst muß geprüft werden, ob ein Werk überhaupt Konventionsschutz genießt (Frage nach den Anknüpfungspunkten). Erst dann spielt die Frage eine Rolle, welches Land das Ursprungsland des Werkes ist. Gemäß Art 5 Abs 4 lit a gilt als Ursprungsland für die zum ersten Mal in einem Verbandsland veröffentlichten Werke dieses Land als Ursprungsland (wobei eine Sonderregelung für die gleichzeitige Veröffentlichung in mehreren Verbandsländern beigefügt ist). Die durch die RBÜ „besonders gewährten Rechte" hat der Urheber aber nur „in allen Verbandsländern mit Ausnahme des Ursprungslandes des Werkes" (Art 5 Abs 1 RBÜ Pariser Fassung). Die Begründung ist also auch insofern mangelhaft.

12.4. Dazu kommt noch, daß der historische Gesetzgeber, der die Ratifikation der Pariser Fassung der RBÜ ermöglicht hat, den inländischen Urheber nicht schlechter stellen wollte, als den sogenannten „Verbandsurheber“, heißt es doch in den ErlRV[66]):

„Da die Übereinkunft einen zum Teil vom österr Recht abweichenden Schutz gewährt, ist das UrhG zum Schutz der österr Urheber und im Interesse der Einheit und Übersichtlichkeit der Rechtsordnung dem vorgesehenen Schutzumfang der Übereinkunft anzupassen.“[67])

12.5. Dem Art 9 Abs 2 RBÜ wurde daher durch die neuen Bestimmungen der §§ 42 bis 42b UrhG meines Erachtens innerstaatlich derogiert. § 9 Abs 2 RBÜ Pariser Fassung ist auf sogenannte „Verbandsurheber“ nicht mehr anzuwenden.

---

[66]) S 58 f.

[67]) Ebenso aus dem Schrifttum der Bundesrepublik Deutschland *Nordemann/Vinck/Hertin* aaO Einleitung Rz 32 und *Katzenberger* in *Schricker,* Urheberrecht, vor § 120 Rz 68: Es ist im Zweifel anzunehmen, daß der Gesetzgeber das innerstaatliche Recht zumindest dem Standard des Konventionsrechts angleichen wollte, um eine Benachteiligung der Inländer gegenüber den konventionsgeschützten Ausländern zu vermeiden.

Die Umsetzung urheberrechtlicher Richtlinien am Beispiel der Satellitenrichtlinie[1])

Von *Dr. Günter Auer*[2]), Wien

I. Einleitung

Die Gunst der politischen Stunde gestattet es mir, über die Umsetzung der Satellitenrichtlinie in Österreich nicht als geplante, sondern als vollzogene Maßnahme zu berichten – wenn man bereit ist, von der noch ausständigen Mitwirkung des Bundesrats abzusehen: diese Umsetzung ist Teil der vom Nationalrat am 28. 2. dieses Jahres beschlossenen UrhGNov 1996[3]). Die Schwangerschaft mit diesem Gesetzesvorhaben war ungewöhnlich lang und nicht ohne Komplikationen, die Geburt dafür überraschend schmerzlos.

Dem Veranstalter schien es offensichtlich vorteilhaft zu sein, mit diesem Bericht jemanden zu betrauen, der als Legist maßgeblich an der Entstehung des Gesetzes beteiligt war. Ich erlaube mir, Zweifel an dieser Sicht anzumelden: von dem, der den Gesetzestext geschrieben hat, wird man schwerlich eine kritische Auseinandersetzung mit demselben verlangen können; es wird an Ihnen liegen, dieses fehlende Element in der Diskussion nachzutragen.

Dafür darf man vom Referenten einen authentischen Beitrag zur historischen Interpretation erwarten, also zur Frage, was sich der Gesetzgeber bei der einen oder anderen Bestimmung gedacht haben mag, deren Sinn sonst vielleicht im Dunkeln bliebe. Doch wenn der Betreffende seine Aufgabe ernst genommen hat, dann müßten diese Gedanken bereits in den Erläuternden Bemerkungen zur Regierungsvorlage stehen und können dort nachgelesen werden.

Um also nicht nur die erwähnten Materialien wiederzukäuen, erlauben Sie mir einerseits einige allgemeine Bemerkungen und andererseits die Beschränkung auf einige wesentliche Punkte, auf die ich ausführlicher eingehen will.

---

[1]) Vortrag, gehalten auf der Tagung des Arbeitskreises Urheberrecht im März 1996; die Vortragsform wurde beibehalten.

[2]) Als Leitender Staatsanwalt im Bundesministerium für Justiz für die legislative Betreuung des Urheberrechts zuständig.

[3]) BGBl 1996/151.

I. Allgemeines

1. Bedeutung des Gemeinschaftsrechts

Ich sage bestimmt nichts Neues, wenn ich darauf hinweise, daß die Bedeutung des Gemeinschaftsrechts für die Weiterentwicklung des Urheberrechts in den Mitgliedstaaten der EG und damit auch in Österreich gar nicht hoch genug eingeschätzt werden kann. Die EG hat zwar keine besondere Kompetenz zur Harmonisierung der Rechtsordnungen ihrer Mitgliedstaaten auf diesem Rechtsgebiet und leitet ihre Befugnisse aus den allgemeinen Regeln über den freien Waren- und Dienstleistungsverkehr im gemeinsamen Markt ab; es ist daher nicht überraschend, daß die EWG dieses Betätigungsfeld erst verhältnismäßig spät entdeckt hat und daß sie dabei mit einem Regelungsgegenstand begonnen hat, den urheberrechtliche Puristen eher für einen störenden Fremdkörper halten, nämlich mit Computerprogrammen: im Jahr 1991 hat der Rat die Richtlinie über den Rechtsschutz von Computerprogrammen[4]) beschlossen. Im Jahr 1992 folgte die Richtlinie zum Vermiet- und Verleihrecht sowie zu bestimmten dem Urheberrecht verwandten Schutzrechten im Bereich des geistigen Eigentums[5]), im Jahr 1993 die Richtlinie zur Koordinierung bestimmter urheber- und leistungsschutzrechtlicher Vorschriften betreffend Satellitenrundfunk und Kabelweiterverbreitung[6]), die der eigentliche Gegenstand meines Referats ist, und noch im selben Jahr die Richtlinie zur Harmonisierung der Schutzdauer des Urheberrechts und bestimmter verwandter Schutzrechte[7]). In diesen Tagen schließlich wird die Richtlinie über den rechtlichen Schutz von Datenbanken[8]) erlassen; es ist bereits eine solche des Europäischen Parlaments und des Rates und es ist nur noch die Unterschrift des Rats ausständig. Und schließlich ist zu erwarten, daß die Kommission in diesen Tagen den Vorschlag einer Richtlinie zur Harmonisierung des Folgerechts veröffentlicht.

Noch weiter gefächert sind die einschlägigen Aktivitäten der Kommission zur Vorbereitung weiterer Rechtsakte der EG, wie sie sich insb in Arbeitsprogrammen, Grünbüchern, Hearings etc äußern, aber auch im Rahmen der laufenden Arbeiten der WIPO an neuen internationalen Instrumenten.

All dies läßt meiner Meinung nach den Schluß zu, daß die EG das Fehlen einer besonderen urheberrechtlichen Kompetenz nicht als Beschränkung ansieht und ihr Mandat, das sich auf diesem Gebiet aus den allgemeinen Regeln über den gemeinsamen Markt ergibt, sehr weit auslegt. Mit anderen Worten: wenn die EG – oder, um es weniger anonym zu sagen, ihre Mitgliedstaaten – aus welchem Grund auch immer der Meinung sein sollten,

---

[4]) 91/250/EWG.

[5]) 92/100/EWG.

[6]) 93/83/EWG.

[7]) 93/98/EWG.

[8]) 96/9/EG.

daß es wünschenswert sei, eine bestimmte urheberrechtliche Regelung auf Gemeinschaftsebene zu harmonisieren, dann werden sie diese Absicht nicht an der angeblich mangelnden Zuständigkeit der Gemeinschaft scheitern lassen.

Die Frage ist nun, wie ist dieser nachhaltige Einfluß des Gemeinschaftsrechts auf die innerstaatliche Urheberrechtsordnung aus österr Sicht zu bewerten?

Zunächst ist von einer keineswegs neuen Einsicht auszugehen; schon das vorige Jahrhundert hat erkannt, daß das Urheberrecht seiner Natur nach nach einer internationalen Rechtsvereinheitlichung verlangt. Urheberrechtlich geschützte Werke kennen grundsätzlich keine Grenzen: sie werden in aller Regel international verwertet. Trotz internationaler Abkommen auf diesem Gebiet hat aber jedes Land seine eigenen urheberrechtlichen Regeln, die nicht nur im Schutzniveau sondern auch in den Details sehr unterschiedlich sein können; das kann die Verwertung über Staatsgrenzen hinweg außerordentlich erschweren.

Die der Verwirklichung des gemeinsamen Marktes dienende Harmonisierung des Urheberrechts ist daher auch vom Standpunkt des Urheberrechts selbst grundsätzlich ein Vorteil. Dies allerdings nur unter der weiteren Voraussetzung, daß dabei nicht im Interesse mehrheitsfähiger Lösungen grundlegende Prinzipien und Wertungen des Urheberrechts auf der Strecke bleiben, die aus unserer Sicht unverzichtbar sind.

Gemessen an den bisherigen Ergebnissen, kann man der EG einen solchen Vorwurf jedoch keineswegs machen. Es ist unbestritten, daß die EG – verglichen mit dem zT doch recht unterschiedlichen Schutzniveau in den einzelnen Mitgliedstaaten – nie den in der Mitte liegenden Kompromiß gesucht, sondern stets die Harmonisierung auf einem möglichst hohen Niveau angestrebt und auch erreicht hat. Dem liegt offensichtlich der Gedanke zugrunde, daß individuelle Rechte, die in einzelnen Mitgliedstaaten bestehen, nach Möglichkeit nicht beschränkt werden sollen.

Dieser Befund wird bestätigt, wenn man zur Probe die Umsetzungserfordernisse untersucht, die sich aus den bisher erlassenen Richtlinien für Österreich ergeben haben: angesichts des in Österreich herrschenden hohen Schutzniveaus ist es nicht überraschend, daß das geltende Urheberrecht den Anforderungen der Richtlinien bereits sehr weitgehend entsprach. Soweit – abgesehen von rechtstechnischen Änderungen ohne oder mit nur geringem Einfluß auf das Schutzniveau – gesetzliche Änderungen erforderlich waren, hat es sich jedoch nie um eine Verringerung, sondern stets um eine Erhöhung des rechtlichen Schutzes gehandelt: im einzelnen sind dies die Einschränkung der freien Werknutzungen mit Beziehung auf Computerprogramme, die Einführung des Vermiet- und Verleihrechts, die Aufhebung der gesetzlichen Lizenz für die Kabelweitersendung, die Verlängerung der Schutzfristen für Filmwerke, Lichtbilder und Rundfunksendungen und die Einführung eines Schutzes zuvor unveröffentlichter Werke.

Entgegen Befürchtungen, die mitunter geäußert werden, hat die EG nicht nur das reibungslose Funktionieren des gemeinsamen Marktes und damit primär die wirtschaftlichen Interessen der kommerziellen Verwerter geschützter Werke und Leistungen im Auge, sondern durchaus auch das Anliegen einer gerechten Urheberrechtsordnung. Dies zeigt sich etwa in der Einführung eines unverzichtbaren Beteiligungsanspruchs der Urheber und Leistungsschutzberechtigten beim Vermieten und Verleihen ebenso wie beim Eintreten der EG für Persönlichkeitsrechte der Leistungsschutzberechtigten.

Dies zeigt sich auch im Bemühen der Kommission um die Einführung des Folgerechts, eine Maßnahme, die ja wohl in einem direkten Widerspruch zu den Interessen der Wirtschaft steht. Zwar ist es gerade im Bereich des Folgerechts ganz offensichtlich, daß die unterschiedlichen Regelungen in den einzelnen Mitgliedstaaten zu einer Störung des Binnenmarkts führen und auch unter diesem Gesichtspunkt eine Harmonisierung notwendig ist; wenn es nach den Interessen der Wirtschaft ginge, müßte diese Harmonisierung jedoch in der Abschaffung des Folgerechts in denjenigen Mitgliedstaaten bestehen, die das Folgerecht bereits anerkennen.

An dieser Stelle könnte der Einwand kommen: Ja, aber wie hat es die EG mit der Bogsch-Theorie gehalten? Nun, das ist ein Thema, mit dem ich mich im Zusammenhang mit der Umsetzung der Satellitenrichtlinie noch eingehend auseinandersetzen werde; vorweg will ich nur sagen, daß meiner Meinung nach auch in diesem Zusammenhang die berechtigten Interessen der Urheber nicht unzumutbar verletzt werden.

Zusammenfassend meine ich also, daß die häufig gehörte Klage über den mit dem Beitritt zur EG verbundenen Souveränitätsverlust, der uns den Willen der anderen Mitgliedstaaten aufzwingt und uns hindert, eigenständige gesetzliche Lösungen zu finden, im Bereich des Urheberrechts jedenfalls nicht angebracht ist. Im Gegenteil: wenn man an einer Verbesserung der Rechtsstellung der Urheber interessiert ist, wird man den Einfluß der EG insgesamt begrüßen müssen. Wenn wir ehrlich sind, werden wir wohl zugeben müssen, daß etwa das Vermiet- und Verleihrecht ohne diesen Einfluß nicht so schnell oder überhaupt nicht zu verwirklichen gewesen wäre. Noch viel mehr gilt dies natürlich für das Folgerecht – so dessen harmonisierte Einführung tatsächlich gelingt, ein Unterfangen, das naturgemäß auch auf Gemeinschaftsebene auf heftigen Widerstand stößt.

Schließlich darf man in diesem Zusammenhang auch nicht übersehen, daß die gänzliche Fremdbestimmung nur für diejenigen Richtlinien zutrifft, die vor dem Beitritt Österreichs zur EG erlassen worden sind: seither können wir ja mitbestimmen und aus meinen bisherigen Erfahrungen in Brüssel kann ich bestätigen, daß auch die Stimme der kleinen Staaten gehört wird.

2. Besonderheiten der Richtlinien

Ich habe damit die Bewertung im grundsätzlichen positiv abgeschlossen und komme zu den kleinen Ärgernissen, die in den Besonderheiten der einschlägigen Richtlinien liegen und mit denen man bei ihrer Umsetzung konfrontiert ist.

a) Sonderregelungen

Zunächst ist auf die „Salamitaktik“ hinzuweisen, die die EG bei der Harmonisierung des Urheberrechts verfolgt: für bestimmte Regelungsgegenstände werden einzelne Richtlinien erlassen, die den nationalen Gesetzgeber der einzelnen Mitgliedstaaten zwingen, das Urheberrecht in kurzen Zeitabständen immer wieder zu novellieren. Dies ist jedoch ein Nachteil, den man im Interesse der Sache in Kauf nehmen muß. Die Alternative wäre eine Kodifizierung des gesamten Urheberrechts, soweit es auf Gemeinschaftsebene harmonisierungsbedürftig ist; wenn man sich für dieses Konzept entschieden hätte, dann hätte man eine unverhältnismäßig lange Vorbereitungszeit in Kauf genommen: auch unter den günstigsten Bedingungen wäre mit einem Ergebnis nicht mehr in diesem Jahrtausend zu rechnen gewesen und vordringliche Fragen, wie etwa der Schutz von Computerprogrammen, wären auf Gemeinschaftsebene ungelöst geblieben.

Hingegen darf man eine andere Gefahr nicht übersehen, die mit dieser Vorgangsweise verbunden ist: es handelt sich um nebeneinander stehende Sonderregelungen, denen der gemeinsame Unterbau eines allgemeinen urheberrechtlichen Konzepts fehlt. Das kann nicht nur zu Überschneidungen der einzelnen Regelungen führen, sondern auch zur unterschiedlichen Regelung derselben Frage für den jeweiligen Geltungsbereich der verschiedenen Richtlinien. Als Beispiel möchte ich, ohne darauf näher eingehen zu können, auf die unterschiedliche Regelung der Erschöpfung des Verbreitungsrechts in der Computerrichtlinie und in der Vermiet- und Verleihrichtlinie hinweisen.

b) Erwägungsgründe

Eine weitere Besonderheit der Richtlinien der EG ist ihre Zweiteilung: neben der eigentlichen Regelung, die üblicherweise in Artikel unterteilt ist, enthält sie zum Teil sehr umfangreiche Erwägungsgründe, die in ursprünglich unnumerierte, seit der Satellitenrichtlinie aber numerierte Absätze untergliedert sind. Vom Inhalt her sind sie mit dem Allgemeinen Teil von Erläuterungen in unserem Verständnis vergleichbar, während ein Besonderer Teil, der den Sinn und den Regelungsgehalt der einzelnen Bestimmungen der Richtlinie erläutert, fehlt; auch wenn die Erwägungsgründe auf den Inhalt einer Regelung eingehen, fehlt die Bezugnahme auf die konkrete Bestimmung der Richtlinie.

Über die normative Kraft der Erwägungsgründe bestehen anscheinend unterschiedliche Auffassungen: unbestritten ist, daß die Erwägungsgründe zur Auslegung der Richtlinie unter dem Gesichtspunkt der historischen Interpretation heranzuziehen sind. Während aber Staaten wie Österreich und Deutschland davon ausgehen, daß ein Erwägungsgrund nicht eine Bestimmung der Richtlinie ersetzen kann, und in den Verhandlungen darauf Wert legen, daß eine Regelung, die normative Kraft haben soll, nicht auf einen Erwägungsgrund beschränkt bleiben darf, sehen andere Staaten und die Kommission dies anscheinend nicht ganz so streng.

Zu diesem Problem will ich ein Beispiel aus der Satellitenrichtlinie anführen: Im Erwägungsgrund 30 heißt es mit Beziehung auf den Rechteerwerb für die Kabelweiterverbreitung von Rundfunksendungen: „Darüberhinaus sollen die vertraglichen Vereinbarungen über die Genehmigung der Kabelweiterverbreitung durch eine Reihe von Maßnahmen gefördert werden. Will ein Beteiligter einen allgemeinen Vertrag abschließen, sollte er verpflichtet sein, kollektive Vorschläge für eine Vereinbarung zu unterbreiten. Außerdem soll allen Beteiligten jederzeit die Anrufung unparteiischer Vermittler offen stehen, die Verhandlungshilfe leisten und Vorschläge unterbreiten können." Der letzte Satz findet seinen Niederschlag in Art 11 der Richtlinie, der die Überschrift „Vermittler" trägt. Der Satz davor macht jedoch nicht nur sprachliche Verständnisprobleme: was ist ein „allgemeiner Vertrag" und was sind „kollektive Vorschläge"? Der wesentliche Mangel ist jedoch, daß hiefür eine entsprechende Bestimmung in der Richtlinie überhaupt fehlt. Ich kann mir dies nur aus einem Redaktionsversehen erklären: vermutlich hat es in einer früheren Fassung des Richtlinienvorschlags der Kommission eine entsprechende Bestimmung gegeben, die in die erlassene Richtlinie nicht Eingang gefunden hat, und man hat übersehen, auch die entsprechende Stelle in den Erwägungsgründen zu streichen. Was aber immer der Grund hiefür sein mag: meiner Meinung nach ist diese Stelle der Erwägungsgründe für die innerstaatliche Umsetzung der Richtlinie unbeachtlich.

c) Redaktionelle Mängel

Wer die einschlägigen Richtlinien kritisch untersucht, dem wird es nicht schwer fallen, mehr oder weniger schwerwiegende redaktionelle Mängel aufzudecken: es gibt unklare Formulierungen, zT sind die Regelungen in sich nicht konsistent oder sogar widersprüchlich und manche Bestimmungen scheinen keinen Sinn zu haben.

Solche Kritik ist sicher berechtigt. Ich glaube jedoch nicht, daß sich diese Mängel zur Gänze vermeiden lassen. Zunächst geht es darum, auf die unterschiedlichen rechtlichen Traditionen in den einzelnen Mitgliedstaaten Rücksicht zu nehmen: das kann einerseits zur Kompromissen führen, die nur unter diesem Hintergrund verständlich sind, aber auch zu Bestimmungen, die auf die Rechtslage in einzelnen Mitgliedstaaten zugeschnitten sind und nur für diese Bedeutung haben.

Andere Gründe liegen im Verfahren der Vorbereitung der Richtlinien, die ihre Fassung weitgehend in der zuständigen Expertengruppe erhalten: im Endstadium, wenn man endlich Einigung über die strittigen Sachfragen erzielt hat, ist der Vorsitzende häufig nicht geneigt, noch auf Einwände zur Formulierung einzugehen. Dazu kommt, daß manche Staatenvertreter wenig Verständnis für dogmatische Überlegungen haben. Und schließlich wird der ganze Vorgang durch eine mitunter babylonische Sprachenverwirrung in der erwähnten Expertengruppe erschwert: es ist dort üblich, daß simultan in die Landessprachen aller Mitgliedstaaten übersetzt wird – dzt noch mit Ausnahme von Finnisch und Schwedisch. Gerade wenn es um schwierige juristische Fragen geht, weicht das Ergebnis dieser Übersetzungen immer wieder von dem ab, was wirklich gesagt worden ist: dies zeigt sich mitunter jedenfalls in Rückfragen oder unpassenden Antworten.

Auch zum Thema der redaktionellen Mängel will ich ein Beispiel aus der Satellitenrichtlinie anführen (auf weitere werde ich später kommen): Art 9 dieser Richtlinie regelt die Ausübung des Kabelweiterverbreitungsrechts. Abs 3 sieht vor, daß ein Mitgliedstaat vorsehen kann, daß bei einem Rechtsinhaber, der die Erstsendung eines Werks oder eines anderen urheberrechtlich geschützten Gegenstands im Hoheitsgebiet dieses Mitgliedstaats gestattet, davon ausgegangen wird, daß er damit einverstanden ist, seine Kabelweiterverbreitungsrechte nicht auf individueller Grundlage, sondern gemäß dieser Richtlinie auszuüben. Der Sinn dieser Ermächtigung muß – jedenfalls ohne entsprechende Erläuterung – dunkel bleiben: sieht doch schon Abs 2 der angeführten Bestimmung für den Fall, daß ein Rechtsinhaber die Wahrnehmung seiner Rechte keiner Verwertungsgesellschaft übertragen hat, zwingend vor, daß dann die Verwertungsgesellschaft, die Rechte der gleichen Art wahrnimmt, als bevollmächtigt gilt, seine Rechte wahrzunehmen.

Die Erklärung dafür kann wohl nur sein, daß ein Mitgliedstaat mit Rücksicht auf seine geltende innerstaatliche Urheberrechtsordnung eine solche besondere Ermächtigung für notwendig oder zumindest für zweckmäßig gehalten hat.

Mängel dieser Art sind jedoch weiter nicht schädlich: Art 9 Abs 3 der Satellitenrichtlinie konnte bei der Umsetzung in Österreich einfach ignoriert werden.

d) Vielsprachigkeit

Die letzte Besonderheit der Richtlinien, auf die ich hinweisen möchte, besteht darin, daß sie in allen Sprachen der Mitgliedstaaten erlassen und kundgemacht werden, was immer wieder zu Übersetzungsfehlern führen kann. Verschärft wird dieses Problem dadurch, daß keine dieser Sprachfassungen authentisch ist. Zwar gibt es eine Arbeitssprache, in der die einzelnen Bestimmungen zuerst formuliert worden sind, aber diese kann sogar innerhalb einer einzigen Richtlinie variieren, und um welche Sprache es sich im Einzelfall handelt, ist nicht allgemein bekannt.

Auch hiezu ein Beispiel aus der Satellitenrichtlinie:

Sie verwendet, ohne die Gründe hiefür offenzulegen, für den Begriff der „Rundfunksendung über Satellit“ ausschließlich den Begriff „öffentliche Wiedergabe über Satellit“; hiebei ist das „ausschließlich“ mit der Einschränkung zu verstehen, daß sich an einer Stelle, nämlich im Erwägungsgrund 33, dennoch die Worte „Rundfunksendung über Satellit“ eingeschlichen haben und daß sowohl der Titel der Richtlinie als auch die Überschrift des einschlägigen Kapitels den Begriff „Satellitenrundfunk“ verwenden. Man kann für diese Wortwahl zwar ins Treffen führen, daß auch der das Senderecht regelnde Art 11 RBÜ von der „öffentlichen Mitteilung der Werke durch irgendein anderes Mittel, das der drahtlosen Verbreitung von Zeichen, Tönen oder Bildern dient," spricht; primär verwendet die RBÜ jedoch den Begriff Rundfunksendung und läßt keinen Zweifel daran, daß auch die angesprochene „öffentliche Mitteilung" Rundfunksendung ist.

Auch bei der Auslegung der Satellitenrichtlinie kann kein Zweifel bestehen, daß nichts anderes als Rundfunksendung gemeint ist, und bei ihrer Umsetzung konnte daher auch problemlos dieser Begriff verwendet werden.

An einer Stelle der Richtlinie hat diese etwas gekünstelte Ausdrucksweise allerdings zu einem offensichtlichen Übersetzungsfehler geführt: der Erwägungsgrund 20 spricht von „Sendungen aus Drittstaaten, die öffentlich über Satellit wiedergegeben werden." Damit ist natürlich weder die Weitersendung einer Erstsendung noch die öffentliche Wiedergabe einer Rundfunksendung iS unseres § 18 Abs. 3 UrhG gemeint, sondern die Satellitenrundfunksendung aus einem Drittstaat. Dieses Beispiel zeigt, daß auch Übersetzungsfehler im allgemeinen keine unüberwindlichen Verständnisprobleme verursachen.

3. Innerstaatliche Umsetzung

Zur innerstaatlichen Umsetzung von Richtlinien meine ich zunächst, daß man dabei selbstbewußt vorgehen sollte. Dh mit anderen Worten, daß sich die Umsetzung nicht darauf beschränken kann, die Richtlinie soweit wie möglich wörtlich abzuschreiben.

a) Keine Umsetzungsnotwendigkeit

Zunächst ist zu prüfen, inwieweit die innerstaatliche Rechtslage der Richtlinie inhaltlich bereits entspricht; soweit dies der Fall ist, sollte auf eine Gesetzesänderung verzichtet werden. Dies nicht nur deshalb, weil überflüssige Gesetzesänderungen nach Tunlichkeit vermieden werden sollen, sondern vor allem deshalb, um Umkehrschlüsse für die von der Änderung nicht betroffenen Fälle zu vermeiden. Ein Beispiel hiefür ist etwa Art 6 der Schutzfristenrichtlinie, der die Voraussetzungen für die Qualifizierung von Photographien als Werk bestimmt: diese ist nach der angeführten Bestimmung gegeben, wenn Photographien „individuelle Werke in dem Sinn darstellen, daß sie das Ergebnis der eigenen geistigen Schöpfung ihres Urhebers sind"; weiter wird klargestellt, daß zur Bestimmung der Schutzfähigkeit keine anderen Kriterien anzuwenden sind, wobei im Erwägungsgrund 17 noch darauf hingewiesen wird, daß es sich dabei um den Maßstab handelt, den auch die RBÜ anlegt. Die Regierungsvorlage zur UrhGNov 1996[9]) vertritt hiezu die Meinung, daß dies dem Werkbegriff des § 1 UrhG entspricht, sodaß keine Sonderregelung für den Schutz von Lichtbildwerken vorgesehen werden muß. Eine ausdrückliche Umsetzung, die wohl nur dadurch möglich gewesen wäre, daß die Worte der Richtlinie übernommen werden,

---

[9]) 3 BlgNR 20. GP.

hätte ohne Notwendigkeit den einheitlichen Werkbegriff des Urheberrechtsgesetzes preisgegeben. Die Gefahr, daß damit die Richtlinie vielleicht doch nicht ausreichend umgesetzt worden ist, ist denkbar gering: das innerstaatliche Recht, das den Gegenstand einer Richtlinie regelt, ist – soweit dies möglich ist – stets richtlinienkonform auszulegen.

Daß die UrhGNov 1993[10]) auf der Grundlage einer ähnlichen Richtlinienbestimmung für Computerprogramme eine ausdrückliche Regelung in das UrhG aufgenommen hat, ist unter diesem Aspekt eher als Sündenfall zu werten.

b) „Austrifizierung“

Soweit diese Übereinstimmung des geltenden Rechts mit einer Richtlinie nicht gegeben ist, sollte die Umsetzung durch eine möglichst harmonische Einfügung der neuen Regelung in die bestehende Urheberrechtsordnung geschehen, also gewissermaßen durch „Austrifizierung“ der Richtlinie.

Das bedeutet zunächst einmal, daß nach Möglichkeit kein „EG-Sondergesetz“ erlassen wird – etwa ein Gesetz über den urheberrechtlichen Schutz von Computerprogrammen – sondern die betroffenen gesetzlichen Regelungen unmittelbar geändert oder ergänzt werden. Das bedeutet weiter, daß die Regelungen der Richtlinie in die innerstaatliche Rechtssprache übertragen und insb die durch das innerstaatliche Recht vorgegebenen Fachbegriffe verwendet werden, und daß sie der Systematik und der Regelungstechnik unseres UrhG angepaßt werden.

Im übrigen ist es selbstverständlich, daß dies im Geiste der jeweiligen Richtlinie geschehen muß und nicht als Vorwand dienen darf, sich allenfalls unliebsamen Verpflichtungen, die sich aus dem Gemeinschaftsrecht ergeben, zu entziehen.

c) Sonderregelungen

Ein besonderes Problem kann sich schließlich aus dem bereits erörterten Umstand ergeben, daß die EG einzelne Sonderregelungen erläßt: auch dann, wenn eine Richtlinie Bestimmungen enthält, die keine auf den Regelungsgegenstand zugeschnittene Sonder- oder Ausnahmeregelung ist, sondern vielmehr der Ausdruck eines allgemeinen urheberrechtlichen Grundsatzes, beschränkt sich diese Regelung und ihre für die Mitgliedstaaten verbindliche Harmonisierungswirkung notwendigerweise dennoch nur auf den Regelungsgegenstand der Richtlinie; dies bewirkt – sofern nicht verschiedene Richtlinien eine unterschiedliche Regelung derselben Frage enthalten – noch keine sachliche Ungleichbehandlung, sondern führt nur dazu, daß die bewußte Frage für einen Anwendungsbereich bereits geregelt ist, für andere aber noch nicht.

---

[10]) § 40a Abs 1 UrhG idF BGBl 1993/93.

Der innerstaatliche Gesetzgeber, der diese Richtlinien umsetzen soll, muß aber einer anderen Ausgangssituation gerecht werden: er hat eine bereits bestehende umfassende Urheberrechtsordnung weiterzuentwickeln. Wenn er sich bei der Umsetzung auf den Regelungsgegenstand der Richtlinie beschränkt, dann muß dies zu Wertungswidersprüchen und sachlich nicht gerechtfertigten Differenzierungen führen.

Ob eine solche Differenzierung dem verfassungsrechtlichen Gleichheitsgrundsatz widersprechen würde oder der Umstand, daß die Umsetzungsverpflichtung sich eben nur auf eine bestimmte Fallgruppe bezieht, für sich allein schon von der Verfassung als Rechtfertigungsgrund für eine Differenzierung anerkannt wird, mag hier dahingestellt bleiben. Vom Standpunkt des Urheberrechts wäre eine solche unsachliche Differenzierung jedenfalls unerwünscht.

Der innerstaatliche Gesetzgeber wird daher mittelbar zu allgemeinen gesetzlichen Änderungen gezwungen, die über den Anwendungsbereich der einzelnen umzusetzenden Richtlinien hinausgehen; und dies muß wohl unabhängig davon gelten, ob die gegenständliche Regelung im Inland auf mehr oder weniger Sympathie stößt.

Auch hiezu Beispiele aus der UrhGNov 1996:

Völlig unbestritten ist wohl die allgemeine Umsetzung des Art 1 Abs 2 lit c der Satellitenrichtlinie: diese Bestimmung sagt, daß eine öffentliche Wiedergabe über Satellit (gemeint: eine Rundfunksendung über Satellit) im Fall der Kodierung der programmtragenden Signale dann vorliegt, wenn die Mittel zur Dekodierung der Sendung durch das Sendeunternehmen selbst oder mit seiner Zustimmung der Öffentlichkeit zugänglich gemacht worden sind. Es kann wohl kein Zweifel daran bestehen, daß dies ein Grundsatz ist, der nicht nur für Satellitensendungen sondern für alle Rundfunksendungen gelten soll, und in diesem Sinn ist der neue §17a UrhG auch gefaßt worden.

Ähnliches gilt für die Umsetzung des Art 8 Abs 1 Satellitenrichtlinie, der gesetzliche Lizenzen für die Kabelweiterverbreitung verbietet, aber nur für die Weiterverbreitung von Rundfunksendungen aus anderen Mitgliedstaaten gilt. Bei der insoweit notwendigen Beseitigung der gesetzlichen Lizenz nach den geltenden §§ 59a und 59b UrhG bestand keine sachliche Rechtfertigung, diese Maßnahme auf Rundfunksendungen aus anderen Mitgliedstaaten zu beschränken. Bei der Umsetzung der flankierenden Bestimmungen der Richtlinie, die dem Kabelbetreiber den Rechteerwerb auf vertraglicher Basis sichern sollen, führte diese allgemeine und uneingeschränkte Umsetzung sogar dazu, daß sie nicht nur für die Weitersendung ausländischer Rundfunksendungen gilt, wie die bisher geltenden §§ 59a und 59b UrhG, sondern auch für die Weitersendung inländischer privater Rundfunksendungen.

Etwas schwieriger liegt der Fall bereits bei der Umsetzung des Art 3 Abs 3 der Schutzfristenrichtlinie, der für die Rechte der Hersteller der erstmaligen Aufzeichnung eines Films eine fünfzigjährige Schutzfrist vorsieht. Den solcherart umschriebenen Rechten entspricht im Regelungszusammenhang des UrhG das verwandte Schutzrecht des Herstellers von Laufbildern iS des § 73 Abs 2. Dieses ist aber nur Teil des allgemeinen Schutzrechts an Lichtbildern, für das die Schutzfristenrichtlinie keine Regelung enthält und das auch im übrigen auf Gemeinschaftsebene noch nicht harmonisiert ist. Da das UrhG für den Schutz von Lichtbildern aber nur eine Schutzfrist von 30 Jahren vorsieht, stellt sich nun die Frage, ob ein gerechtfertigter Grund dafür besteht, Filmhersteller mit Beziehung auf die Schutzfrist besser zu stellen als Photographen. Der Gesetzgeber hat diese Frage verneint und die Schutzfrist für alle Lichtbilder verlängert.

In diesem Sinn noch heikler ist schließlich das letzte Beispiel, nämlich die Umsetzung des Art 1 Abs 2 lit a und b der Satellitenrichtlinie. Diese Bestimmung umschreibt, worin mit Beziehung auf die Rundfunksendung über Satellit die Verwertungshandlung liegt, und bestimmt damit auch den Ort, an dem diese Handlung stattfindet. Diese Bestimmung des Orts (genauer: die ausdrückliche Bestimmung des Orts) ist auf die Mitgliedstaaten beschränkt; lit b der angeführten Bestimmung sagt dies mit den Worten: „Die öffentliche Wiedergabe über Satellit findet nur in dem Mitgliedstaat statt, in dem ..." usw. Dies wird allerdings relativiert durch lit d, wo eine Regelung für den Fall vorgesehen wird, daß eine öffentliche Wiedergabe über Satellit in einem Drittstaat stattfindet; man wird wohl annehmen können, daß die Richtlinie davon ausgeht, daß der Umstand, in welchem Drittstaat die Satellitenrundfunksendung stattfindet, nach der angeführten Regelung zu beurteilen ist. Wie immer man dies sehen will, der Gesetzgeber war jedenfalls der Meinung, daß eine unterschiedliche Regelung des Ortes der Sendung je nach dem, ob sie von einem Mitgliedstaat oder von einem Drittstaat ausgeht, sachlich nicht gerechtfertigt wäre, und er hat die fragliche Richtlinienbestimmung im neuen § 17b UrhG dementsprechend einheitlich umgesetzt. Auf die inhaltlichen Probleme dieser Regelung werde ich später kommen.

d) Umsetzungsdauer

Abschließend meine ich, daß man Richtlinien möglichst rasch umsetzen soll: wenn man die Absicht einer eigenständigen Umsetzung hat, dann ist man als Vorreiter einfach in einer besseren Position. Jedenfalls sollte man danach trachten, den in der Richtlinie vorgesehenen Umsetzungstermin einzuhalten. Im übrigen kann man damit rechnen, daß bereits das genügt, um unter den Ersten zu sein. Denn die Umsetzungsmoral der Mitgliedstaaten scheint nicht sehr groß zu sein und die Kommission, die über die Einhaltung der einschlägigen Verpflichtungen der Mitgliedstaaten zu wachen hat, dürfte auf diesem Gebiet einigen Kummer gewohnt sein.

III. Die Satellitenrichtlinie

1. Allgemeines

Die Richtlinie 93/83/EWG des Rates zur Koordinierung bestimmter urheber- und leistungsschutzrechtlicher Vorschriften betreffend Satellitenrundfunk und Kabelweiterverbreitung ist am 27. 9. 1993 erlassen worden, also schon geraume Zeit vor dem Beitritt Österreichs zur EG; dh mit anderen Worten, daß sie ohne österr Mitwirkung zustandegekommen ist.

Sie enthält, wie schon ihr Name sagt zwei Regelungsbereiche:

Das zweite Kapitel regelt den Satellitenrundfunk. Die materiellrechtlichen Bestimmungen der Art 2 bis 6 sehen für die Urheber ein ausschließliches Senderecht vor, das nur vertraglich erworben werden kann. Dem entspricht die Regelung des Senderechts im § 17 Abs 1 UrhG, die ohne Einschränkung auch für Satellitensendungen gilt. Bezüglich des Rechtsschutzes der ausübenden Künstler, der Tonträgerhersteller und der Rundfunkunternehmer stellt die Satellitenrichtlinie auf die einschlägigen Regelungen der Richtlinie zum Vermietrecht und Verleihrecht sowie zu bestimmten dem Urheberrecht verwandten Schutzrechten im Bereich des geistigen Eigentums ab. Diese Richtlinie ist – soweit es überhaupt nötig war – schon durch die UrhGNov 1993 umgesetzt worden. Das UrhG sieht im Bereich der verwandten Schutzrechte zT sogar einen weitergehenden Schutz vor, als in der Vermietrichtlinie vorgeschrieben; dies wird durch Art 6 der Satellitenrichtlinie ausdrücklich für zulässig erklärt. Der abschließende Art 7 enthält Übergangsbestimmungen, auf die ich noch näher eingehen werde.

Das dritte Kapitel regelt die Kabelweiterverbreitung von Rundfunksendungen aus anderen Mitgliedstaaten. Der grundlegende Art 8 Abs 1 sieht vor, daß das Recht zur Kabelweiterverbreitung nur „auf der Grundlage individueller oder kollektiver Verträge zwischen den Urheberrechtsinhabern, den Leistungsschutzberechtigten und den Kabelunternehmen" erworben werden kann. Gesetzliche Lizenzen, wie sie die §§ 59a und 59b UrhG in der geltenden Fassung vorsehen, sind mit dieser Regelung unvereinbar.

Art 8 Abs 2 der Richtlinie sieht allerdings vor, daß die Mitgliedstaaten am 31. 7. 1991 bestehende Regelungen für gesetzliche Lizenzen bis zum 31. 12. 1997 beibehalten können. Diese Voraussetzung trifft auf das österr Urheberrecht zu. Die UrhGNov 1996 hat von dieser Übergangsfrist im vollen Umfang Gebrauch gemacht, um den Übergang auf ein System des vertraglichen Rechtserwerbs zu erleichtern.

An die erwähnte Grundsatzbestimmung schließen in den Art 9 bis 12 Bestimmungen an, die dem Kabelbetreiber trotz der grundsätzlichen Anerkennung des Ausschließungsrechts an der Kabelweitersendung den für ihn notwendigen Rechteerwerb ermöglichen sollen. Es sind dies einerseits die Einführung eines Verwertungsgesellschaftenzwangs – von dem Sendeunternehmen allerdings ausgenommen sind – ergänzt um Drittwirkung für Außenseiter. Sollte es zu keiner Einigung über die für die Kabelweitersendung erforderliche Rechteeinräumung kommen, sieht die Richtlinie die Einschaltung von Vermittlern vor, und für den Fall, daß dies auch nichts nützt, müssen die Mitgliedstaaten durch entsprechende zivil- oder verwaltungsrechtliche Vorschriften dafür sorgen, daß die Beteiligten Verhandlungen über die Erlaubnis der Kabelweiterverbreitung nach Treu und Glauben aufnehmen und diese Verhandlungen nicht ohne triftigen Grund be- oder verhindern. Ich bin der Meinung, daß die Umsetzung dieser Bestimmungen verhältnismäßig problemlos war. Als Vermittler wurde auf die Schiedsstelle nach der UrhGNov

1980 zurückgegriffen und die Verpflichtung zur Verhinderung des Mißbrauchs von Verhandlungspositionen wurde durch die meiner Meinung nach einfachste und wirkungsvollste Sanktion erfüllt, nämlich durch die Gewährung einer Zwangslizenz unter den durch die Richtlinie vorgegebenen Voraussetzungen.

Schließlich enthält die Richtlinie ein unauffälliges Kapitel IV, das die Überschrift „Allgemeine Bestimmungen" trägt und iS unserer Gesetzessprache Schlußbestimmungen enthält, und ein nur scheinbar unauffälliges Kapitel I, das die Überschrift „Definitionen" trägt und aus einem einzigen Art 1 besteht, dem ebenfalls die Überschrift „Definitionen" gegeben wurde. In dieser Bestimmung sind tatsächlich einschneidende materiellrechtliche Regelungen enthalten, uzw diejenigen, die aus österr Sicht wahrscheinlich am kontroversiellsten gesehen werden: sie machen für den Bereich der Mitgliedstaaten der EG der Bogsch-Theorie, der sich in Österreich die Rechtsprechung des OGH angeschlossen hat, den Garaus. Dies ist der erste Punkt, auf den ich nun näher eingehen will.

2. Die Satellitenrichtlinie und die Bogsch-Theorie

a) Einleitung

Die Bogsch-Theorie geht zurück auf und ist benannt nach dem langjährigen Generaldirektor der WIPO, Dr. Arpad Bogsch. Ich will erst gar nicht versuchen, die authentische Bedeutung dieser Theorie zu ergründen, da diese für den österr Rechtsbereich nicht von unmittelbarer Relevanz ist. Die Begründung hiefür ist ganz einfach: wie ich bereits gesagt habe, hat sich die Rechtsprechung des OGH dieser Theorie angeschlossen und von Interesse ist daher in erster Linie, wie der OGH diese Theorie in der österr Rechtsordnung verwirklicht sieht.

Die maßgeblichen Entscheidungen sind Schott II[11]) aus dem Jahr 1992 und Tele Uno III[12]) aus dem Jahr 1991. In Schott II war die Frage der Satellitensendung zu beurteilen und sie ist daher unser eigentlicher leading case. In Tele Uno III ist es hingegen um keine Satellitensendung gegangen, sondern um eine gezielte (intendierte) terrestrische Sendung aus dem Ausland nach Österreich; diese Entscheidung ist deswegen von Interesse, weil in ihr die Bogsch-Theorie zum ersten Mal anerkannt wurde und sich der OGH in Schott II auf die ausführliche Begründung dieser Entscheidung berufen hat.

Der OGH zitiert die Bogsch-Theorie in Tele Uno III wie folgt: „Wenn die Mitteilung an die Öffentlichkeit mit Hilfe von Radiowellen durch einen Direktsendesatelliten erfolgt, findet die Mitteilung in allen Ländern statt, die in der ‚Ausleuchtzone' des Satelliten liegen."

Walter[13]) weist mit Recht darauf hin, daß die beiden Entscheidungen des OGH der Bogsch-Theorie nicht nur einen kollisionsrechtlichen Aspekt

---

[11]) SZ 65/88 = EvBl 1992/192, 836 = MR 1992, 194 (*Walter*) = GRURInt 1992, 933 = ZfRV 1993, 160 (*Dillenz*) = WBl 1993, 27.

[12]) SZ 64/64 = EvBl 1991/180, 780 = GRURInt 1991, 920 = ZfRV 1993, 153 = MR 1991, 195 (*Walter*) = ÖBl 1991, 181.

[13]) MR 1992, 196.

abgewinnen, sondern auch einen materiellrechtlichen, nämlich zum notwendigen Umfang der für Satellitensendungen erforderlichen Rechteeinräumung.

Den beiden Entscheidungen – und nicht nur ihnen, sondern zum Großteil auch der literarischen Diskussion der Bogsch-Theorie – muß man jedoch den Vorwurf machen, daß sie diese beiden Fragen nicht genügend trennen, sondern in Begründung und Schlußfolgerung vermischen und damit zwischen anwendbarem Recht und notwendigem Umfang der Rechteeinräumung eine Verbindung herstellen, die zu falschen Schlußfolgerungen verleitet.

In der Sache werde ich wohl auf keinen Widerspruch stoßen, daß dies zwei getrennte Rechtsfragen sind, die sukzessive zu lösen sind: nämlich zuerst die Frage nach dem anwendbaren Recht, und wenn dieses feststeht, die Frage, wie die notwendige Rechteeinräumung nach dieser Rechtsordnung zu beurteilen ist.

b) Anwendbares Recht

Nach § 34 Abs 1 IPRG ist das Entstehen, der Inhalt und das Erlöschen von Immaterialgüterrechten – und damit auch von Urheberrechten – nach dem Recht des Staates zu beurteilen, in dem eine Benützungs- oder Verletzungshandlung gesetzt wird. Wenn man nun in Anerkennung der Bogsch-Theorie annimmt, daß die Satellitensendung – und damit die Benützungs- oder Verletzungshandlung – in allen Ländern stattfindet, die in der Ausleuchtzone des Satelliten liegen, dann hat dies zur Folge, daß insoweit das Recht aller dieser Staaten anzuwenden ist. Daß auch der OGH diese Schlußfolgerung anerkennt, zeigt eine Formulierung in Tele Uno III, wonach kollisionsrechtlich **zusätzlich** (die von mir hier vorgesehene Hervorhebung ist auch in der Entscheidung des OGH enthalten) auf das Recht derjenigen Länder abzustellen ist, in denen diese gezielt dorthin gerichteten Sendungen bestimmungsgemäß empfangen werden können. Anzumerken bleibt, daß sich der OGH in beiden Entscheidungen allerdings auf die Anwendung des **österr** Rechts beschränkt hat.

Der OGH hat sich bei der Begründung, warum er bei der Beurteilung der kollisionsrechtlichen Frage der Bogsch-Theorie folgt, in erster Linie auf Argumente zu § 17 UrhG gestützt. Da er dabei ohnehin auch die gegenteilige Meinung referiert hat, die sich auch auf die Materialien zu dieser Bestimmung beruft und die bis zu den gegenständlichen Entscheidungen wohl als herrschend bezeichnet werden konnte, will ich darauf nicht näher eingehen.

Ich möchte jedoch kritische Anmerkungen unter dem Gesichtspunkt des IPRG, um dessen Anwendung es ja primär geht, beisteuern:

Im Regelfall unterstellt das IPRG die zu beurteilende Rechtsfrage einer einzigen Rechtsordnung. So knüpft zwar § 43 Abs 1 IPRG, der Verträge über Immaterialgüterrechte regelt, grundsätzlich an das Recht des Staates an, für den das Immaterialgüterrecht übertragen oder eingeräumt wird. Da sich die Rechtseinräumung auf mehrere Staaten beziehen kann und somit die Gefahr einer Verweisung auf mehrere Rechtsordnungen besteht, wird diese Regel eingeschränkt: in diesem Fall ist das Recht des Staates maßgebend, in dem der Erwerber oder Lizenznehmer seinen gewöhnlichen Aufenthalt oder seine Niederlassung hat. Das IPRG sieht ausnahmsweise zwar auch die Anknüpfung an mehrere Rechtsordnungen vor. Es ist jedoch notwendig, daß dies ausdrücklich geschieht, weil das Gesetz dann auch bestimmen muß, in welcher Wechselbeziehung mehrere Rechtsordnungen berufen sind, etwa fakultativ, alternativ, gekoppelt oder kumulativ. Ein Beispiel für eine kumulative Anknüpfung ist § 26 Abs 1 IPRG, wonach die Voraussetzungen für die Adoption nicht nur nach dem Adoptionsstatut zu beurteilen sind, sondern auch bestimmte Zustimmungen nach dem Heimatrecht des Kindes vorliegen müssen. § 34 IPRG selbst enthält im Abs 2 eine gekoppelte Anknüpfung: Mit Beziehung auf Immaterialgüterrechte, die mit der Tätigkeit eines Arbeitnehmers im Rahmen seines Arbeitsverhältnisses zusammenhängen, ist für bestimmte Aspekte, nämlich für das Verhältnis zwischen dem Arbeitgeber und dem Arbeitnehmer ein anderes Statut maßgeblich.

Meiner Meinung ist daraus der Schluß zu ziehen, daß § 34 Abs 1 IPRG die Anwendung der Rechtsordnung nur eines **einzigen** Staates vorsehen wollte und daher davon ausgegangen ist, daß eine bestimmte Benutzungs- oder Verletzungshandlung nur in einem einzigen Staat gesetzt werden kann.

§ 34 Abs 1 IPRG ist in den gegenständlichen Fällen aber gar nicht die entscheidende kollisionsrechtliche Norm, sondern § 43 Abs 1 IPRG, der die Beurteilung von Verträgen über Immaterialgüterrechte regelt. Wenn sich eine Partei darauf beruft, daß eine Benutzungshandlung keine Verletzungshandlung sei, weil ihr der Urheber ein entsprechendes Recht eingeräumt hat, dann ist dies eine vertragsrechtliche Frage, die nach der angeführten Bestimmung zu beurteilen ist; gerade darum geht es aber bei der schon angesprochenen Frage der notwendigen Rechteeinräumung.

Der OGH hat dies in Schott II mit der folgenden Begründung abgelehnt:

„Die Parteien streiten nicht etwa um die örtlichen Grenzen des von der Klägerin mit Vertrag vom 16. 8. 1951 eingeräumten ausschließlichen Senderechtes; zwischen ihnen ist nicht strittig, daß der Klägerin (ua) das ausschließliche Senderecht für das Gebiet der Bundesrepublik Deutschland übertragen wurde. Damit geht es aber nicht um die Auslegung des Vertrages – welche gem § 43 Abs 1 Satz 1 IPRG nach deutschem Recht vorzunehmen wäre – sondern um die Beurteilung der Frage, ob das der Klägerin für das Gebiet der Bundesrepublik Deutschland eingeräumte Senderecht ausreicht, eine von der Bundesrepublik Deutschland aus ausgestrahlte Direktsatellitensendung, die bestimmungsgemäß nicht nur in der Bundesrepublik Deutschland, sondern (ua) auch in Österreich empfangen werden kann, zu autorisieren.“

Zu ergänzen ist, daß die Klägerin, wie der OGH in der Folge selbst ausführt, aufgrund des ihr (nur) für das Gebiet der Bundesrepublik Deutschland eingeräumten Senderechtes für sich in Anspruch nimmt, von der Bundesrepublik Deutschland ausgestrahlte Direktsatelliten-Fernsehsendungen auch auf das Gebiet Österreichs zu senden und dafür Sendebewilligungen zu erteilen und daß sie in der beanstandeten Handlungsweise der Beklagten einen Eingriff in das ihr von der Beklagten erteilte ausschließliche Senderecht erblicke.

Ich kann bei dieser Fallgestaltung die Argumentation des OGH nicht nachvollziehen; wonach soll der Umfang der vertraglichen Rechtseinräumung denn sonst zu beurteilen sein, wenn nicht nach dem Vertrag; es ist fast überflüssig den § 26 UrhG zu zitieren: „Auf welche Art, mit welchen Mitteln und innerhalb welcher örtlichen und zeitlichen Grenzen das Werk von einem Werknutzungsberechtigten benutzt werden darf, richtet sich nach dem mit dem Urheber abgeschlossenen Vertrag."

Der OGH beruft sich in diesem Zusammenhang auf zwei meiner Meinung nach mißverständliche Argumente:

Zunächst zitiert er die ErlRV zum § 34 Abs 1 IPRG, wonach im Verletzungsstreit entscheidend ist, ob die Eingriffshandlung nach dem Recht des Staates, für dessen Hoheitsgebiet der Schutz in Anspruch genommen wird, als eine Verletzung des inländischen Schutzrechts anzusehen ist. Die Erläuterungen ziehen daraus den weiteren Schluß, daß das Gericht, das über eine Verletzungsklage zu entscheiden hat, die Frage, ob eine Verletzungshandlung vorliegt, **sohin** nach dem Recht des Staates zu beurteilen hat, dessen Schutz in Anspruch genommen wird (das von mir betonte und in der RV enthaltene „sohin" fehlt in der Entscheidung des OGH allerdings). Diese Ausführungen müssen jedoch im Zusammenhang gelesen werden und beziehen sich nur auf Elemente der Verletzungshandlung, die sich aus dem Entstehen, dem Inhalt und dem Erlöschen von Immaterialgüterrechten ergeben: solche Elemente sind zB die Frage, ob überhaupt ein ausschließliches Senderecht gewährt wird, ob im Einzelfall eine gesetzliche Lizenz oder eine freie Werknutzung gegeben ist oder ob die Schutzfrist abgelaufen ist.

Weiters beruft sich der OGH auf eine Äußerung *Schwimanns* zum § 34 Abs 1 IPRG, wonach auch urheberrechtliche Werknutzungsrechte unter diese Verweisungsnorm fielen[14]). Dies ist nun ein Mißverständnis, an dem *Schwimann* selbst beteiligt ist. Er reiht nämlich Werknutzungsrechte unter die dem Urheberrecht verwandten Schutzrechte ein (wörtlich unter Weglassung der Verweisungen: dazu – nämlich zu den Immaterialgüterrechten – gehören einerseits das Urheberrecht und verwandte Rechte wie Werknutzungs- und Leistungsschutzrechte, andererseits die gewerblichen Schutzrechte wie Patentrechte, Markenrechte und Musterrechte). Dies zeigt schon, daß damit nicht gut Werknutzungsrechte iS der §§ 24, 26 UrhG gemeint seien können, wenn auch unklar ist, welche Rechte damit gemeint sind. Bestätigt wird dies jedoch durch *Schwimann* selbst: zum § 43 IPRG führt er nämlich aus, daß „Verträge über Immaterialgüterrechte" hauptsächlich die Einräumung von Verwertungsrechten (**Werknutzungsrechten,** Lizenzen) oder deren Übertragung beinhalten[15]).

Die Anknüpfung der im vorliegenden Fall entscheidenden Rechtsfrage, wie weit die der Klägerin erteilte Rechteeinräumung geht, wäre meiner Meinung nach daher nach dem bereits zitierten § 43 Abs 1 IPRG zu beurteilen

---

[14]) In *Rummel*, ABGB^2 1422.

[15]) AaO 1469.

gewesen. Ganz gleich, wie man anläßlich der kollisionsrechtlichen Qualifikation die Frage löst, ob mit dem gegenständlichen Vertrag ein Immaterialgüterrecht nur für Deutschland oder auch für Österreich eingeräumt wird: da der Erwerber bzw Lizenznehmer, das ist in diesem Fall die Klägerin, ihre Niederlassung in Deutschland hatte, wäre auf jeden Fall deutsches Recht anzuwenden gewesen.

c) Notwendiger Umfang der Rechteeinräumung

Der Ausgangspunkt, der die Frage des notwendigen Umfangs der Rechteeinräumung erst problematisch macht, ist der, daß die urheberrechtlichen Senderechte häufig territorial auf einzelne Staaten aufgeteilt sind.

Die Begründung der referierten Entscheidungen kann den Eindruck erwecken, als ob sie bei der Beurteilung dieser Situation – vereinfacht dargestellt – von folgendem Kausalzusammenhang ausgehen: Wenn die Satellitensendung nur im Ausstrahlungsland stattfindet, dann ist nur die Rechtsordnung des Ausstrahlungslandes anzuwenden und dann hat dies zur Folge, daß nur die Sendebewilligung im Ausstrahlungsland bzw von dem im Ausstrahlungsland Berechtigten erworben werden muß (manchmal heißt es auch für das Ausstrahlungsland bzw von dem für das Ausstrahlungsland Berechtigten). Wenn aber die Satellitensendung in allen Empfangsstaaten stattfindet, dann ist kumulativ die Rechtsordnung aller Empfangsstaaten anzuwenden und das hat wiederum zur Folge, daß die Sendebewilligung nicht nur im Ausstrahlungsland, sondern auch in allen bzw für alle Empfangsstaaten oder von den in den oder für die Empfangsstaaten Berechtigten erworben werden muß.

Noch einfacher für den Schott-Fall ausgedrückt: ohne Bogsch-Theorie braucht man für die Sendung nur das deutsche Senderecht, mit der Bogsch-Theorie auch das österreichische.

Das mag der Ausdrucksweise der Praxis entsprechen. Ich kann mich erinnern, in der Presse über Äußerungen von Luxemburger Rundfunkverantwortlichen gelesen zu haben, die auf dieser Linie gelegen sind und die für die Urheber wie eine gefährliche Drohung geklungen haben mögen. Dabei handelt es sich aber um eine sehr vereinfachte Sicht, die für die urheberrechtliche Rechteeinräumung gewissermaßen einen gesetzlichen Typenzwang voraussetzt, wie wir ihn aus dem Sachenrecht kennen, nämlich iS einer Regel, daß mit der Einräumung des Senderechts für ein bestimmtes Land mehr oder minder zwingend auch ein bestimmter Rechteumfang verbunden ist.

Eine solche Regel gibt es aber weder im österr noch im deutschen Urheberrecht. Zum österr Recht darf ich neuerlich auf den § 26 UrhG verweisen, der vorsieht, daß es nach dem mit dem Urheber abgeschlossenen Vertrag zu beurteilen ist, auf welche Art, mit welchen Mitteln und innerhalb welcher örtlichen und zeitlichen Grenzen das Werk von einem Werknutzungsberechtigten benutzt werden darf.

Der Urheber kann bei der Einräumung eines Senderechts dieses territorial nicht nur derart einschränken, daß die Ausstrahlung der Sendung nur von einem bestimmten Land aus vorgenommen werden darf, sondern auch hinsichtlich der intendierten Sendung in andere Länder und hinsichtlich der Mittel der Sendung, etwa nur terrestrisch oder auch über Satellit. Mit der auf die Aussage, in bzw für welches Land ein Senderecht eingeräumt wurde, läßt sich die Frage, ob damit auch das Recht zur Satellitensendung aus diesem Land in andere Staaten abgedeckt ist, nicht beantworten. Mit anderen Worten: Es kommt nicht nur darauf an **in** welchem bzw **für** welches Land der Inhaber eines Senderechts berechtigt ist, sondern auch **wozu** er dort berechtigt ist. Dies ist nach dem Willen der Parteien zu beurteilen, wobei die gesetzlichen Regeln zur Vertragsauslegung, insb des Urhebervertragsrechts, anzuwenden sind. Dies gilt selbstverständlich auch dann, wenn die Frage der Satellitensendung im Vertrag nicht ausdrücklich geregelt wurde, uzw insb in den Fällen, in denen das Senderecht zu einer Zeit eingeräumt wurde, als Satellitenrundfunksendungen noch nicht bekannt waren.

Im Fall der Entscheidung Schott II wäre diese Frage auf der Grundlage des deutschen Urheberrechts zu lösen gewesen und die Überlegungen hiefür sind – wegen der prinzipiellen Übereinstimmung der beiden Rechtsordnungen in diesem Bereich – grundsätzlich die gleichen. Man muß allerdings auch darauf hinweisen, daß für die österr Beklagte die Anwendung des deutschen Rechts wegen dessen ausdrücklicher Anerkennung der Zweckübertragungstheorie und der Beschränkung der Einräumung von Nutzungsrechten für noch nicht bekannte Nutzungsarten wohl günstiger gewesen wäre, als die Anwendung des österr Rechts.

Die Entscheidung Schott II enthält keine ausreichenden Feststellungen, die eine verläßliche Beurteilung des vertraglich eingeräumten Rechteumfangs in diesem Sinn ermöglichen würde; sie beschränken sich darauf, daß die Beklagte, ein Musikverlag mit dem Sitz in Wien, mit Vertrag vom 16. 8. 1951 der Klägerin, einem Musikverlag mit dem Sitz in der Bundesrepublik Deutschland, das ausschließliche Verbreitungs-, Aufführungs- und Senderecht betreffend ihren gesamten Werkbestand an musikdramatischen Werken bestimmter Komponisten für das Gebiet der Bundesrepublik Deutschland übertragen hat. Ich vermute, daß eine Klärung dieser Frage auf der Grundlage des deutschen Urheberrechts zu dem selben Ergebnis geführt hätte, zu dem der OGH in diesem Fall gekommen ist, die Anwendung der Bogsch-Theorie hiefür also nicht notwendig gewesen wäre.

d) Die Bogsch-Theorie in der Satellitenrichtlinie

Damit komme ich wieder auf die Satellitenrichtlinie zurück.

Diese definiert in Art 1 Abs 2 lit a zunächst die in das Senderecht eingreifende Handlung, uzw damit, daß „öffentliche Wiedergabe über Satellit" die Handlung bedeutet, mit der unter der Kontrolle des Sendeunternehmens und auf dessen Verantwortung die programmtragenden Signale, die für den öffentlichen Empfang bestimmt sind, in eine ununterbrochene Kommunikationskette, die zum Satelliten und zurück zur Erde führt, eingegeben werden.

Unter lit b wird dann der Ort angegeben, an dem diese Handlung stattfindet: es ist dies nur der Mitgliedstaat, in dem die programmtragenden Signale unter der Kontrolle des Sendeunternehmens und auf dessen Verantwortung in eine ununterbrochene Kommunikationskette eingegeben werden, die zum Satelliten und zurück zur Erde führt.

Die UrhGNov 1996 hat beide Bestimmungen sprachlich gestrafft und dem Sprachgebrauch des UrhG angepaßt, inhaltlich aber unverändert in den neuen § 17b Abs 1 UrhG übernommen. Diese Bestimmung geht über die Richtlinie nur insofern hinaus, als sie – wie ich vorhin schon erwähnt habe – nicht auf die Mitgliedstaaten der EG beschränkt ist.

Eine unmittelbare Auswirkung hat dies meiner Meinung nach **nur** für das nach § 34 Abs 1 IPRG anwendbare Recht, **nicht** jedoch auf die Anwendung des § 43 Abs 1 IPRG und nicht auf den Umfang der für die Satellitensendung notwendigen Rechteeinräumung.

Daß dies auch durchaus iS der Satellitenrichtlinie ist, und auch diese die beabsichtigte Wirkung der gegenständlichen Regelung nur im Bereich des anwendbaren Rechts sieht, läßt sich – obwohl diese nicht ganz einheitlich sind – aus den Erwägungsgründen ableiten: Die Einleitung des Erwägungsgrundes 14 ließe vielleicht noch den gegenteiligen Schluß zu; es heißt dort: „Die die grenzüberschreitende Programmverbreitung über Satelliten behindernde Rechtsunsicherheit im Hinblick auf die zu erwerbenden Rechte läßt sich beseitigen, indem die öffentliche Wiedergabe geschützter Werke über Satellit auf Gemeinschaftsebene definiert wird, wodurch gleichzeitig auch der Ort der öffentlichen Wiedergabe präzisiert wird.“ In der Folge wird aber ganz klar gesagt, wofür eine solche Definition notwendig ist, nämlich dafür, um die kumulative Anwendung von mehreren nationalen Rechten auf einen einzigen Sendeakt zu verhindern. Bestätigt wird dies schließlich durch den Erwägungsgrund 16, der erklärt, daß der Grundsatz der Vertragsfreiheit, auf den sich diese Richtlinie stütze, weiterhin eine Einschränkung der Verwertung der Senderechte gestatte, insb was bestimmte Übertragungstechniken oder bestimmte sprachliche Fassungen anbelange. Das kann doch nichts anderes heißen, als daß die Einräumung eines Senderechts für ein bestimmtes Land nicht unbedingt bedeuten muß, daß damit auch das Recht der Satellitensendung eingeräumt ist.

In dieser Beziehung findet daher meiner Meinung nach weder durch die Satellitenrichtlinie noch durch ihre Umsetzung eine Schlechterstellung der Urheber statt.

Eine solche ist nur dann zu befürchten, wenn die Satellitensendung iS des neuen § 17b UrhG in einem Land mit unzureichendem Schutzniveau stattfindet. In einem gewissen Rahmen hilft dem Art 1 Abs 2 lit d der Richtlinie ab. Diese Bestimmung soll sicherstellen, daß auf eine Satellitensendung kein Recht mit geringerem Schutzniveau als nach der Richtlinie anzuwenden ist, sofern es nur in einem der Mitgliedstaaten einen bestimmten anderen Anknüpfungspunkt gibt. Die Umsetzung findet sich im neuen § 17b Abs 2 und 3 UrhG.

Im übrigen hilft dagegen nur eine weltweite Rechtsvereinheitlichung. Ein Ansatz dazu ist die in der WIPO-Sachverständigengruppe über ein mögliches Zusatzprotokoll zur RBÜ angestrebte Änderung des Art 11bis RBÜ dahingehend, daß unfreiwillige Lizenzen für die Erstsendung ausgeschlossen werden[16]).

Abschließend will ich auf den Einfluß der Neuregelung auf die terrestrische intendierte Sendung in das Ausland eingehen, also auf Fallgestaltungen wie in Tele Uno III. Die Frage, ob eine absichtlich in mehrere Länder ausgestrahlte Rundfunksendung nur im Land der Ausstrahlung oder auch in den Empfangsländern stattfindet, ist wohl allgemeiner Natur. § 17b Abs 1 UrhG hätte also allgemein gefaßt und iS des Sendelandprinzips auch auf terrestrische Sendungen ausgeweitet werden können. Im Hinblick auf die delikate Ausgangssituation hat die UrhGNov 1996 davon Abstand genommen und sich auf den Regelungsbereich der Richtlinie, nämlich Rundfunksendungen über Satellit beschränkt. Dies ist auch durch die sehr spezifische Art der Regelung dieser Materie nahegelegt worden.

Daraus darf aber nicht der Schluß gezogen werden, daß der Gesetzgeber damit die vom OGH vertretene Bogsch-Theorie für terrestrische Sendungen anerkannt hat, sondern dies bewirkt zunächst bloß, daß eine **ausdrückliche** Regelung der Frage des Ortes der Rundfunksendung für terrestrische Sendungen im UrhG weiterhin fehlt. Ich bin im Gegenteil der Meinung, daß die vom Gesetzgeber bei der Regelung der Satellitensendung vorgenommene Wertung dazu führen muß, daß die Empfangslandtheorie auch für terrestrische Sendungen nicht mehr aufrechtgehalten werden kann: aber das letzte Wort wird auch hier – wie immer – der OGH haben.

3. Übergangsbestimmungen

Art 7 der Satellitenrichtlinie enthält in den Abs 2 und 3 Übergangsbestimmungen für den Satellitenrundfunk.

a) Art 7 Abs 3

Abs 3 regelt bestimmte Fälle von internationalen Koproduktionen. Es handelt sich bei dieser Bestimmung zwar um ein sprachliches Ungetüm, nämlich um einen einzigen Satz, der im Amtsblatt der EG 21 Zeilen lang ist. Aber es ist verständlich, worum es geht, und die Bestimmung paßt in das vorhin erörterte Konzept der Regelung. Ich halte es für einfacher, wenn ich die inhaltlich identische Fassung des Art VII der UrhGNov 1996 zitiere, mit dem diese Bestimmung umgesetzt wird: danach darf der Mithersteller eines Filmwerks – in der Richtlinie heißt er Koproduzent – einem anderen die

---

[16]) Diese Arbeiten haben im Dezember 1996 zur Annahme eines WIPO-Urheberrechtsvertrages geführt; eine entsprechende Bestimmung findet sich in diesem Vertrag allerdings nicht mehr.

Rundfunksendung des Filmwerks über Satellit nur mit Zustimmung des beeinträchtigten Mitherstellers gestatten, wenn

1. das Filmwerk von Herstellern aus mehreren Staaten gemeinsam hergestellt worden ist,
2. zumindest ein Mithersteller einem Mitgliedstaat des Europäischen Wirtschaftsraums angehört,
3. der Vertrag über die gemeinsame Herstellung des Filmwerks vor dem 1. 4. 1996 geschlossen worden ist,
4. dieser Vertrag ausdrücklich das Senderecht für bestimmte Gebiete aufteilt, uzw für alle technischen Mittel der Sendung, und keine besondere Regelung für die Sendung über Satellit trifft und
5. die Sendung über Satellit das ausschließliche Senderecht eines Mitherstellers beeinträchtigt.

Diese Bestimmung beschränkt unter bestimmten Voraussetzungen das Recht eines Koproduzenten, anderen die Rundfunksendung über Satellit zu gestatten. Voraussetzung für die Anwendung dieser Bestimmung ist somit, daß er dieses Recht überhaupt hat. Ob dies der Fall ist, ist nach den allgemeinen urhebervertragsrechtlichen Regeln zu ermitteln. Das kann bei der in Z 4 vorausgesetzten Vertragsgestaltung durchaus der Fall sein, aber dies ist keineswegs eine Notwendigkeit.

Mit anderen Worten: aus der gegenständlichen Bestimmung darf meiner Meinung keineswegs der Schluß gezogen werden, daß nach der Richtlinie mit „alten" Verträgen mit der in Z 4 beschriebenen Gestaltung, also Einräumung des Senderechts für ein bestimmtes Gebiet für alle technischen Mittel der Sendung aber ohne ausdrückliche Regelung der Sendung über Satellit, immer auch die Einräumung des Satellitensenderechts verbunden sein muß.

b) Art 7 Abs 2

Art 7 Abs 2 der Richtlinie ist hingegen wieder ein Beispiel für eine Bestimmung, deren Bedeutung im Regelungszusammenhang der Richtlinie jedenfalls aus der Sicht des österr Urheberrechts keinen Sinn ergibt und die deswegen auch zu keiner Umsetzungsmaßnahme geführt hat. Diese Bestimmung lautet:

> „Für Verträge über die Verwertung der Werke und anderer urheberrechtlich geschützter Gegenstände, die zu dem in Art 14 Abs 1 genannten Zeitpunkt (es ist dies der Umsetzungstermin) bereits bestehen, gelten Art 1 Abs 2 sowie die Art 2 und 3 ab 1. Januar 2000, sofern diese Verträge nach diesem Zeitpunkt ablaufen."

Was die erst verspätete Anwendung der Art 2 und 3 auf solche Verträge bedeuten mag, kann dahingestellt bleiben; denn Art 2 und 3 enthalten Regeln über das ausschließliche Senderecht, die bereits dem geltenden österr Recht entsprechen und daher nicht umgesetzt werden müssen.

Anders ist dies mit Art 1 Abs 2, der die in das Senderecht eingreifende Verwertungshandlung sowie den Ort, an dem diese Verwertungshandlung stattfindet, definiert.

In welcher Weise soll diese Bestimmung überhaupt für Verträge gelten, da es sich doch um keine vertragsrechtliche Bestimmung handelt? Auch der Erwägungsgrund 18, der sich auf diese Bestimmung bezieht, gibt keine ausreichende Aufklärung: es heißt darin nur ganz allgemein, daß die Anwendung des in dieser Richtlinie vorgesehenen Ursprungslandgrundsatzes zu Problemen hinsichtlich bereits bestehender Verträge führen *könnte* (Hervorhebung durch mich) und daß ein Übergangszeitraum von fünf Jahren vorgesehen werden sollte, in dessen Verlauf bestehende Verträge gegebenenfalls iS der Richtlinie angepaßt werden können.

Zum Inhalt der Regelung sagt der Erwägungsgrund 18, daß demzufolge der Ursprungslandgrundsatz dieser Richtlinie nicht für bereits bestehende Verträge gelten solle, deren Laufzeit vor dem 1. 1. 2000 endet; sollten die Vertragsparteien dann noch Interesse an dem Vertrag haben, so hätten sie die Gelegenheit, die Vertragsbedingungen erneut miteinander aushandeln zu können. Hier besteht zunächst ein Widerspruch im Anwendungsbereich zwischen Erwägungsgrund und Richtlinienbestimmung: Art 7 Abs 2 gilt nämlich nicht für Verträge, deren Laufzeit vor dem 1. 1. 2000 endet, sondern im Gegenteil nur für solche, die nach diesem Zeitpunkt ablaufen. Dies ist ein Redaktionsversehen, das im Weg der Auslegung iS des zitierten Erwägungsgrunds bereinigt werden kann. Über den Inhalt und die Bedeutung der Regelung sagt aber auch der Erwägungsgrund nichts.

Art 7 Abs 2 wäre meiner Meinung nach nur dann sinnvoll, wenn Art 1 Abs 2 eine Bestimmung enthielte, die früher abgegebenen vertraglichen Erklärungen kraft Gesetzes eine bestimmte Bedeutung gibt, die möglicherweise von dem abweicht, was von den Parteien tatsächlich gewollt war. Gerade darum handelt es sich aber, wie ich gezeigt habe, bei der fraglichen Regelung nicht.

Davon zu unterscheiden ist die Frage, ob es sich um eine Regelung handelt, auf die die Parteien bei der Vertragsgestaltung noch nicht Rücksicht nehmen konnten. Diesem Problem kann der Normsetzer sinnvoll in verschiedener Weise begegnen: er kann nachträglich Regeln zur Auslegung dieser Verträge geben, wie es österr Urheberrechtsgesetzenovellen etwa bei Schutzfristenverlängerungen getan haben; er kann ihnen gesetzliche Gestaltungsrechte geben, wie es etwa der vorhin referierte Art 7 Abs 3 Satellitenrichtlinie getan hat; und man kann vielleicht noch andere sinnvolle Maßnahmen finden. Aber gerade das tut Art 7 Abs 2 nicht.

Ich kann mir diese Bestimmung nur damit erklären, daß sie entweder auf eine frühere Fassung des angesprochenen „Ursprungslandsgrundsatzes" Bezug nimmt oder daß sie auf das Betreiben eines Mitgliedstaates zurückgeht, der von der Bedeutung dieses Grundsatzes, wie er in die Richtlinie Eingang gefunden hat, eine andere Vorstellung hat oder der ihn als Grundlage für eine den Besonderheiten seines Urheberrechts Rechnung tragenden innerstaatliche Übergangsbestimmung nehmen will.

Für die österr Rechtsordnung scheint mir eine Umsetzung weder notwendig noch möglich.

Ausgewählte Probleme der Schutzfristenberechnung

Von *Dr. Johannes Juranek,* Wien

Innerhalb der Europäischen Union (EU) ist der Schutzfristenvergleich aufgrund der Richtlinie zur Harmonisierung der urheberrechtlichen Schutzfristen und der Phil-Collins-Entscheidung des EuGH obsolet geworden. Im Verhältnis zu Drittstaaten wird der Schutzfristenvergleich in der genannten Richtlinie jedoch angeordnet. Inhalt dieser Arbeit ist zunächst die Untersuchung der Veränderungen, welche die Richtlinie, das Phil-Collins-Urteil und auch das TRIPS-Abkommen für den Schutzfristenvergleich gebracht haben.

1. Allgemeines

Der Sinn der großen internationalen urheberrechtlichen Konventionen war es, einen Abbau der fremdenrechtlichen Schranken der nationalen Urheberrechte zu erreichen. So sehen das Welturheberrechtsabkommen (WUA)[1]) und die Berner Konvention (RBÜ)[2]) den Grundsatz der Inländerbehandlung vor. Das Werk eines Urhebers, das in einem Verbandsstaat Schutz genießt, soll gleichfalls im anderen Verbandsstaat Schutz genießen. Dieser Schutz soll dem Schutz inländischer Werke gleichgestellt sein. Im Bereich der Schutzfristen könnte es ohne Ausgleichsmechanismus dazu kommen, daß ein Werk aus einem Verbandsstaat mit kürzeren Schutzfristen in einem Verbandsstaat mit längeren Schutzfristen eine längere Schutzfrist erhält.

Diesem Effekt sollte der Schutzfristenvergleich vorbeugen: Bei Anwendung des Schutzfristenvergleichs wird ein Werk in einem Verbandsstaat nicht länger geschützt als in seinem Ursprungsland. Art 7 Abs 8 der RBÜ und Art IV Abs 4 lit a des WUA sehen diesen Schutzfristenvergleich für ihre Mitgliedsstaaten vor[3]). Danach kann das Recht des Schutzlandes über die von Art 7 Abs 1 RBÜ vorgesehene Mindestfrist von 50 Jahren post mortem auctoris (pma) hinausgehen, doch darf diese Frist nicht diejenige des Ursprungslandes überschreiten. Gem Art IV Abs 4 lit a WUA gilt glei-

[1]) WUA idF Paris 1971 (BGBl 1982/293).
[2]) RBÜ idF Paris 1971 (BGBl 1982/319).
[3])Gem Art XVII WUA wird Art IV Abs 4 lit a WUA von der RBÜ verdrängt.

ches für eine Schutzfrist von 25 Jahren. Kurzum: Der Schutzfristenvergleich ist das Instrumentarium, um materielle Gegenseitigkeit zu erzeugen. Vorteil des Schutzfristenvergleichs ist in erster Linie, daß das Werk in beiden Ländern zur selben Zeit in das domaine public fällt. Auch könnte es (theoretisch) ein Anreiz für das Ursprungsland sein, die eigenen Schutzfristen anzuheben, um „seine" Werke auch im Ausland in den Genuß einer längeren Schutzfrist zu bringen. Grundsätzlich ist zu diesem Institut des Schutzfristenvergleichs nicht mehr zu sagen, handelt es sich doch um einen „alten Bekannten". Allerdings gewinnt die akademische Diskussion über dieses grundsätzlich nicht gerade exotische Rechtsinstitut in letzter Zeit an Aktualität. Grund dafür war die Richtlinie des EU-Rates zur Harmonisierung der urheberrechtlichen Schutzfristen und die Phil-Collins-Entscheidung des EuGH vom 20.10.1993 sowie das TRIPS-Abkommen. Aber auch die letzte Änderung des russischen Urheberrechts, mit der die Schutzfrist von 25 auf 50 Jahre pma verlängert wurde, wirft Probleme auf, die durchaus die nähere Beschäftigung mit dem Schutzfristenvergleich interessant machen.

2. Die Richtlinie zur Schutzfristenharmonisierung

Mit der Richtlinie wurde die urheberrechtliche Schutzfrist mit 70 Jahren pma und die leistungsschutzrechtliche Schutzfrist mit 50 Jahren nach Erscheinen oder öffentlicher Wiedergabe bzw. Aufzeichnung oder Erstsendung festgesetzt.

a) Rechtslage innerhalb der EU bzw dem Europäischen Wirtschaftsraum (EWR)

Der Richtlinie ist es grundsätzlich gelungen, innerhalb jener Staaten, welche die Richtlinie durchzusetzen haben, eine Vereinheitlichung des Schutzfristenlaufs zu erzielen. Innerhalb dieser Länder ist ein Schutzfristenvergleich ab innerstaatlicher Wirksamkeit der Richtlinie überhaupt nicht mehr notwendig, da die Schutzfristen durch die Richtlinie vereinheitlicht wurden.

Die Richtlinie hat also zwischen jenen Ländern keine Änderung gebracht, deren Rechtsordnungen bereits eine 70jährige Schutzfrist vorsahen. Werke, in deren Ursprungsland schon immer eine 70jährige Schutzfrist galt, kommen in jenen EU-Ländern, in denen es vor der Implementierung der Richtlinie nur eine kürzere Schutzfrist gab, in den Genuß einer Schutzfristverlängerung. Dieser Vorteil kommt den Werken auch dann zu, wenn sie am 1.7.1995[4]) in bestimmten EU-Mitgliedsstaaten schon gemeinfrei waren, allerdings in einem EU-Mitgliedsstaat geschützt waren. Man spricht dabei von der „retrospektiven" – also rückwirkenden – Verlängerung der Schutzfristen.

---

[4]) Art 10 Abs 2 der Richtlinie.

Diese Konstruktion wirft eine ganze Reihe von Problemen auf. Schließlich sind ja die Interessen derer berührt, die im Vertrauen auf die Gemeinfreiheit Investitionen oder andere Nutzungshandlungen getätigt haben:

Nach Art 10 Abs 3 der Richtlinie werden zwar Nutzungshandlungen, welche vor dem 1. 7. 1995 getätigt wurden, nicht berührt. Diese Klausel in der Richtlinie kann aber keinesfalls zu dem Ergebnis führen, daß ein im Schutzland zunächst gemeinfrei gewordenes Werk erst ab dem 1.7.1995 erneut, aber nicht rückwirkend geschützt wird[5]). Diese Sicht der Dinge mag zwar im wirtschaftlichen Ergebnis stimmen, da die Richtlinie die „Nutzungshandlungen" unberührt lassen will. Die Richtlinie spricht aber nicht davon, den „urheberrechtlichen Schutz" für die Zeit vor dem 1.7.1995 nicht anwenden zu wollen. Diese wörtliche Interpretation wird auch durch das Urteil des EuGH vom 20.10.1993 „Phil-Collins" unterstützt. Dieses Urteil hat eine Rückwirkung des Schutzes zum Ergebnis (siehe dazu unten). Die Tatsache, daß „Nutzungshandlungen", welche vor dem 1.7.1995 getätigt wurden, unberührt bleiben, wird wohl nicht zu einer grundsätzlichen Negierung des Schutzes, sondern zur Annahme einer (nachträglichen) gesetzlichen Lizenz führen müssen. Wirtschaftlich dürfte es wohl so sein, daß diese Unterscheidung keine Auswirkungen hat. Die in der Literatur unter anderem vertretene Meinung, daß die Richtlinie keinen rückwirkenden Schutz gewährt, ist schon aus akademischen Gründen unrichtig[6]), hat aber sehr wohl auch wirtschaftliche Auswirkungen:

Das Problem beginnt schon damit, daß die Richtlinie den Begriff „Nutzungshandlungen" nicht definiert. Es bleibt also dem nationalen Gesetzgeber überlassen, was er als „Nutzungshandlung" bezeichnet. Das österr Recht zählt die Verwertungsrechte in den §§ 14 bis 18 d UrhG taxativ auf. Das deutsche Recht zählt die „Nutzungshandlungen" nur deklarativ auf, indem es mit dem Begriff „insbesondere (. . .)" arbeitet. Das Unterlassen einer Definition des Begriffes „Nutzungshandlungen" in der Richtlinie durch den Rat führt dazu, daß eine bestimmte Handlung in einem Staat als „Nutzungshandlung" eingestuft werden kann, im anderen aber nicht. Nach österr Recht erstrecken sich Werknutzungsrechte und Werknutzungsbewilligungen nur auf die Verwertungsarten der §§ 14 bis 18 UrhG[7]). § 33 öUrhG sagt beispielsweise, daß sich im Zweifel die Gewährung des Rechts, ein Werk zu benutzen, nicht auf Bearbeitungen erstreckt.

Folgt man der Meinung, die Richtlinie gewähre keinen rückwirkenden Schutz, so könnte sich in einem Staat die Gewährung des Rechts, ein Werk

---

[5]) So aber *Schack*, Schutzfristenchaos im europäischen Urheberrecht, GRURInt 1995, 311.

[6]) Vgl *Schack*, aaO.

[7]) *Dittrich,* Urheberrecht, 57.

zu benutzen, beispielsweise auf Bearbeitungen erstrecken, im anderen Staat jedoch nicht. Dieser Umstand könnte zu einer Marktverzerrung führen.

Als Zwischenergebnis kann festgehalten werden, daß die Richtlinie den Schutzfristenvergleich innerhalb der EU obsolet gemacht hat. Er wurde vielmehr im Verhältnis der EU-Staaten untereinander rückwirkend außer Kraft gesetzt. Die Richtlinie zwingt die Mitgliedstaaten, einen rückwirkenden Schutz festzuschreiben, wobei Nutzungshandlungen vor dem 1.7.1995 unberührt bleiben.

b) Rechtslage im Verhältnis zu Drittstaaten

Im Verhältnis zu Drittländern (Nicht-EU- bzw EWR-Staaten) bleibt es jedenfalls beim Schutzfristenvergleich: Art 7 der Richtlinie schreibt vor, daß für Werke, deren Ursprungsland iS der RBÜ ein Drittstaat ist und deren Urheber nicht Staatsangehöriger eines Mitgliedsstaates der Gemeinschaft ist, der in den Mitgliedsstaaten gewährte Schutz spätestens mit dem Tag endet, an dem der Schutz im Ursprungsland des Werkes endet, ohne dabei aber die nach der Richtlinie gewährte maximale Schutzfrist zu überschreiten.

Die RBÜ erlaubt es den Verbandsstaaten, für Werke aus Drittstaaten (also Nicht-Verbandsstaaten), absolute Inländerbehandlung festzuschreiben oder den Schutzfristenvergleich anzuwenden. Trotz vereinheitlichter Schutzfristen in der EU könnte die Anordnung des Schutzfristenvergleichs im Verhältnis zu Drittstaaten dazu führen, daß ein Werk aus einem Drittstaat, in welchem eine kürzere als die 70jährige Schutzfrist gilt, in einzelnen EU-Staaten unterschiedlich behandelt wird: Wenden nicht alle EU-Staaten den Schutzfristenvergleich an, sondern machen sie von der Möglichkeit der Inländerbehandlung Gebrauch, so könnte das dazu führen, daß in einem Staat eine 70jährige Schutzfrist gewährt wird, während im Falle der Anwendung des Schutzfristenvergleichs die kürzere Schutzfrist des Herkunftslandes zur Anwendung kommen könnte. Obwohl schon vor Inkrafttreten der Richtlinie alle EU-Mitgliedsstaaten den Schutzfristenvergleich angewendet haben, war die Regelung notwendig, um späteren eventuellen Änderungen dieser Praxis entgegenzusteuern. Ein Werk aus einem Drittland erhält daher in der gesamten Union nur so lange Schutz, als er im Ursprungsland dauert.

Ein wesentlicher Punkt bleibt aber von der Richtlinie ungeregelt: Die Richtlinie bestimmt nicht jene Drittländer, deren Werken überhaupt Schutz gewährt werden muß. Es bleibt auch nach Inkrafttreten der Richtlinie den EU-Staaten überlassen, ob sie Staatsangehörige eines Drittstaates, der nicht der RBÜ angehört, Schutz gewähren wollen oder nicht. So wäre es möglich, daß man ein derartiges Werk in einem EU-Staat frei nutzen könnte und im anderen EU-Staat für die gleiche Nutzungsart Gegenleistungen erbringen müßte.

3. Die Phil-Collins-Entscheidung

In dieser Entscheidung vom 20.10.1993 erklärte der EuGH jegliche Diskriminierung aus Gründen der Staatsangehörigkeit als dem Diskriminierungsverbot widersprechend. Anlaß zu diesem Urteil waren Vorlagefragen zur Auslegung von Art 7 des Vertrages über die Europäische Gemeinschaft (EGV)[7a]) durch zwei deutsche Gerichte. Die Rechte ausübender Künstler in Deutschland bestimmen sich nach § 125 iVm § 73 dUrhG. Danach liegt ein Anknüpfungspunkt für den Schutz eines ausländischen ausübenden Künstlers nur dann vor, wenn es sich um eine inländische Darbietung handelt, wenn Bild- und Tonträger das erste Mal im Inland erschienen sind, wenn die erstmalige Ausstrahlung einer Sendung im Inland erfolgte oder wenn er sich aus Staatsverträgen ergibt. Fehlt ein derartiger Anknüpfungspunkt, wäre der Schutz versagt worden. Der EuGH wandte Art 7 EGV direkt an und fordert die Gleichbehandlung der EU-Angehörigen mit den Inländern[8]).

Zusammengefaßt ergibt sich aus dieser Entscheidung, daß zB die den österr gesetzlichen Bestimmungen entsprechenden deutschen fremdenrechtlichen Regelungen, wonach ausländische ausübende Künstler im Unterschied zu Inländern nur für Darbietungen im Inland geschützt sind, Art 7 EGV widersprechen, da es sich um eine unzulässige Differenzierung aus Gründen der Staatsangehörigkeit handelt. Laut EuGH erlangt Art 7 EGV direkte Anwendbarkeit und hat die Gleichbehandlung der EU-Angehörigen mit den Inländern zum Inhalt. Zwar ging es in der genannten Entscheidung um verwandte Schutzrechte. Der EuGH nimmt in der genannten Entscheidung aber auch zu den Urheberrechten Stellung und erklärt offensichtlich, daß das Diskriminierungsverbot absolut wirke.

Im Zusammenhang mit dem Schutzfristenvergleich erlangt diese Entscheidung ganz besondere Bedeutung: Ganz unabhängig von den Bestimmungen der Richtlinie zur Harmonisierung der urheberrechtlichen Schutzfristen genießen die Urheber aus EU-Staaten schon aufgrund des im Phil-Collins-Urteil bestätigten Diskriminierungsverbots beispielsweise in Deutschland oder Österreich die 70jährige Schutzfrist pma und sind nicht dem Schutzfristenvergleich unterworfen. Das unglaubliche Ergebnis dieser Entscheidung ist die Rückwirkung des Urteils auf die Vergangenheit. Das Phil-Collins-Urteil führte nämlich zum Ergebnis, daß Werke, deren 70jährige Schutzfrist noch nicht abgelaufen ist, nicht gemeinfrei geworden sind[9]). So wäre beispielsweise das Werk eines im Jahre 1927 verstorbenen belgischen Urhebers (50 Jahre pma vor der Harmonisierung) 1977 in allen EU-

---

[7a])Nunmehr: Art 6.

[8]) Siehe dazu insb *Kaltner*, Zum EuGH-Urteil „Phil Collins", ecolex 1994,33 und *Flechsig/Klett*, Europäische Union und europäischer Urheberschutz, ZUM 1994, 685.

[9]) In einer Mehrzahl von Entscheidungen hat der EuGH bezüglich Art 177 EGV festgestellt, daß „daß die Gerichte die Vorschrift in dieser Auslegung auch auf Rechtsverhältnisse anwenden können und müssen, die vor Erlaß des auf Ersuchen um Auslegung ergangenen Urteils entstanden sind".

Staaten gemeinfrei geworden. Jene EU-Staaten, die schon vor dem Inkrafttreten der Richtlinie eine 70jährige Schutzfrist hatten, hätten dieses Werk auf Grund des in der RBÜ postulierten Schutzfristenvergleichs nicht länger geschützt. Da das zitierte Urteil aber zum Ausdruck bringt, daß diese Diskriminierung aus Gründen der Staatsangehörigkeit unzulässig war, so hätte Deutschland dieses Werk wie seine eigenen, also 70 Jahre pma schützen müssen. Das Werk des belgischen Urhebers wäre somit in Deutschland bis in das Jahr 1997 geschützt. Auf Grund der Schutzfristenrichtlinie würde dies wiederum zu einem umfassenden Schutz in der gesamten EU führen.

Während bei Gesetzen ein Rückwirkungsverbot gilt[10]), existiert eine derartige Bestimmung für die Rechtsprechung nicht. Dies führt dazu, daß man eine Rückwirkung bis zum 1.1.1958, dem Tag des Inkrafttretens des EGV annehmen muß. Dies gilt für die ursprünglichen 6 Mitgliedstaaten. Für jene Staaten, die später beigetreten sind, kommt es auf das Beitrittsdatum an[11]).

4. Das TRIPS-Abkommen (Trade Related Aspects of Intellectual Property Rights)

Das Phil-Collins-Urteil hat die Gegner der damit zusammenhängenden (wirtschaftlichen) Auswirkungen[12]) mobilisiert: Es werden in der Literatur Möglichkeiten gesucht, die für den Benutzer eines (bisher vermeintlich) gemeinfreien Werkes negativen Folgen des Urteils zu reparieren. Einen Ansatz stellt für *Schack*[13]), der in der Phil-Collins-Entscheidung ein schädigendes Ereignis sieht, das TRIPS-Abkommen dar.

Integraler Bestandteil des im Rahmen der Uruguay-Runde des GATT ausgehandelten WTO-Abkommens ist das sog TRIPS. Art 3 Abs 1 TRIPS enthält die „Inländerbehandlungs-“ und Art 4 die „Meistbegünstigungsklausel“[14]). Das TRIPS-Abkommen wird mit Inkrafttreten des WTO-Vertrages unmittelbar anwendbares Gemeinschaftsrecht (Primärrecht), da nicht nur die EU-Mitgliedsstaaten, sondern auch die EU selbst, Vertragsparteien geworden sind[15]).

Art 9 Abs 1 TRIPS verpflichtet die Mitglieder, die Art 1 bis 21 sowie den Anhang zur RBÜ mit Ausnahme des Art 6 RBÜ (droit moral) zu beach-

---

[10]) Vgl § 5 öABGB: Es handelt sich dabei aber nur um eine im Zweifel geltende Regel, die durch jede Rückwirkungsanordnung als lex specialis durchbrochen werden kann (dazu insb EvBl 1972/218; VfSlg 835; JBl 1973, 374; ZVR, 1970, 112), für Deutschland vgl BVerfG 19.12.1961 uva.

[11]) Sehr ausführlich dazu *Schack aaO* 312.

[12]) Stichwort: „Tantiemen für die Vergangenheit”.

[13]) *Schack* aaO 314.

[14]) Siehe dazu insb *Steinmetz*, Urheberrechtliche Aspekte des GATT, ÖSGRUM 17, 40 ff.

[15]) *Drexl*, Nach „GATT und WIPO”: Das TRIPS-Abkommen und seine Anwendung in der Europäischen Gemeinschaft, GRURInt 1994, 782.

ten. In der Folge wird das Urheberrecht nur insoweit geregelt, als man die RBÜ für unzureichend hielt[16]). Die Verpflichtung zur Einhaltung der RBÜ ist somit Vertragsbestandteil von TRIPS. Interessant in diesem Zusammenhang ist jedenfalls die Einbeziehung der RBÜ in TRIPS, da der Mitgliederbestand beider Verträge ein unterschiedlicher ist. Dies führt zu einer indirekten Anwendbarkeit der Bestimmungen der RBÜ auch auf Nicht-Verbandsstaaten, die jedoch TRIPS-Mitglieder sind (dies sei nur am Rande erwähnt).

Art 3 Abs 1 TRIPS sagt, daß die Pflicht zur Inländerbehandlung im Hinblick auf die Ausnahmebestimmungen der RBÜ zu sehen ist (TRIPS ist „subject to the exceptions“ der RBÜ). Die TRIPS-Mitglieder gewähren also den Staatsangehörigen der anderen Mitglieder eine Behandlung, die nicht weniger günstig ist als diejenige, die sie ihren eigenen Staatsangehörigen in bezug auf den Schutz des geistigen Eigentums gewähren, uzw vorbehaltlich der bereits in der RBÜ ua vorgesehenen Ausnahmen. In diesem Zusammenhang denkt man natürlich sofort an den Schutzfristenvergleich als Ausnahme vom Grundsatz der Inländerbehandlung.

Dies hat nach *Schack* zum Ergebnis, daß der Schutzfristenvergleich nach Art 7 Abs 8 RBÜ, der nach Abschluß des WTO Vertrages in Verbindung mit Art 3 Abs 1 TRIPS zu lesen ist, als späteres Recht (über TRIPS) vor der umfassenden Inländerbehandlung des Art 6 Abs 1 EGV Vorrang hat[17]). Dies würde mit Inkrafttreten des TRIPS-Abkommens dazu führen, daß auf Grund der lex posterior Regel auch im Verhältnis der EU-Staaten untereinander (!) der Schutzfristenvergleich zur Anwendung kommt und „alles beim alten“ – also beim Schutzfristenvergleich bliebe[18]).

Die Richtlinie zur Schutzfristenharmonisierung macht diesen Schluß innerhalb der EU-Mitgliedsstaaten obsolet, soweit es um den Schutzfristenvergleich geht. Wie schon gesagt, beseitigt die Richtlinie zur Schutzfristenharmonisierung den Schutzfristenvergleich innerhalb der EU. Auch für die Vergangenheit hat die oben genannte Derogationsproblematik keine Bedeutung, da das Inkrafttreten von TRIPS den davor liegenden Zeitraum unberührt läßt.

Der vorerwähnte Schluß könnte aber nach *Schack*[19]) im Verhältnis zu Drittstaaten Bedeutung erlangen:

Drittstaaten könnten argumentieren, daß die EU-Staaten aufgrund der Meistbegünstigungsklausel des Art 4 TRIPS die Verpflichtung hätten, diesem Drittstaat dieselben Begünstigungen zukommenzulassen, wie jedem anderen EU-Staat. Einfach ausgedrückt bedeutet das: Ein Drittstaat mit 50jähriger Schutzfrist könnte verlangen, daß beispielsweise Deutschland (70jährige Schutzfrist) Werken aus diesem Drittstaat auch eine 70jährige

---

[16]) „Bern-Plus-Ansatz”.

[17]) *Schack* aaO 314.

[18]) *Schack* aaO 314.

[19]) *Schack* aaO 314.

Schutzfrist gewähren müsse. Als Argument könnte dienen, daß das Diskriminierungsverbot des Art 6 EGV keine Bestimmung der RBÜ darstellt, somit nicht unter den Ausnahmekatalog (betreffend die Anwendung der Meistbegünstigungsklausel) des Art 4 TRIPS fällt. Da das Diskriminierungsverbot den Schutzfristenvergleich – also eine von der RBÜ gewährte Ausnahme – unter den EU-Staaten außer Kraft setze, müsse in diesem Fall Deutschland die den EU-Staaten daraus entstehenden Vergünstigungen auch aufgrund der Meistbegünstigungsklausel den TRIPS-Mitgliedern zukommen lassen. Die Nicht-EU-TRIPS-Mitglieder kämen daher als „Trittbrettfahrer" in den Genuß der höheren Schutzfristen im EU-Raum. Umgekehrt zwingt keine Bestimmung die Nicht-EU-TRIPS-Mitglieder, die Werke mit Ursprungsland in der EU länger zu schützen als die eigenen. Die Folgen dieser Ungleichheit für den internationalen Urheberschutz sind katastrophal.

Die Lösung des Problems liegt in Art 4 TRIPS selbst: Art 4 TRIPS macht eine Ausnahme zum GATT-Prinzip der Meistbegünstigung: Die Ausnahme gilt für *„any advantage, favour, privilege or immunity accorded by a member ... granted in accordance with the provisions of the Berne Convention (1971) or the Rome Convention authorizing that the treatment accorded be a function not of national treatment but of the treatment accorded in another country".*

Das Diskriminierungsverbot ist nicht *„advantage"* (Vorteil), nicht *„favour"* (Begünstigung), nicht *„privilege"* (Vorrecht) und schließlich nicht *„immunity"* (Befreiung). Beim Diskriminierungsverbot handelt es sich um das negativ gefaßte Gebot der Inländerbehandlung, die ja schon in Art 3 TRIPS geregelt ist. Art 3 TRIPS wiederum schränkt die Inländerbehandlung im Hinblick auf die ua in der RBÜ vorgesehenen Ausnahmen (Schutzfristenvergleich) ein[20]).

5. Aktuelle Problematik: Schutzfristenverlängerung in Rußland

Im Zusammenhang mit der Problematik des Schutzfristenvergleichs ist die Prüfung der Frage interessant, wie sich die Verlängerung von Schutzfristen in Nicht-EU-Mitgliedsstaaten, die der RBÜ angehören, in den EU-Staaten auswirken. Ein aktuelles Beispiel liefert das neue russische Urheberrecht:

a) Das neue russische UrhG

Die Änderungen in Rußland nach dem Zusammenbruch der Sowjetunion und der damit im Zusammenhang stehende ideologische Umschwung hatten natürlich auch Auswirkungen auf das geistige Eigentum. Am 9.7.1993 verabschiedete der Oberste Sowjet der Russischen Föderation ein neues Gesetz über das Urheberrecht und die verwandten Schutzrechte, das

---

[20]) *Schack* aaO 314.

mit der Publikation in der „Rossijskaja Gazeta“ am 3.8.1993 in Kraft trat[21]). Dieses Gesetz brachte eine grundlegende Neuregelung dieses Rechtsbereichs, um dem Standard der RBÜ zu genügen. Nach dem neuen Gesetz besteht die Schutzdauer für die gesamte Lebenszeit des Urhebers plus 50 Jahre pma. Die Übergangsvorschriften sind im Beschluß des Obersten Sowjets der Russischen Föderation vom 9. 7. 1993 enthalten[22]). Danach sind die verlängerten Schutzfristen in all jenen Fällen anzuwenden, „in denen die 50jährige Schutzfrist am 1. 1. 1993 noch nicht abgelaufen“ war. Diese Formulierung der Übergangsbestimmung hat zu unterschiedlichen Auslegungen geführt:

b) Argumente gegen eine Rückwirkung des Schutzes

Gavrilov[23]) meint, daß die Verlängerung nur jene Werke betrifft, deren 25jährige Schutzfrist (alte Rechtslage) am 3. 8. 1993 noch nicht abgelaufen war. Wäre beabsichtigt gewesen, die Verlängerung auch jenen Werken zu gewähren, deren Urheber schon länger als 25 Jahre vor dem 3. 8. 1993 tot waren, hätte dies in den Übergangsvorschriften ausdrücklich gesagt werden müssen, da es sich ja dann um ein Wiederaufleben des Schutzes für ein bereits freies Werk handeln würde. Die Übergangsvorschriften könnten nur „im Lichte der Grundlagen der Zivilgesetzgebung von 1991 gesehen werden“, die aber keine Rückwirkung vorgesehen habe.

c) Argumente für eine Rückwirkung des Schutzes

Die gegenteilige Meinung wird auf den Wortlaut der Übergangsvorschrift gestützt. Demnach seien alle Werke, deren 25jährige Schutzfrist nach der alten Rechtslage schon abgelaufen war, ab 3. 8. 1993 wieder geschützt. Diese Ansicht wird auch von der jüngeren russischen Rechtsprechung vertreten[24]): Der Erbe von Alexej Tolstoi klagte einen Verleger auf Unterlassung der rechtswidrigen Verwendung von Werken Tolstois. Der beklagte Verleger argumentierte, daß die Werke gemeinfrei gewesen seien. Das zuständige Moskauer Bezirksgericht entschied, daß die 50jährige Schutzfrist nur auf jene Werke angewendet werden kann, die am 1. 1. 1993 noch nach der alten Rechtslage (25 Jahre pma) geschützt waren. Am 7. 3. 1996 wies das Präsidium des Obergerichts nach Aufhebung dieser Entscheidung die Sache an das Erstgericht zur neuerlichen Entscheidung zurück. Die Begründung für die Aufhebung war, das Erstgericht habe die Bestimmung der Ziffer 3 des

---

[21]) No 5351-1/9.7.1993.

[22]) No 5352-1/9.7.1993.

[23]) *Gavrilov*, Einige Fragen des Urheberrechts der russischen Föderation, GRUR-Int 1995, 697.

[24]) Der Autor stützt sich bei der Besprechung dieser Entscheidung auf ein Schreiben des russischen Rechtsanwalts Sergei Semenow vom 23. 4. 1996. Die Möglichkeit zur persönlichen Einsichtnahme in die Entscheidung bestand nicht.

Beschlusses betreffend die Übergangsvorschriften falsch auslegt: In diesem Beschluß stehe nämlich nicht, daß die Schutzfrist nach altem Recht zum Zeitpunkt des Inkrafttretens des neuen Gesetzes noch nicht abgelaufen sein dürfe, um für das betreffende Werk die verlängerte Schutzfrist wirksam werden zu lassen. Vielmehr sei davon die Rede, daß „die 50jährige Schutzfrist" noch nicht abgelaufen sein dürfe[25]). Mit dieser Entscheidung stellte das Gericht also die Rückwirkung der Schutzfristverlängerung fest.

d) Auswirkung der Rückwirkung auf den Schutz russischer Urheber in der EU

Es stellt sich nunmehr die Frage, ob die Rückwirkung des russischen Gesetzes bewirkt, daß jene Werke, deren Schutz durch das neue Gesetz wieder gegeben ist, auch zu einem Schutz in der EU führt. In diesem Zusammenhang ist Art 18 RBÜ zu prüfen.

Danach ist ein Werk eines russischen Urhebers in den anderen Verbandsstaaten dann geschützt, wenn zwei Bedingungen erfüllt sind: erstens darf es am 13. 3. 1995 (Datum des Wirksamwerdens des Beitritts Rußlands zur RBÜ) nicht infolge „Ablaufs der Schutzdauer" in Rußland Gemeingut sein und zweitens darf in jenem Verbandsland, in dem Schutz beansprucht wird, das Werk nicht wegen „Ablaufs der Schutzfrist" am 13. 3. 1995 Gemeingut sein.

Ist Art 18 Abs 1 so auszulegen, daß die RBÜ für jene Werke nicht zur Anwendung kommt, die irgendwann einmal im Ursprungsland in das Gemeingut gefallen sind ? Ist der Schutz in anderen Verbandsländern schon dann gegeben, wenn am 13. 3. 1995 in Rußland Schutz bestand?

Bei der Klärung dieser Frage ist auf die historische Entwicklung der in Art 18 enthaltene Regelung Bedacht zu nehmen:

Art 18 regelt den zeitlichen Anwendungsbereich der RBÜ[26]). Allerdings hat diese zeitliche Regelung in Art 18 RBÜ heute keine Bedeutung mehr[27]): Eine zeitliche Regelung ist im Art 18 RBÜ im Verhältnis zwischen den Verbandsstaaten nicht notwendig, da Art 7 Abs 8 RBÜ (Schutzfristenvergleich) alle Fälle umfaßt, in denen es unterschiedliche Schutzfristen im Ursprungs- und im Schutzland gibt. Lediglich in Verbindung mit Art 18 Abs 4 erlangen Art 18 Abs 1 und Abs 2 Bedeutung: bisher in den ursprünglichen RBÜ-Verbandsstaaten gemeinfreie Werke erlangen mit dem Beitritt des neuen Staates in der RBÜ Schutz, allerdings nur dann, wenn im Ursprungsland der Schutz wegen Ablaufs der Schutzfrist nicht erloschen ist.

Aus dem Gesagten ergibt sich also, daß Art 18 RBÜ eine Art „Vorläuferregelung" zu Art 7 Abs 8 RBÜ darstellt. Man muß Art 18 Abs 1 iVm Abs

---

[25]) Derartige Entscheidungen eines Obergerichts binden die unteren Instanzen, wobei allerdings die Möglichkeit besteht, gegen die neue Entscheidung wiederum zu berufen.

[26]) *Bappert/Wagner,* Internationales Urheberrecht, 157.

[27]) *Nordemann/Vinck/Hertin,* Internationales Urheberrecht, 123.

4 RBÜ daher den gleichen Sinn geben, wie Abs 1 ursprünglich zu verstehen war. Dieser Sinn liegt darin, daß in den Verbandsländern kein Schutz bestehen soll, wenn im Ursprungsland auch kein Schutz mehr gegeben ist.

Ein Anwendungsfall des Gesagten sind die Werke des Komponisten Prokofjew: Prokofjew ist 1953 verstorben, seine Werke waren nach der alten Rechtslage 25 Jahre pma geschützt, nicht mehr also im Zeitpunkt des Inkrafttretens der RBÜ für Rußland am 13. 3. 1995, sofern man das neue Gesetz außer Acht läßt. Unter Heranziehung der obigen Argumentation kommt man aber zum Schluß, daß im Zeitpunkt des Inkrafttretens der RBÜ in Rußland (Ursprungsland) rückwirkend Schutz gegeben war. Die in Frage kommenden Werke sind daher auch in den anderen Verbandländern der RBÜ geschützt.

e) Situation in Österreich

Vor dem Beitritt Rußlands zur RBÜ kamen für einen Schutz russischer Werke in Österreich das WUA und § 96 UrhG in Betracht: Dabei ist das Abkommen zwischen Österreich und der Sowjetunion vom 16. 12. 1981[28]) zu prüfen, insb, ob dieses Abkommen bewirkt, daß für bestimmte Werke ein Schutz bestand und daher möglicherweise auch eine Schutzfrist „ablaufen" konnte, was ja wiederum zur Anwendung des Art 18 Abs 2 RBÜ führen könnte. Das genannte Abkommen begründet zwischen den vertragsschließenden Staaten eine beschränkte Rückwirkung des WUA: Werke, die vor dem 27. 5. 1973 geschaffen und vor diesem Zeitpunkt nirgendwo veröffentlicht wurden, sind geschützt, wenn sie nicht bis zum Inkrafttreten dieses bilateralen Abkommens in einem der vertragsschließenden Staaten als Gemeingut veröffentlicht worden sind.

Für den Schutz russischer Komponisten ergeben sich daraus folgende Konsequenzen:

1. Jene Werke, die vor dem 27. 5. 1973 geschaffen wurden und vor diesem Zeitpunkt nirgendwo veröffentlicht und auch nicht bis zum Inkrafttreten dieses bilateralen Abkommens in einem der vertragsschließenden Staaten als Gemeingut veröffentlicht worden sind sowie nach dem 27. 5. 1973 geschaffene Werke, sind vom Schutz des WUA umfaßt.

2. Jene Werke russischer Komponisten, welche die im Staatsvertrag genannten Voraussetzungen nicht erfüllen und vor dem 27. 5. 1973 geschaffen wurden, sind niemals in den Genuß eines Schutzes in Österreich gekommen, sofern sie nicht in einem RBÜ-Verbandsland veröffentlicht wurden. Konsequenterweise kann Art 18 Abs 2 RBÜ die Anwendung der RBÜ nicht verhindern, da diese Werke nicht infolge „Ablaufs der Schutzfrist" in das Gemeingut gefallen sind.

Aber selbst jene Werke, welche die im Abkommen vom 16. 12. 1981 genannten Voraussetzungen erfüllen und vor dem 27. 5. 1973 geschaffen

---

[28]) BGBl 1983/424.

wurden sowie jene Werke, die nach diesem Datum entstanden sind (siehe Punkt 1), sind in Österreich unbeschadet Art 18 RBÜ (wieder) geschützt:

Rechtsgrundlage für diesen Schutz ist die Richtlinie zur Harmonisierung der Schutzfristen: Wenn ein Werk nämlich am 1.7.1995 in nur einem EU-Mitgliedsstaat geschützt war, dann erstreckt sich der Schutz auf die gesamte Gemeinschaft, somit auch auf Österreich.

Für den Schutz der Werke Prokofjews in Österreich bedeutet dies, daß die Schutzfrist 70 Jahre nach seinem Tod im Jahre 1953 läuft, uzw aus folgenden Gründen:

1. Art 18 Abs 1 und 2 iVm Abs 4 stehen dem Schutz nicht entgegen.
2. Das Abkommen vom 16. 12. 1981 steht dem Schutz für unveröffentlichte Werke nicht entgegen, für veröffentlichte kommt es nicht zur Anwendung.
3. Die Richtlinie zur Schutzfristenharmonisierung verschafft unbeschadet anderer innerstaatlicher Regelungen all jenen Werken in Österreich Schutz, die in nur einem anderen EU-Staat am 1. 7. 1995 geschützt waren.

Übergangsbestimmungen zur Schutzfristenverlängerung im österreichischen Urheberrechtsgesetz

Von *Mag. Christine Hirnböck,* Wien/Berlin

Mit der UrhGNov 1996[1]) wurde das UrhG an die sog Satelliten-Richtlinie[2]) sowie an die sog Schutzfristen-Richtlinie[3]) angepaßt. Im folgenden werden die Übergangsbestimmungen zur Schutzfristverlängerung einer genaueren Betrachtung unterzogen. Obwohl schon seit geraumer Zeit (die ersten Stellungnahmen stammen aus dem Jahr 1936 anläßlich der damaligen Schutzfristverlängerung[4]) bei Schutzfristverlängerungen immer wieder strittig ist, welche Werke überhaupt von einer derartigen Verlängerung erfaßt sind und wie sich die Verlängerung auf bestehende Verträge auswirkt, werden die vom Gesetzgeber zu treffenden Übergangsbestimmungen fast immer stiefmütterlich behandelt. Während zumindest die von der Schutzfristverlängerung erfaßten Werke meist relativ genau umschrieben sind (mit Ausnahme bestimmter strittiger Rückwirkungen), werden die von der Verlängerung betroffenen bestehenden Rechtsverhältnisse oft nur rudimentär geregelt.

Grundsätzlich ergeben sich bei einer Schutzfristverlängerung drei Problembereiche[5]):

1. Anwendungsbereich der Schutzfristverlängerung

2. Auswirkungen der Schutzfristverlängerung auf die Nutzung bisher freier Werke

3. Auswirkungen der Schutzfristverlängerung auf bereits bestehende Nutzungsverträge

---

[1]) BGBl 1996/151.

[2]) ABl Nr L248,15 vom 6.10.1993.

[3]) ABl Nr L 290,9 vom 24.11.1993.

[4]) *Kühnemann,* Die Übergangsregelung des Gesetzes zur Verlängerung der Schutzfristen im Urheberrecht, DJ 1936, 1668; *Hoffmann*, Die Übergangsregelung des Gesetzes zur Verlängerung der Schutzfristen im Urheberrecht – eine Erwiderung, DJ 1936, 143.

[5]) *Melichar,* Übergangsregelung bei Veränderung der Schutzdauer, ÖSGRUM 14, 25.

1. Anwendungsbereich der Schutzfristverlängerung

Art VIII Abs 2 der UrhGNov 1996, der Art 10 Abs 2 der Schutzfristenrichtlinie entspricht, sieht vor, daß *die Verlängerung der Schutzfrist für die vor dem 1.4.1996 entstandenen Werke gilt, für die*

1. am 1. Juli 1995 die Schutzfrist nach den bisher geltenden Bestimmungen noch nicht abgelaufen ist oder

2. die in einem Mitgliedstaat des europäischen Wirtschaftsfonds geschützt werden und für die die Schutzfrist in diesem Mitgliedstaat am 1. 7. 1995 noch nicht abgelaufen ist.

Der europäische Gesetzgeber plante somit eine einheitliche Änderung aller zu einem gewissen Zeitpunkt geschützter Werke, wobei man in Kauf nahm, daß eine vollständige Harmonisierung erst im Jahr 2014 eintreten wird[6]). Diese Regelung sollte einerseits eine möglichst rasche Verwirklichung des Binnenmarktes gewährleisten und andererseits die Interessen Dritter, die in Erwartung der künftigen Gemeinfreiheit oder angesichts der schon bestehenden Gemeinfreiheit eines Werkes in dessen Veröffentlichung oder anderweitige Verwertung investiert hatten, wahren[7]). Nur jene Werke, die tatsächlich noch in irgendeinem Mitgliedsland der EU aufgrund der dort geltenden nationalen Rechtslage zum Umsetzungsstichtag geschützt sind, sollten von der Schutzfristverlängerung profitieren. War die Schutzfrist im Ursprungsland bereits abgelaufen, so sollten diese Werke auch weiterhin gemeinfrei bleiben. Diese in der Richtlinie letztlich getroffene Übergangsbestimmung hätte vor allem für Staaten mit längerer Schutzfrist positive Auswirkungen gezeitigt: Sie hätten sich in Staaten, in denen der Schutz aufgrund des Schutzfristenvergleiches bereits abgelaufen war, auf die Verlängerung berufen können und der Schutz in diesen Staaten wäre rückwirkend wieder aufgelebt. Für Staaten mit bisher kürzerer Schutzfrist war eine Rückwirkung nicht vorgesehen, von der Schutzfristverlängerung sollten nur jene Werke erfaßt werden, die zum Umsetzungsstichtag nach den nationalen Regeln noch geschützt waren. Es wurde also ganz bewußt ein Modell gewählt, das nicht die volle Rückwirkung der Schutzfristverlängerung vorsieht, sondern einen gemäßigteren Standpunkt vertritt.

a) Phil Collins-Urteil

Der EuGH hat jedoch mit seinem Urteil vom 20.10.1993[8]) diese Intentionen zunichte gemacht. In diesem Urteil hatte sich der EuGH mit dem Diskriminierungsverbot nach Art 7 Abs 1 EWGV auseinanderzusetzen und befand, daß dieses auch im Bereich des Urheber- und Leistungsschutzrechtes anzuwenden sei. Das bedeutet, daß nationale Vorschriften, die den Schutzfristenvergleich vorsehen, innerhalb der EU nicht angewendet werden

---

[6]) *von Lewinski* aaO 733.

[7]) *von Lewinski*, Der EG-Richtlinienvorschlag zur Harmonisierung der Schutzdauer im Urheber- und Leistungsschutzrecht, 733.

[8]) EuGH 20.10.1993 GRUR Int 1993, 53.

dürfen, weil sie Angehörige eines anderen Mitgliedstaates gegenüber Inländern benachteiligen und somit gegen das Diskriminierungsverbot verstoßen. Das Diskriminierungsgebot gilt unmittelbar, sodaß alle Urheber und Leistungsschutzberechtigten wie die jeweils eigenen Staatsangehörigen behandelt werden müssen, uzw ohne Rücksicht auf die Rechtslage im jeweiligen Heimatstaat. Und, was besonders hervorzuheben ist, es gilt auch rückwirkend. Der EuGH hat bereits in einer Reihe von Entscheidungen festgestellt, daß, weil die Anwendung des Art 177 EWG-Vertrag zu einer Auslegung des EG-Rechts führen soll, die darauf gerichtet ist, den Inhalt und die Reichweite einer Vorschrift zu erläutern, „*die Gerichte die Vorschrift in dieser Auslegung auch auf Rechtsverhältnisse anwenden müssen, die vor Erlaß des auf das Ersuchen um Auslegung ergangenen Urteils entstanden sind*“[9]). Von dieser ex tunc-Wirkung kann der Gerichtshof zwar in Ausnahmefällen im Urteil selbst Ausnahmen vorsehen, was allerdings in der Phil-Collins-Entscheidung nicht geschehen ist.

Für die Schutzfristenproblematik zieht dieses Urteil weitreichende Konsequenzen nach sich: In Deutschland gilt bereits seit geraumer Zeit für alle Werkarten eine 70-jährige Schutzfrist pma. Da nach dem Phil-Collins-Urteil Vorschriften betreffend den Schutzfristenvergleich nicht mehr anzuwenden sind, konnten sich Urheber all jener Länder, die bisher eine kürzere Schutzfrist vorgesehen haben, wie zB Belgien, Großbritannien usw auch schon vor Erlaß der Schutzfristenrichtlinie auf das Diskriminierungsverbot berufen und gelangten somit jedenfalls in den Genuß dieser langen Schutzfrist, auch wenn ihre Werke nach den nationalen Vorschriften bereits gemeinfrei waren. Dieses Ergebnis führt aber wiederum dazu, daß ihre Werke im Zeitpunkt des Umsetzungsstichtages in einem Mitgliedstaat, nämlich in Deutschland, noch geschützt waren, selbst wenn in ihrem Heimatstaat die Schutzfrist bereits abgelaufen war[10]).

Die Phil-Collins-Entscheidung macht daher die Erwägungsgründe, die zur Übergangsbestimmung der Richtlinie geführt haben, zu Makulatur und führt faktisch dennoch zu der vom europäischen Gesetzgeber eigentlich verworfenen umfassenden Rückwirkung[11]).

---

[9]) EuGH in der Rechtssache 309/85 vom 2.2.1988, Bruno Barra et al v The State (Belgium) and the City of Liège, 2 CMLR 409.

[10]) *Dietz* aaO 683; AA *Flechsig/Klett,* Europäische Union und europäischer Urheberschutz, ZUM 1994, 685, die der Ansicht sind, daß sich Urheber und Leistungsschutzberechtigte nur dann auf das Diskriminierungsverbot stützen können, wenn sie im Zeitpunkt des Phil Collins-Urteils am 20.10.1993 tatsächlich noch auf irgendeine Art und Weise urheberrechtlich geschützt waren, sei es aufgrund nationalen Urheberrechts, sei es aufgrund internationaler Übereinkommen.

[11]) *Dietz,* Die Schutzdauer-Richtlinie der EU, GRURInt 1995, 682.

b) Filmwerke im besonderen

Interessant ist dieses Ergebnis der rückwirkenden Verlängerung der Schutzfristen insb im Hinblick auf bestimmte Werkkategorien, wie zB beim Film. Die Schutzfrist bei Filmwerken ist innerhalb Europas nicht nur unterschiedlich lang, die einzelnen Mitgliedstaaten sehen auch verschiedene Anknüpfungstatbestände vor. Dies hängt damit zusammen, daß sich beim Schutz von Filmwerken grundsätzlich 2 Lösungsarten gegenüber stehen, einerseits das Filmproduzentenrecht, das sog Filmcopyright wie zB in Großbritannien, und andererseits die kontinentaleuropäischen Regelungen, die den gesetzlich meist nicht definierten Filmurhebern eine originäre Inhaberschaft des Urheberrechts an Filmwerken gewähren, gegebenenfalls parallel zu einem besonderen Leistungsschutzrecht des Filmherstellers am Filmträger. Teilweise läuft daher in Europa die Schutzfrist für Filmwerke ab dem Tod des Urhebers, teilweise aber auch erst ab der Aufnahme oder der Veröffentlichung, so wie bisher in Österreich.

Art 2 Abs 2 der Schutzfristenrichtlinie und in Übereinstimmung damit § 62 UrhG idF UrhGNov 1996 bestimmen, daß *die Schutzfrist für ein Filmwerk oder ein audiovisuelles Werk 70 Jahre nach dem Tod des Hauptregisseur, Urhebers des Drehbuches, Urhebers der Dialoge oder Komponisten der speziell für das betreffende Filmwerk oder audiovisuelle Werk komponierten Musik erlischt.*

Die Richtlinie sieht weiters vor, daß Art 2 Abs 2 nicht auf Filmwerke angewendet werden muß, die vor dem 1.7.1994 geschaffen wurden. Es bleibt somit den Mitgliedstaaten überlassen, ob sie den Anknüpfungstatbestand für die Schutzfristberechnung rückwirkend einführen, oder ob diese Regelung nur für Werke gilt, die ab dem 1.7.1994 geschaffen werden. Österreich hat sich für eine rückwirkende Regelung entschieden. Für die Filmindustrie bedeutet dies, daß Filmwerke, die bisher 50 Jahre nach Veröffentlichung geschützt waren, nunmehr den viel längeren Schutz genießen, der sich 70 Jahre nach dem Tod des letzten Urhebers berechnet. Dadurch besteht die Möglickeit, daß ein erheblicher Gewinn an Schutzdauer entsteht. Geht man nämlich davon aus, daß von den 4 nach der für die Schutzdauer maßgeblichen Personen zumindest einer etwas jünger ist, kann sich im Vergleich zur bisherigen 50jährigen Schutzdauer ab Veröffentlichung eine weit höhere Schutzdauer von über 100 Jahren ergeben[12]).

Für jene Länder, die die Verlängerung der Schutzdauer nicht auf Werke beschränken, die nach dem 1.4.1994 entstanden sind, bedeutet dies im Sinne der Phil Collins-Entscheidung, daß der derzeit höchste Standard in der EU, und hier ist wiederum Deutschland federführend, das auch bereits bisher einen Schutz für Filmwerke 70 Jahre nach dem Tod des Urhebers kennt, anzuwenden ist. Dadurch lebt bei einer Vielzahl von Filmen die Schutzfrist wieder auf bzw kann in einzelnen Staaten rückwirkend geltend gemacht

---

[12]) *Dietz* aaO 685.

werden, Gewinner sind also jene Länder, die ein Filmcopyright kannten bzw den Schutz an die Veröffentlichung knüpften.

Zwar sind sowohl im EWG-Vertrag als auch im EWR-Vertrag Bremsmechanismen gegen eine allzu weite Rückwirkung eingebaut. So führen zB Art 222 EWG-Vertrag bzw Art 125 EWR-Vertrag dazu, daß keine Vorschrift des Vertrages oder Abkommens in die Eigentumsordnung der Staaten eingreifen darf und somit Beträge, die bereits ausbezahlt wurden, nicht mehr Gegenstand einer Umverteilung sein können[13]), dies kann jedoch die nun allgemein herrschende Unsicherheit, welche Werke noch oder wieder geschützt sind, kaum mindern.

2. Auswirkung der Schutzfristverlängerung auf die Nutzung bisher freier Werke

Im Zusammenhang mit einer rückwirkenden Schutzfristverlängerung stellt sich die Frage, welche Konsequenzen diese Rückwirkung auf Werknutzungen hat, die in jenem Zeitraum gesetzt wurden, in dem das genutzte Werk bereits gemeinfrei war. Unbestritten ist, daß sich die Verlängerung des Schutzes nur auf Handlungen beziehen kann, die ab dem Wirksamwerden der Richtlinie gesetzt werden. Die durch die Richtlinie bewirkte Schutzfristverlängerung kann nicht dazu führen, daß vor diesem Zeitpunkt vorgenommene Verwertungshandlungen, die vor dem Inkrafttreten der Richtlinie zustimmungs- und vergütungsfrei zulässig waren, nachträglich als Verletzungshandlungen qualifiziert oder mit einer Vergütungspflicht belegt werden. Die Richtlinie bestimmt diesbezüglich, daß Nutzungshandlungen, die vor dem 1.7.1995 gesetzt wurden, von der Richtlinie unberührt bleiben. Nutzungshandlungen, die im Vertrauen auf die Gemeinfreiheit des Werkes vor der Verlängerung der Schutzfrist gesetzt wurden, dürfen also nicht jetzt nachträglich unzulässig werden.

Das österr Gesetz bestimmt in Umsetzung der Richtlinie und offensichtlich in Anlehnung an den deutsch-deutschen Einigungsvertrag[14]) in seinem Art VIII Abs 4, daß *bei jenen Werken, für die der Schutz wieder auflebt, vor dem 1. 7. 1995 bereits begonnene Vervielfältigungen auch nach dem 31.3.1996 vollendet und diese Vervielfältigungen sowie vor dem 1. 7. 1995 bereits vorhandene Vervielfältigungsstücke auch nach dem 31.3.1996 verbreitet werden dürfen. Dies gilt entsprechend für Vorträge und Aufführungen von Werken bei Literatur und der Tonkunst, für Lichtbilder und Rundfunksendungen.* Durch diese Bestimmung sollen die wohlerworbenen Rechte Dritter geschützt werden. Für die ab 1. 7. 1995 vorgenommenen Vervielfältigungen gilt der Schutz des gutgläubigen Erwerbs allerdings nicht, da – so die EB – jeder, der erst am 1. 7. 1995 mit der Vervielfältigung eines solchen Werkes begonnen hat, weiß oder hätte wissen können, daß diese Vervielfäl-

---

[13]) *Karnell,* Wer liebt Phil Collins? GRURInt 1994, 738.

[14]) Abgedruckt in GRUR 1990, 750, 810.

tigung der Schutzfristenrichtlinie widerspricht und in Österreich nur wegen der verspäteten, innerstaatlichen Umsetzung der genannten Richtlinien zulässig ist. Ihm komme daher ein schutzwürdiges Vertrauen darauf, daß er diese Vervielfältigungsstücke nach der Umsetzung der Richtlinie, also nach dem 1.4.1996, weiterhin ohne Zustimmung des Urhebers oder dessen Rechtsnachfolgers verwenden darf, nicht zu.

Obwohl somit für bereits erfolgte Nutzungen bisher freier Werke eine relativ genaue Regelung erfolgte, stellen sich doch einige Probleme, die angesichts der in Deutschland bereits herrschenden Diskussion durchaus hätten vermieden werden können. Unklar ist, ob eine Vervielfältigung bereits dann begonnen hat, wenn organisatorische Vorkehrungen getroffen wurden oder erst, wenn zB schon Druckvorlagen vorhanden sind. Den EB sind zu diesem Fragenkomplex keine Aussagen zu entnehmen. Ein Blick über die deutschen Grenzen kann allerdings weiterhelfen: Die amtlichen Erläuterungen zum deutsch-deutschen Einigungsvertrag[15]) stellen keine allzu hohen Anforderungen an den Beginn der Nutzung, so soll zB ein organisatorischer Aufwand bereits genügen. Der Vertrauensschutz erfaßt aber nur die für jede Werkart typische Nutzung, bei Schriftwerken beispielsweise idR nur eine Auflage, bei Schallplatten so viele, daß sich die Herstellung des Masterbandes mit einem angemessenem Gewinn amortisiert. Auch die hL in Deutschland[16]) ist der Ansicht, daß die Vervielfältigung eines Werks nicht erst mit der unmittelbaren Festlegung selbst beginnt, sondern schon mit der vorbereitenden Anfertigung der unmittelbar der Vervielfältigung dienenden Vorrichtungen. Folgt man dieser Auffassung so besteht allerdings die Gefahr, daß kurz vor Inkrafttreten der Schutzfristenrichtlinien ein Druckstock hergestellt wird, und unsäglich viele Exemplare hergestellt werden, die dann gemäß dieser Übergangsbestimmung auch problemlos verbreitet werden dürften. Um dies zu vermeiden, sieht der deutsch-deutsche Einigungsvertrag vor, daß für Nutzungen ab dem 3.10.1990 ein Anspruch auf angemessene Vergütung besteht. Da die UrhGNov 1996 keinerlei Beschränkungen oder Vergütungen vorsieht, ist der Beginn der Vervielfältigungshandlungen streng auszulegen, um den Urheber in seinen materiellen Interessen zu schützen. Diese Unklarheit hätte vermieden werden können, wenn, wie in Deutschland, ab einem gewissen Zeitpunkt auch für die Verbreitung bisher gemeinfreier Werke eine gewisse Vergütung zu leisten wäre.

3. Auswirkungen der Schutzfristverlängerung auf bestehende Nutzungsverträge

Problematisch im Zusammenhang mit der Schutzfristverlängerung ist auch die Auswirkung auf bestehende Nutzungsverträge. Die Richtlinie bestimmt in Art 10, „daß die Mitgliedstaaten die notwendigen Bestimmun-

[15]) GRUR 1990, 750 ff.

[16]) *Fromm/Nordemann/Vinck,* Urheberrecht 8. Aufl, § 16 RZ 2 mwN.

gen treffen müssen, um insbesondere die erworbenen Rechte Dritter zu schützen". Auf welche Art und Weise dieser Vorschrift nachgekommen wird, bleibt den einzelnen Mitgliedstaaten überlassen. Art VIII Abs 3 UrhGNov 1996 bestimmt, daß, *wenn der Urheber vor dem 1.4.1996 ein Werknutzungsrecht begründet, eine Werknutzungsbewilligung erteilt oder über einen gesetzlichen Vergütungsanspruch verfügt, sich diese Verfügungen im Zweifel nicht auf den Zeitraum der durch dieses Bundesgesetz bewirkten Verlängerung der Schutzfristen erstrecken; wer jedoch ein Werknutzungsrecht oder eine Werknutzungsbewilligung gegen Entgelt erworben hat, bleibt gegen Zahlung einer angemessenen Vergütung zur Werknutzung auch während dieser Verlängerung berechtigt. Dies gilt entsprechend für Verfügungen über die Schutzrechte an Vorträgen und Aufführungen von Werken der Literatur und der Tonkunst, an Lichtbildern und an Rundfunksendungen.*

Diese ergänzende, urhebervertragsrechtliche Bestimmung erfolgte nach dem Vorbild des Art II Abs 3 UrhGNov 1972. Allerdings war bereits die Auslegung dieser Bestimmung keineswegs klar, geht sie doch auf die UrhGNov 1953 bzw auf die Verordnung 1933 zurück und gab immer wieder Anlaß zu Interpretationsschwierigkeiten. Tatsächlich geht aus dieser Bestimmung nicht hervor, ob der Werknutzungsberechtigte nun eine gesetzliche Lizenz im Umfang der bisherigen vertraglichen Berechtigung erhalten soll, oder ob die Vorschrift iS einer schlichten Vertragsverlängerung verstanden werden muß, was gegebenenfalls auch die ausschließliche Nutzungsbefugnis des Rechtserwerbers bedeuten kann. Auch in Deutschland, wo bis zum Gesetz 1965 eine ähnliche Regelung bestand, war diese Frage lange Zeit heftig umstritten[17]) und wurde erst durch ein Urteil des BGH[18]) abschließend geklärt. Demnach *falle zwar das Urheberrecht während der verlängerten Schutzfrist an die Erben zurück, den Nutzungsberechtigten verbleibe jedoch gegen Zahlung einer angemessenen Vergütung das ihnen vertraglich eingeräumte Werknutzungsrecht und dessen Ausübung in der bisher gewährten Weise. Insbesondere vermindere sich für die Dauer der Schutzfristverlängerung ein ausschließliches Nutzungsrecht nicht in ein einfaches Recht.*

Auch der OGH hat in seinem Urteil vom 9.5.1967[19]) entschieden, daß diese Bestimmung als gesetzliche Vertragsverlängerung auszulegen ist. Begründet wurde die Entscheidung damit, daß die entsprechende Gesetzesstelle lautet: „Wer jedoch ein Werknutzungsrecht oder eine Werknutzungsbewilligung erworben hat, **bleibt** gegen Aufzahlung einer angemessenen Vergütung zur Werknutzung auch während dieser Verlängerung berechtigt". Nach Ansicht des OGH folgt aus der Diktion „bleibt", daß der Inhaber eines entgeltlichen Werknutzungsrechtes in seinen Rechten nicht beeinträchtigt

---

[17]) *Fromm/Nordemann,* Urheberrecht 8. Aufl, § 137 RZ 2a; *Selbherr-Behn,* UFITA 55, 58 ff mwN.

[18]) GRUR 1975, 495 „Lustige Witwe".

[19]) ÖBl 1967, 91.

werden soll. Auch in Österreich ist daher von einer gesetzlichen Vertragsverlängerung auszugehen.

Um derartige Auslegungsprobleme zu vermeiden ist man in Deutschland 1965 explizit zum übersichtlicheren und klareren System der gesetzlichen Vertragsverlängerung übergewechselt. § 137 bestimmt: *„Ist vor dem Inkrafttreten dieses Gesetzes das Urheberrecht ganz oder teilweise einem anderen übertragen worden, so erstreckt sich die Übertragung im Zweifel auch auf den Zeitraum, um den die Dauer des Urheberrechts verlängert worden ist. Entsprechendes gilt, wenn vor dem Inkrafttreten dieses Gesetzes einem anderen die Ausübung einer dem Urheber vorbehaltenen Befugnis erlaubt worden ist.“*

Es wäre wünschenswert gewesen, wenn auch der österr Gesetzgeber angesichts der doch unterschiedlichen Interpretationsmöglichkeiten eine dem § 137 dUrhG ähnlich klare Bestimmung vorgesehen und nicht eine bereits seit Jahren strittige Regelung übernommen hätte. Die Regelung als gesetzliche Vertragsverlängerung liegt durchaus auch iS des Urhebers. Würde man nämlich lediglich eine gesetzliche Lizenz annehmen, so wäre der Urheber nicht mehr in der Lage, ausschließliche Werknutzungsrechte zu vergeben, die aber für bestimmte Gruppen von Werknutzern, wie zB Verlegern allein von Interesse sind.

Der Nachteil der gesetzlichen Vertragsverlängerung kann allenfalls darin liegen, daß die Vertragsparteien weiterhin an den Vertrag gebunden sind und es für beide Seiten schwierig ist, den Vertrag aufzulösen. § 137 Abs 4 dUrhG gibt daher diesbezüglich dem Nutzungsberechtigten die Möglichkeit, sein Recht zur Verfügung zu stellen und somit von der Vergütung befreit zu werden. In diesem Fall kann der Urheber das Werknutzungsrecht einem anderen einräumen.

Nach der UrhGNov 1996 soll der Werknutzungsberechtigte gegen Zahlung einer angemessenen Vergütung zur Werknutzung weiterhin berechtigt bleiben. Problematisch ist dieser Verweis auf angemessene Vergütung. Bedeutet angemessen, daß der Urheber auf jeden Fall beteiligt werden muß, oder ist dies so auszulegen, wie es das deutsche UrhG ausdrücklich vorsieht, daß eine angemessene Vergütung nur dann zu leisten ist, wenn anzunehmen ist, daß der Urheber für die Übertragung oder die Erlaubnis eine höhere Gegenleistung erzielt haben würde, wenn damals die bereits verlängerte Schutzdauer bestimmt gewesen wäre. Dies würde bedeuten, daß bei Beteiligungsverhältnissen ein Vergütungsanspruch kaum, bei einer Pauschalabgeltung des übertragenen Rechtes nur dann ein Vergütungsanspruch in Betracht kommt, wenn diese auf die damals geltende Schutzfrist abgestimmt, dh. angemessen gewesen ist. Da die Schutzfristverlängerung dem Urheber zugute kommen soll, wird man davon ausgehen müssen, daß dem Urheber jedenfalls eine Vergütung zusteht; eine Klarstellung im Gesetz wäre aber durchaus sinnvoll gewesen.

Abschließend soll noch kurz darauf eingegangen werden, ob diese Übergangsbestimmung betreffend bestehender Nutzungsverträge auch auf die cessio legis des § 38 UrhG anzuwenden ist, dh, ob auch Filmurheber für die Dauer der Schutzfristverlängerung vom Filmhersteller eine angemessene Vergütung erhalten sollen. Die Übergangsbestimmung enthält diesbezüglich keine Regelung, weder wird eine Vergütung für Filmurheber ausdrücklich festgesetzt, noch ausdrücklich abgelehnt. Geht man vom Wortlaut der Übergangsbestimmung aus, so ist diese schon deshalb nicht auf Filmwerke anzuwenden, weil sie auf die vertragliche Einräumung von Nutzungsrechten abstellt, gem § 38 die Nutzungsrechte aber eben nicht vertraglich eingeräumt werden, sondern kraft Gesetzes dem Hersteller zustehen[20]).

Aber auch bei einer teleologischen Interpretation kommt man zu demselben Ergebnis. Sinn und Zweck des § 38 UrhG war es, Rechtssicherheit zu schaffen. Es sollte verhindert werden, daß der Hersteller, der das ganze wirtschaftliche Risiko trägt, Jahre nach der Herstellung mit allfälligen Ansprüchen vermeintlicher Urheber – denn diese waren bisher im Gesetz nicht definiert – konfrontiert und in der Verwertung des Filmwerkes beeinträchtigt wird. Die Herstellung eines Filmwerks und die damit verbundenen Rechtseinräumungen kann mit anderen Nutzungsverträgen nicht verglichen werden. Die Tätigkeit des Filmherstellers beschränkt sich nicht wie jene des Verlegers auf eine reine Vermittlungstätigkeit. Herstellungs- und Verwertungsphase des Films überlappen sich. Der Filmproduzent wählt den Filmstoff, die Schauspieler, den Regisseur usw aus und erbringt dadurch einen mittelbaren Beitrag zur schöpferischen Leistung. Aus diesen Gründen kennen auch alle Urheberrechtsgesetze Sonderbestimmungen für Filmwerke. Die Filmurheber selbst tragen nicht das wirtschaftliche Risiko. Der einzelne Urheber kann und will seine Nutzungsrechte auch gar nicht selbständig vermarkten. Durch die cessio-legis soll vor allem ein Schutz der Filmhersteller verwirklicht werden. Müßte der Urheber nunmehr von Filmproduzenten eine angemessene Vergütung erhalten, so würde dies die Beweggründe des § 38 UrhG zunichte machen.

Gegen die Anwendung der Übergangsbestimmung für bestehende Werknutzungsverträge auf die cessio-legis spricht aber vor allem auch die Tatsache, daß der Gesetzgeber im § 38 UrhG nunmehr eine Beteiligung der Filmurheber an den gesetzlichen Vergütungsansprüchen und für diese Beteiligung im Art VI UrhGNov 1996 eine relativ komplizierte Berechnungsregel vorgesehen hat. Sollten die Filmurheber tatsächlich auch vom Filmhersteller aufgrund der Schutzfristverlängerung eine angemessene Vergütung erhalten, so hätte dies der Gesetzgeber ausdrücklich vorgesehen. Abschließend ist daher auszuführen, daß die Übergangsbestimmung auf die cessio-legis nicht anzuwenden ist und der Filmurheber aufgrund der Schutzfristverlängerung von Filmhersteller keine Vergütung zu erhalten hat.

---

[20]) AA *Walter,* Die Auswirkungen der Schutzfristverlängerung auf bestehende Nutzungsverträge nach deutschem und österreichischem Urheberrecht, Mitarbeiter-FS für Eugen Ulmer 63 ff, nach dessen Ansicht die Schutzfristverlängerung zumindest auch dem Urheber und seinen Erben zugute kommen soll.

Der Schutz zuvor unveröffentlichter Werke und seine Einführung ins österreichische Urheberrecht

Von *Albrecht Haller*[*])

Gliederung:

1. Einleitung[1])

Die Schutzfristenrichtlinie[2]) verpflichtet die Mitgliedstaaten der EG unter anderem zur Gewährung eines ihrem Art 4 entsprechenden verwandten Schutzrechtes.

---

*) Mag. iur., Mag. art., derzeit Dissertant an der Rechtswissenschaftlichen Fakultät der Universität Wien.

[1]) Geringfügig überarbeitete Fassung eines am 18. 3. 1996 beim „Arbeitskreis Urheberrecht" in Krems gehaltenen Referates.

[2]) Richtlinie 93/98/EWG des Rates vom 29. 10. 1993 zur Harmonisierung der Schutzdauer des Urheberrechts und bestimmter verwandter Schutzrechte, ABl Nr L 290 vom 24. 11. 1993, 9; im Internet ist der Text via http://www.netlaw.at zugänglich.

Aus zwei Gründen soll hier zunächst die Entstehungsgeschichte des Art 4 rekapituliert werden: Zum ersten hilft dieser Rückblick, Art 4 als Resultante verschiedener und zum Teil gegenläufiger Kräfte zu erkennen, die im EG-Gesetzgebungsverfahren wirksam geworden sind. Zum zweiten vermag die bewegte Entstehungsgeschichte vielleicht die eine oder andere Schwäche des Art 4 zu erklären.

Erst dann folgt – vor dem Hintergrund der gemeinschaftsrechtlichen Vorgabe – die ausführliche Auseinandersetzung mit der österr Umsetzungsgesetzgebung, also dem neuen verwandten Schutzrecht des § 76b UrhG.

Diese Reihenfolge entspricht nicht nur dem (chrono)logischen Weg von der Richtlinie zur Umsetzung, sondern erinnert gleichzeitig ein bißchen an jene Erwartung, die der österr Bundesgesetzgeber so geschickt zu stimulieren wußte: Drei Regierungsvorlagen[3]) hat es gebraucht, bis die geplante UrhGNov 1994 schließlich als UrhGNov 1996 verabschiedet[4]) wurde.

2. Entstehungsgeschichte des Art 4 Schutzfristenrichtlinie

2.1. Vorschlag der Kommission

Als die Kommission der Europäischen Gemeinschaften am 23. 3. 1992 ihren „Vorschlag für eine Richtlinie des Rates zur Harmonisierung der Schutzdauer des Urheberrechts und bestimmter verwandter Schutzrechte“[5]) vorlegte, war darin kein spezifischer Schutz für nachgelassene Werke vorgesehen.

Was das Urheberrecht ieS betrifft, sollte auch für nachgelassene Werke der Grundsatz des Art 1 Abs 1 des Richtlinienvorschlages gelten, wonach die Schutzdauer des Urheberrechtes die Lebenszeit des Urhebers und siebzig Jahre nach seinem Tod umfaßt, uzw unabhängig von jenem Zeitpunkt, in dem das Werk erlaubterweise der Öffentlichkeit zugänglich gemacht worden ist.[6]) Die Bemessung post publicationem statt post mortem auctoris (pma) war im Richtlinienvorschlag lediglich für anonyme und pseudonyme Werke, für Werke, deren Urheber entsprechend dem Recht eines Mitgliedstaates eine juristische Person ist, sowie für kollektive Werke vorgesehen.[7])

---

[3]) 1563 BlgNR 18. GP, 23 BlgNR 19. GP und 3 BlgNR 20. GP.

[4]) BG BGBl 1996/151, mit dem das Urheberrechtsgesetz und die Urheberrechtsgesetznovelle 1980 geändert werden (Urheberrechtsgesetz-Novelle 1996 – UrhG-Nov 1996).

[5]) KOM(92) 33 endg – SYN 395 bzw ABl Nr C 92 vom 11. 4. 1992, 6.

[6]) Der Ausschuß für Recht und Bürgerrechte des Europäischen Parlamentes irrt also, wenn er auf S 13 seines Berichtes (vgl FN 16) davon ausgeht, die Kommission wolle nachgelassene Werke nur dann schützen, wenn diese innerhalb von 70 Jahren nach dem Tod des Urhebers veröffentlicht werden, und auch nur für den Zeitraum von der Veröffentlichung bis zum 70. Todestag des Urhebers.

[7]) Vgl Art 1 Abs 3, aber auch Abs 4 und 6 des Richtlinienvorschlages.

Daß auch nachgelassene Werke der allgemeinen Schutzdauer von 70 Jahren pma unterliegen, ergibt sich nicht nur aus dem Fehlen einer Sonderregelung; in der Begründung ihres Richtlinienvorschlages macht die Kommission auch expressis verbis deutlich, daß die in einigen Mitgliedstaaten bestehenden (urheberrechtlichen) Sondervorschriften[8]) für nachgelassene Werke nicht beibehalten werden dürfen. Dadurch werde ein Anreiz geschaffen, solche Werke möglichst schnell zu veröffentlichen; weiters diene der Verzicht auf eine Sonderregelung insofern der Vereinfachung, als dann auch in diesem Bereich die normale Schutzdauer gelte.[9])

Was hingegen die Frage eines allfälligen Leistungsschutzes betrifft, wollte die Kommission den Mitgliedstaaten einen gewissen Spielraum belassen: Zwar gebe es einzelne nationale Vorschriften, die in manchen Fällen ein Leistungsschutzrecht für Herausgeber vorsähen, doch handle es sich dabei um Vorschriften, die keine nennenswerten Auswirkungen auf den Binnenmarkt hätten und deshalb nicht unbedingt harmonisiert werden müßten. Da der Richtlinienvorschlag nicht auf eine Änderung des „materiellen Rechts"[10]) abziele, bestehe kein Anlaß, die Schutzdauer eines Rechtes zu harmonisieren, das nur in einem oder in zwei Mitgliedstaaten existiere.[11])

Wenn auch die Kommission im Bereich der verwandten Schutzrechte nicht einen generellen Harmonisierungsbedarf sah, wollte sie doch leistungsschutzrechtlichem „Wildwuchs" in den mitgliedstaatlichen Rechtsordnungen vorbeugen: Die Mitgliedstaaten sollten verpflichtet sein, Gesetzesentwürfe zur Einführung neuer verwandter Schutzrechte unverzüglich der Kommission zu notifizieren und die Verabschiedung dieser Entwürfe für drei oder zwölf Monate auszusetzen, um der Kommission auf diese Weise Gelegenheit zu geben, erforderlichenfalls einen Harmonisierungsvorschlag zu unterbreiten.[12])

2.2. Stellungnahme des Wirtschafts- und Sozialausschusses

Am 1. 7. 1992 verabschiedete der obligatorisch befaßte Wirtschafts- und Sozialausschuß (WSA) seine Stellungnahme[13]) zum Richtlinienvorschlag. Obwohl der WSA den Vorschlag der Kommission grundsätzlich guthieß, plädierte er dafür, die Schutzdauer des Urheberrechtes auf dem Niveau von 50 Jahren statt 70 Jahren zu harmonisieren. Von nachgelassenen Werken oder einem neuen verwandten Schutzrecht ist in der Stellungnahme des WSA nicht die Rede.

---

8) Vgl KOM(92) 33 endg – SYN 395, 9.

9) Vgl KOM(92) 33 endg – SYN 395, 33.

10) Die Formulierung ist unglücklich gewählt, weil Schutzfristen selbstverständlich materiellrechtliche Fristen sind.

11) Vgl KOM(92) 33 endg – SYN 395, 28.

12) Vgl Art 8 des Richtlinienvorschlages.

13) ABl Nr C 287 vom 4. 11. 1992, 53.

2.3. Stellungnahme des Europäischen Parlamentes

Im Rahmen des Verfahrens der Zusammenarbeit wurde auch das Europäische Parlament befaßt, welches den Richtlinienvorschlag zunächst in erste Lesung nahm. Im Vergleich zur Stellungnahme des WSA fiel jene des Europäischen Parlamentes unter dem uns interessierenden Blickwinkel bei weitem ergiebiger aus, weshalb sie im folgenden eingehender behandelt sei.

2.3.1. mitberatende Ausschüsse

Zunächst verabschiedeten am 29. 9. 1992 bzw am 15. 10. 1992 der Ausschuß für Wirtschaft, Währung und Industriepolitik und der Ausschuß für Kultur, Jugend, Bildung und Medien als mitberatende Ausschüsse je eine Stellungnahme[14]) für den Ausschuß für Recht und Bürgerrechte als federführenden Ausschuß.

Während sich der Ausschuß für Wirtschaft, Währung und Industriepolitik vehement für eine bloß 50jährige Schutzdauer des Urheberrechtes aussprach, forderte der Ausschuß für Kultur, Jugend, Bildung und Medien in seiner weit urheberfreundlicheren Stellungnahme nicht nur eine Harmonisierung auf möglichst hohem Niveau, sondern wollte außerdem die urheberrechtliche Schutzdauer bei postumen Werken erst mit dem Datum ihrer Veröffentlichung beginnen lassen:

> Bei postumen Werken beginnt die Schutzdauer mit dem Datum ihrer Veröffentlichung.[15])

In dieser Gestalt taucht also im gemeinschaftlichen Gesetzgebungsverfahren erstmals eine Sonderregelung für nachgelassene Werke auf.

2.3.2. federführender Ausschuß

In der Zwischenzeit hatte auch der Ausschuß für Recht und Bürgerrechte als federführender Ausschuß den Richtlinienvorschlag der Kommission beraten. Am 5. 11. 1992 reichte *Carlos Maria Bru Purón* namens des federführenden Ausschusses seinen Bericht[16]) ein. Dieser Bericht empfiehlt für nachgelassene Werke eine zweigliedrige Sonderregelung.

Zum ersten soll bei nachgelassenen Werken die Schutzfrist abweichend von der Grundregel erst 70 Jahre nach jenem Zeitpunkt enden, in dem das Werk erlaubterweise der Öffentlichkeit zugänglich gemacht worden ist, sofern dies innerhalb von 70 Jahren nach dem Tod des Urhebers geschehen ist:

> Bei nachgelassenen Werken endet die Schutzfrist abweichend von Absatz 1 siebzig Jahre nach dem Zeitpunkt, in dem das Werk erlaubterweise der Öffentlichkeit

[14]) Jeweils Dokument PE 202.282/endg.
[15]) Änderungsantrag Nr 4: Art 1 Abs 4a (neu).
[16]) Dokument A3-0348/92, DOC-DE\RR\216527, PE 201.082/endg.

zugänglich gemacht worden ist, sofern dies innerhalb von siebzig Jahren nach dem Tod des Urhebers geschehen ist.[17])

Der Ausschuß kritisiert, daß sich die Kommission, indem sie den Schutz nachgelassener Werke nicht eigens regle, zwar für die am einfachsten zu handhabende Lösung entschieden habe, diese Lösung aber gleichzeitig die geringsten Anreize zur Veröffentlichung nachgelassener Werke biete.[18])

Der Bericht stellt auch einen Vergleich zu den mitgliedstaatlichen Rechtsordnungen her: Die vorgeschlagene Lösung orientiere sich nicht an der Extremposition der französischen Rechtsordnung, nach der die Schutzdauer bei nachgelassenen Werken jedenfalls erst mit der Veröffentlichung zu laufen beginne, wann auch immer diese Veröffentlichung stattfinde. Sie liege vielmehr auf der Linie der italienischen und der spanischen Rechtsvorschriften, welche die urheberrechtliche Schutzdauer bei nachgelassenen Werken zwar auch erst mit der Veröffentlichung beginnen ließen, dies aber nur, wenn die Veröffentlichung innerhalb eines bestimmten Zeitraums nach dem Tod des Urhebers erfolge. Damit werde eine sachadäquate Lösung getroffen, die aber nicht wie das französische Konzept auf einen „ewigen“[19]) Urheberrechtsschutz hinauslaufe.[20])

Zum zweiten plädiert der Bericht für ein eigenes verwandtes Schutzrecht zugunsten jener Person, die erlaubterweise der Öffentlichkeit ein gemeinfreies Werk erstmals zugänglich macht:

> Die Person, die erlaubterweise der Öffentlichkeit ein gemeinfreies Werk erstmals zugänglich macht, besitzt die gleichen Nutzungsrechte an dem Werk, wie sie dem Urheber zugestanden hätten. Die Schutzdauer dieser Rechte endet fünfundzwanzig Jahre, nachdem das Werk erstmals der Öffentlichkeit zugänglich gemacht worden ist.[21])

Wie der Bericht in dürren Worten festhält, ist dieses neue verwandte Schutzrecht als Ergänzung der oben dargestellten spezifischen Bemessung der Schutzdauer des Urheberrechtes ieS konzipiert.[22])

Am 17. 11. 1992 fand im Plenum des Europäischen Parlamentes eine Aussprache[23]) statt, worauf am 19. 11. 1992 die Abstimmung[24]) folgte: Das Europäische Parlament billigte den Richtlinienvorschlag der Kommission

---

[17]) Änderungsantrag Nr 7: Art 1 Abs 6 a (neu).

[18]) Vgl S 13 des Berichtes; wie *Silvestro*, Towards Harmonisation of the Term of Protection of Copyright and So-called „Related“ Rights, EntLR 1993, 73 (76) berechtigterweise anmerkt, schafft aber auch das vom Parlament ins Spiel gebrachte neue verwandte Schutzrecht wegen seiner ewigen Disponibilität nur einen begrenzten Anreiz zur Veröffentlichung.

[19]) Ewig insofern, als sich der Beginn der Schutzfrist unbegrenzt hinausschieben läßt.

[20]) Vgl S 14 des Berichtes.

[21]) Änderungsantrag Nr 9: Art 2 Abs 5 (neu).

[22]) Vgl S 14 des Berichtes.

[23]) Vgl Sitzungsprotokoll PV 37 I vom 17. 11. 1992, Dokument PE 162.993, S 15.

[24]) Vgl Sitzungsprotokolle PV 39 I und PV 39 II vom 19. 11. 1992, Dokument PE 162.995, S 13 bzw 16.

mit den oben erwähnten Änderungen[25]) und nahm eine legislative Entschließung mit der Stellungnahme des Europäischen Parlamentes an.[26])

2.4. Geänderter Vorschlag der Kommission

Am 7. 1. 1993 legte die Kommission ihren „Geänderten Vorschlag für eine Richtlinie des Rates zur Harmonisierung der Schutzdauer des Urheberrechts und bestimmter verwandter Schutzrechte"[27]) vor, der gegenüber dem ursprünglichen Richtlinienvorschlag drei wesentliche Änderungen enthält: Diese betreffen die Urheberschaft an Filmwerken, den zeitlichen Anwendungsbereich der Richtlinie und – die nachgelassenen Werke. In bezug auf letztere folgt die Kommission aber nur einem der beiden einschlägigen Änderungsanträge des Europäischen Parlamentes.

Abgelehnt wurde, die 70jährige Schutzfrist im Fall der Veröffentlichung innerhalb von 70 Jahren nach dem Tod des Urhebers – wie vom Parlament gefordert – post publicationem zu bemessen. Eine solche Verlängerung der Schutzdauer ist nach Ansicht der Kommission nicht gerechtfertigt: Wenn die Erben eines Urhebers es unterließen, die ihnen nachgelassenen Werke innerhalb eines angemessenen Zeitraums zu veröffentlichen, der ihnen noch eine lange Schutzdauer gewähren würde, dann sollten sie nicht noch einen zusätzlichen Schutz eingeräumt bekommen.[28])

Andererseits war die Kommission aber bereit, den zweiten einschlägigen Änderungsantrag anzunehmen, also ihren ursprünglichen Vorschlag um ein neues verwandtes Schutzrecht zu erweitern:

> Die Person, die der Öffentlichkeit ein Werk, für das die Schutzfrist abgelaufen ist, erstmals erlaubterweise zugänglich macht, besitzt die gleichen Rechte an dem Werk, wie sie dem Urheber zugestanden hätten. Die Schutzdauer dieser Rechte endet 25 Jahre, nachdem das Werk erlaubterweise erstmals der Öffentlichkeit zugänglich gemacht worden ist.[29])

Die Begründung[30]) der Kommission liest sich ein bißchen wie das Protokoll eines Tauschhandels: Verzichtest Du bei nachgelassenen Werken auf die Schutzdauerbemessung post publicationem, dann akzeptiere ich Dein neues verwandtes Schutzrecht. Pikant, daß die Kommission einen Ände-

---

25) Die beiden gegenständlichen Änderungen sind jetzt als Art 1 Abs 6a (neu) bzw als Art 2 Abs 4a (neu) vorgesehen; in ersterem heißt es „Nachlaßwerken" statt „nachgelassenen Werken", in letzterem „wurde" statt „worden ist". Ansonsten hat das Plenum die vom Ausschuß formulierten Änderungsanträge wortwörtlich übernommen.

26) Legislative Entschließung mit der Stellungnahme des Europäischen Parlaments zu dem Vorschlag der Kommission an den Rat für eine Richtlinie zur Harmonisierung der Schutzdauer des Urheberrechts und bestimmter verwandter Schutzrechte, ABl Nr C 337 vom 21. 12. 1992, 205 (209).

27) KOM(92) 602 endg – SYN 395 bzw ABl Nr C 27 vom 30. 1. 1993, 7.

28) KOM(92) 602 endg – SYN 395, 3.

29) Im KOM-Dokument Art 2 a (im ABl Art 2a und „fünfundzwanzig" statt „25").

30) KOM(92) 602 endg – SYN 395, 3.

rungsantrag des Europäischen Parlamentes übernimmt und den anderen, als dessen Ergänzung der übernommene gedacht war, nicht.[31])

2.5. Gemeinsamer Standpunkt des Rates

Wie im Verfahren der Zusammenarbeit vorgesehen, lag es nun am Rat, einen gemeinsamen Standpunkt festzulegen. Am 14. 6. 1993 erfolgte im Binnenmarkt-Rat mit qualifizierter Mehrheit die politische Einigung über den gemeinsamen Standpunkt, wobei die Niederlande, Portugal, Luxemburg und Irland dagegen stimmten.[32]) Wenig später wurde der „Gemeinsame Standpunkt des Rates vom 22. 7. 1993 im Hinblick auf die Annahme der Richtlinie zur Harmonisierung der Schutzdauer des Urheberrechts und bestimmter verwandter Schutzrechte“[33]) endgültig beschlossen. Er enthielt folgenden, mit „Schutz zuvor unveröffentlichter Werke“ überschriebenen Art 4:

> Wer ein zuvor unveröffentlichtes Werk, dessen urheberrechtlicher Schutz abgelaufen ist, erstmals erlaubterweise veröffentlicht bzw. erlaubterweise öffentlich wiedergibt, genießt einen den vermögensrechtlichen Befugnissen des Urhebers entsprechenden Schutz. Die Schutzdauer für solche Rechte beträgt 25 Jahre ab dem Zeitpunkt, zu dem das Werk erstmals erlaubterweise veröffentlicht oder erstmals erlaubterweise öffentlich wiedergegeben worden ist.

2.6. Abänderungen des Europäischen Parlamentes

Da sich die Verhandlungen im Rat als schwierig erwiesen hatten und das Europäische Parlament mit dem Ergebnis insgesamt zufrieden war,[34]) verzichtete es in zweiter Lesung am 27. 10. 1993 darauf, den gemeinsamen Standpunkt des Rates inhaltlich[35]) abzuändern.[36])

2.7. Richtlinie des Rates

So kommt es, daß der Text der Richtlinie mit dem Text des gemeinsamen Standpunktes so gut wie identisch ist und die Richtlinie[37]) vom Rat

---

[31]) Das führt aber nicht zu der von *Juranek*, Harmonisierung der urheberrechtlichen Schutzfristen in der EU, ÖSGRUM 15 (1994) 63 bzw 69 befürchteten Harmonisierungslücke, weil ja nachgelassene Werke nach Wegfall der einen vom Parlament vorgeschlagenen Sonderregelung wieder der allgemeinen Schutzdauer von 70 Jahren pma unterliegen.

[32]) Vgl *Maier*, L'harmonisation de la durée de protection du droit d'auteur et de certains droits voisins, RMUE 1994, 49 (63).

[33]) Dok 7831/1/93 + ADD 1; vgl auch den entsprechenden Hinweis im ABl Nr C 254 vom 18. 9. 1993, 1.

[34]) Vgl *Maier*, RMUE 1994, 64.

[35]) Die beiden vom Europäischen Parlament vorgeschlagenen Abänderungen sind rein sprachlicher Natur und betreffen weder Art 4 noch überhaupt die deutsche Fassung.

[36]) Vgl ABl Nr C 315 vom 22. 11. 1993, 129.

[37]) Siehe FN 2.

schon am 29. Oktober 1993, weniger als 48 Stunden nach Beschlußfassung des Europäischen Parlamentes,[38]) endgültig verabschiedet werden konnte.

Mittlerweile ist mancherorts Kritik an Art 4 der Schutzfristenrichtlinie laut geworden. Als einer unter mehreren sei hier *Vogel* zitiert, der Art 4 als „am wenigsten geglückte Vorschrift der Richtlinie“ und als „konturenloses Gebilde ohne rechtspolitische Rechtfertigung“[39]) bezeichnet.

Heben wir uns aber die Auseinandersetzung mit den Schwachstellen der neuen Bestimmung auf und wenden wir uns gleich dem durch die UrhG-Nov 1996 ins UrhG eingefügten neuen § 76b zu, welcher der Umsetzung des Art 4 der Schutzfristenrichtlinie dient und am 1. 4. 1996 in Kraft getreten ist.

3. Der neue § 76b UrhG

Die Entstehung des neuen § 76b UrhG ist eng mit dem Werden der Schutzfristenrichtlinie verzahnt.

Schon als das BMJ im Sommer 1993 den Entwurf[40]) einer UrhGNov 1994 dem allgemeinen Begutachtungsverfahren zuleitete, war darin von verwandten Schutzrechten für wissenschaftliche Ausgaben bzw für Ausgaben nachgelassener Werke die Rede; allerdings in dem Sinn, daß der Ministerialentwurf – uzw aus zwei Gründen – bewußt auf die Aufnahme solcher verwandter Schutzrechte verzichtet hat. Erstens wollte man aus Gründen der Zweckmäßigkeit die Verabschiedung der damals gerade in Vorbereitung befindlichen Schutzfristenrichtlinie abwarten, da sich zu jenem Zeitpunkt schon abzeichnete, daß die Richtlinie auch einschlägige Bestimmungen enthalten würde. Zweitens hatte es damals noch keine öffentliche Diskussion gegeben, und man wollte zunächst Stellungnahmen der interessierten Kreise einholen.[41])

In der Zwischenzeit verabschiedete der Rat der Europäischen Gemeinschaften die Schutzfristenrichtlinie, sodaß die zur Umsetzung notwendigen Anpassungen des österr Urheberrechtes noch in die Regierungsvorlage für eine UrhGNov 1994 eingearbeitet werden konnten. § 76b trotzte gelegentlichen Neuwahlen, feierte jeweils in der darauffolgenden Gesetzgebungsperiode fröhliche Urständ und ist am 1. 4. 1996 in Kraft getreten:

> Wer ein nichtveröffentlichtes Werk, für das die Schutzfrist abgelaufen ist, erlaubterweise veröffentlicht, dem stehen die Verwertungsrechte am Werk wie einem Urheber zu. Dieses Schutzrecht erlischt fünfundzwanzig Jahre nach der Veröffentlichung; die Frist ist nach § 64 zu berechnen.

---

[38]) Vgl *Maier*, RMUE 1994, 64 bei FN 21.

[39]) Die Umsetzung der Richtlinie zur Harmonisierung der Schutzdauer des Urheberrechts und bestimmter verwandter Schutzrechte, ZUM 1995, 451 (455).

[40]) BMJ 8113/27-I 4/93 idF 22. 7. 1993.

[41]) Vgl S 3 der Erläuterungen (AT).

3.1. Systematische Einordnung

Das neue Schutzrecht ist unter den im II. Hauptstück des UrhG geregelten verwandten Schutzrechten angesiedelt. Seine Verwandtschaft[42]) zum Urheberrecht ist eine doppelte: Erstens besteht sie in der engen Beziehung der geschützten Leistung zu einem (schöpferischen) Werk, die sich daraus ergibt, daß als Schutzgegenstand nur Werke im urheberrechtlichen Sinn in Frage kommen. Zweitens besteht sie darin, daß § 76b UrhG zwar die Tatbestandsmerkmale nennt, aber hinsichtlich der Rechtsfolgen, genauer: der Rechtsstellung des Leistungsschutzberechtigten, auf den Urheberrechtsteil des Gesetzes verweist.

Nur vordergründig anders ist die Systematik der Schutzfristenrichtlinie: Daß Art 3 mit der Überschrift „Dauer der verwandten Schutzrechte" im wesentlichen bloß die klassischen verwandten Schutzrechte des Rom-Abkommens (ausübende Künstler, Tonträgerhersteller, Sendeunternehmen) betrifft, während das neue Schutzrecht in einem eigenen Art 4 folgt, dürfte hauptsächlich auf die bloß halb so lange Schutzfrist zurückzuführen sein und ändert jedenfalls nichts an seiner Qualifikation als verwandtes Schutzrecht.

3.2. Schutzgegenstand

3.2.1. Werk

Als Schutzobjekt des § 76b UrhG kommen nur Werke iSd § 1 UrhG in Betracht; schlichte Texte etwa scheiden also von vornherein aus. Schriftliche Fixierung ist nicht vorausgesetzt, sodaß zunächst auch bloß mündlich Tradiertes wie zB Volkslieder und andere Werke der sogenannten Volkspoesie in den Anwendungsbereich des § 76b UrhG fällt.

3.2.2. „nichtveröffentlicht"

Als weitere Schutzvoraussetzung ergibt sich aus § 76b UrhG, daß es sich um ein „nichtveröffentlichtes" Werk handeln muß. Abgesehen davon, daß sich der Gesetzgeber statt der wenig geglückten Wortschöpfung „nichtveröffentlicht" besser des Ausdrucks „unveröffentlicht" bedient hätte, wirft diese Schutzvoraussetzung auch inhaltliche Fragen auf.

Zunächst legt die Textierung „nichtveröffentlicht" in Anbetracht der Legaldefinition des § 8 UrhG nahe, daß als Schutzobjekt von vornherein jedes Werk ausscheidet, daß irgendwann „mit Einwilligung des Berechtigten der Öffentlichkeit zugänglich gemacht worden" ist. Dem sachlichen Anwendungsbereich des § 76b UrhG würde auf diese Weise eine sehr enge Grenze gezogen.

---

[42]) Zu den verschiedenen Aspekten der Verwandtschaft vgl *Schmieder*, Die Verwandten Schutzrechte – ein Torso? UFITA 73 (1975) 65.

Es wäre wohl davon auszugehen, daß eine (wenn auch widerlegbare) Vermutung für die „Unveröffentlichtheit“ streitet, denn wollte man dem Veröffentlicher eine diesbezügliche Beweislast auferlegen, käme das einer probatio diabolica gleich, die das gesamte Leistungsschutzrecht entwertete.

Überlegenswert scheint allerdings auch, ob nicht die Textierung „nichtveröffentlicht“ überhaupt etwas anderes meint, als die Rechtssprache des österr (und auch des deutschen) UrhG vermuten läßt: ob „nichtveröffentlicht“ nicht vielleicht iS von „nicht erschienen“ zu verstehen ist; ob also das Schutzrecht nur dann nicht mehr in Frage kommt, wenn bereits Werkstücke in genügender Anzahl feilgehalten oder in Verkehr gebracht worden sind.[43])

Ein Blick in Art 4 der Schutzfristenrichtlinie, in deren deutscher Fassung statt von einem „nichtveröffentlichten“ von einem „zuvor unveröffentlichten“ Werk die Rede ist, bringt zunächst auch noch nicht die erhoffte Klarheit. In der gesamten Richtlinie findet sich kein ausdrücklicher Hinweis, was unter einem unveröffentlichten Werk zu verstehen ist.

Indessen stützt der Sprachgebrauch internationaler Urheberrechtskonventionen die Vermutung, daß „unveröffentlicht“ iS von „nicht erschienen“ gemeint sein könnte. Ein Blick in die RBÜ oder in das Rom-Abkommen zeigt, daß die internationalen Urheberrechtsabkommen unter „Veröffentlichung“ das verstehen, was im österr (und ebenso im deutschen) UrhG „Erscheinen“ heißt.

Damit ist natürlich noch nicht geklärt, ob der EG-Gesetzgeber auch tatsächlich der Terminologie des internationalen Urheberrechtes gefolgt ist. Wir werden in Kürze, wenn es um den Schutzrechtsinhaber geht, auf diese Frage zurückkommen.

3.2.3. Schutzfrist abgelaufen

Widmen wir uns aber davor noch einem anderen Tatbestandsmerkmal: Nach § 76b UrhG kommt das verwandte Schutzrecht nur hinsichtlich eines Werkes zum Tragen, „für das die Schutzfrist abgelaufen ist“.

Dem Wortlaut dieser Voraussetzung ist grundsätzlich dann entsprochen, wenn seit dem Tod des Urhebers bzw des letztlebenden Miturhebers 70 Jahre verstrichen sind.[44])

Auch die zugrunde liegende, ganz ähnliche Formulierung „Werk, dessen Schutz abgelaufen ist“ in Art 4 der Schutzfristenrichtlinie könnte bei wörtlicher Auslegung so verstanden werden, daß ein Schutz bestanden haben muß, weil er ja ansonsten nicht hätte ablaufen können.

Es stellt sich aber die Frage, ob nicht auch solche Werke schutzwürdig und tatbestandsmäßig sein können, für die nie eine Schutzfrist gelaufen ist, eine solche folglich auch nie ablaufen konnte. Das könnte – je nach fremdenrechtlicher Situation – zum Beispiel bei Werken ausländischer Urheber der Fall sein.

---

[43]) Vgl § 9 Abs 1 UrhG.
[44]) Vgl §§ 60 ff UrhG.

Zu denken ist aber auch an all jene Werke, die zu Zeiten geschaffen worden sind, als es noch keinen Urheberrechtsschutz im heutigen Sinn gab. Wollte man den sachlichen Anwendungsbereich in enger Auslegung auf Werke beschränken, die früher einmal urheberrechtlich geschützt waren, würde man damit etwa das musikalische Schaffen bis herauf in die Romantik vom Schutz des § 76b UrhG ausnehmen und auf diese Weise indirekt den zeitlichen Anwendungsbereich stark beschneiden. Als Schutzobjekte kämen dann nur die Werke jener verhältnismäßig wenigen Werkschöpfer in Frage, die einerseits schon Urheberrechtsschutz genossen haben, andererseits aber schon länger als 70 Jahre tot sind.

Eine enge Auslegung stünde in klarem Widerspruch zu der vom Gesetzgeber verfolgten Absicht, unveröffentlichte Werke der Öffentlichkeit zugänglich zu machen.[45]) Außerdem ist das Schutzrecht idR gerade bei alten Werken durch die erbrachte Leistung gerechtfertigt: So erfordert zB das Übertragen einer Neumenschrift in die heute gebräuchliche Notation einen weit größeren Arbeitseinsatz als etwa die Erstausgabe eines spätromantischen Werkes, das vielleicht sogar im Faksimile eine breitere Käuferschicht anspricht.

Das Tatbestandsmerkmal „Schutzfrist abgelaufen" muß also weit ausgelegt werden, um auch solche Werke zu erfassen, die nie urheberrechtlich geschützt waren, die aber bei Anwendung unseres heutigen Urheberrechtes geschützt gewesen wären.

3.3. Schutzrechtsinhaber

Gem § 76b UrhG steht das verwandte Schutzrecht demjenigen zu, der das betreffende Werk „erlaubterweise veröffentlicht". Nach der bereits zitierten Legaldefinition des § 8 UrhG ist dies derjenige, der das Werk „mit Einwilligung des Berechtigten der Öffentlichkeit zugänglich gemacht" hat.

Es sieht also so aus, als ob nicht nur das Erscheinenlassen eines Werkes, sondern auch jede andere Form der Veröffentlichung schutzbegründend wirkt. Leistungsschutz würde demnach nicht nur durch eine editio princeps entstehen, sondern etwa schon durch die öffentliche Uraufführung eines alten Musikwerkes und sogar durch das Ausstellen einer unveröffentlichten alten Handschrift in einer öffentlich zugänglichen Bibliothek.

Angesichts dieser weitreichenden Konsequenz empfiehlt sich wieder ein Blick auf die Textierung der Schutzfristenrichtlinie: Laut deren Art 4 steht das Schutzrecht demjenigen zu, der das Werk „erstmals erlaubterweise veröffentlicht bzw erlaubterweise öffentlich wiedergibt".

Mit dem ersten Fall, dem „erstmals erlaubterweise Veröffentlichen", sind wir also wieder bei der schon früher angesprochenen Frage angelangt,

---

[45]) So auch *Maier*, RMUE 1994, 71, ein ehemaliger Beamter des in der Kommission der Europäischen Gemeinschaften zuständigen Referates XV/E/4; nach seinen Worten verfolgt die gegenständliche Bestimmung gerade den Zweck, der Öffentlichkeit das kulturelle Erbe weitestmöglich zu erschließen.

ob die Schutzfristenrichtlinie der Terminologie der internationalen Urheberrechtskonventionen folgt, was zur Konsequenz hätte, daß ein europäisches „veröffentlicht" mit einem österreichischen „erschienen" zu übersetzen wäre.

Die ErläutRV zur UrhGNov 1996 beziehen insofern einen klaren Standpunkt: Daß die Richtlinie den Begriff der Veröffentlichung in diesem Zusammenhang nicht iS der RBÜ und damit nach der Terminologie des UrhG nicht iS von „erscheinen" verwende, ergebe sich ganz eindeutig daraus, daß die Richtlinie die öffentliche Wiedergabe hier der Veröffentlichung gleichstelle („erstmals erlaubterweise veröffentlicht bzw. erlaubterweise öffentlich wiedergibt").[46])

Ein Vergleich mit der englischen und der französischen Sprachfassung zeigt indessen, daß dieses „bzw." nicht iS einer Gleichstellung gemeint, sondern als „oder" zu lesen ist.[47]) Entgegen der in den Erläuterungen vertretenen Ansicht ist die Richtlinien-Formulierung „erstmals erlaubterweise veröffentlicht bzw erlaubterweise öffentlich wiedergibt" mE Beweis dafür, daß „veröffentlichen" hier nur iS von „erscheinen lassen" gemeint sein kann: Wenn der erste Fall („erstmals erlaubterweise veröffentlicht") in der weiten Bedeutung unseres § 8 UrhG zu verstehen wäre, dann hätte die Alternative „erlaubterweise öffentlich wiedergibt" keinen Sinn.

Daß die österr Umsetzungsgesetzgebung davon ausgeht, die Richtlinie verwende das Wort „veröffentlichen" iS unseres § 8 UrhG, wird aber dadurch entschärft, daß mit der gleichwertigen Alternative „öffentlich wiedergeben" ohnehin jedes Veröffentlichen iwS unseres § 8 UrhG gemeint ist.

Kehren wir mit den hier gewonnenen Aufschlüssen kurz zum Schutzgegenstand, uzw zum Tatbestandsmerkmal „nichtveröffentlicht" zurück: Damit ist also iS des österr UrhG „nicht erschienen" gemeint.

In bezug auf die erste der beiden den Leistungsschutz begründenden Handlungen macht das Sinn: Beim Erscheinenlassen genügt ein noch nicht erschienenes, wenn auch vielleicht schon anderweitig veröffentlichtes Werk, um Schutz zu erlangen. In bezug auf die Alternative ist allerdings eine Umdeutung geboten: Um den Leistungsschutz durch bloßes Veröffentlichen, das nicht in einem Erscheinenlassen besteht, zu erwerben, bedarf es eines unveröffentlichten Werkes, da es widersinnig wäre, jemanden für die bloß unkörperliche Veröffentlichung eines zwar noch nicht erschienenen, aber bereits sonstwie veröffentlichten Werkes zu belohnen.[48])

---

[46]) Vgl den BT der Erläuterungen auf S 30.

[47]) In der englischen Fassung heißt es „or", in der französischen „ou".

[48]) *Walter*, Der Schutz nachgelassener Werke nach der EG Schutzdauer-Richtlinie, im geänderten deutschen Urheberrecht und nach der österr UrhG-Novelle 1996, in *Beier*-FS 70. Geburtstag (1996) 425 (432) widmet sich eingehend den verschiedenen Auslegungsmöglichkeiten, die zu einer widerspruchsfreien Lösung führen; am sachgerechtesten scheint ihm, den Wortlaut der Richtlinienbestimmung im Wege einer teleologischen Reduktion oder durch Annahme eines Redaktionsversehens dahingehend zu korrigieren, daß nur das Erscheinenlassen zuvor nicht erschienener Werke schutzbegründend wirkt.

Wer als Veranlasser des Erscheinens oder als Veröffentlicher anzusehen ist, kann im konkreten Fall natürlich strittig sein. Einen Vorgeschmack liefert die wissenschaftliche Diskussion zu § 71 dUrhG, der ja schon seit 1. 1. 1966 dem Veranlasser des Erscheinens ein verwandtes Schutzrecht gewährt. Ob dieser Schutz dem Herausgeber[49]) oder dem Verleger[50]) zusteht, wurde ebenso dezidiert wie unterschiedlich beantwortet; nach herrschender Lehre steht der Schutz dem Herausgeber und nicht originär dem Verleger zu.[51])

Noch ein Wort zum Schutzrechtsinhaber: Solcher ist, wer das Werk „erlaubterweise" veröffentlicht. Angesichts der Tatsache, daß die Einwilligung des Berechtigten gem § 8 UrhG Tatbestandsvoraussetzung jeder Veröffentlichung und gem § 9 Abs 1 UrhG jedes Erscheinens ist, mag das Wort „erlaubterweise" in § 76b UrhG zunächst pleonastisch erscheinen.

Gerade um die in §§ 8 und 9 UrhG genannte Einwilligung des Berechtigten kann es aber beim „erlaubterweise Erscheinenlassen oder Veröffentlichen" nicht gehen, weil mit Ablauf des Urheberrechtsschutzes kein solcher Berechtigter mehr vorhanden und dieser Ablauf ja explizit vorausgesetzt ist. Da es auf die Erlaubnis des Sacheigentümers nicht ankommen kann, wird sinnvollerweise mit *Walter*[52]) von einem unbeachtlichen Redaktionsversehen auszugehen sein, das schon im Änderungsantrag des Europäischen Parlamentes auftaucht und sich bis in die österr Umsetzung fortgesetzt hat.

3.4. Schutzumfang

Dem nach § 76b UrhG Leistungsschutzberechtigten stehen die Verwertungsrechte am Werk wie einem Urheber zu. Auch der Leistungsschutzberechtigte hat also – mit den vom Gesetz bestimmten Beschränkungen – das ausschließliche Recht, das Werk auf alle in den §§ 14 bis 18 UrhG genannten Arten zu verwerten.

E contrario kann geschlossen werden, daß § 76b UrhG keine persönlichkeitsrechtlichen Befugnisse verleiht. Es wäre dem österr Bundesgesetzgeber allerdings unbenommen gewesen, dem Schutz zuvor unveröffentlichter Werke auch eine persönlichkeitsrechtliche Komponente zu geben, da die Schutzfristenrichtlinie die Bestimmungen der Mitgliedstaaten zur Regelung der Urheberpersönlichkeitsrechte unberührt läßt.[53])

Geschützt ist also keineswegs nur die Erstausgabe oder erstmalige öffentliche Wiedergabe, sondern das Werk an sich. Was dem Leistungsschutzberechtigten der weite Schutzumfang, bedeutet freilich für alle anderen eine große Sperrwirkung: Kraft seiner ausschließlichen Rechte kann der

---

[49]) So zB *Klinkenberg*, Urheber- und verlagsrechtliche Aspekte des Schutzes Wissenschaftlicher Ausgaben nachgelassener Texte, GRUR 1985, 419 (421).

[50]) So zB *Gentz*, Schutz von wissenschaftlichen und Erst-Ausgaben im musikalischen Bereich, UFITA 52 (1969) 146; *Schmieder*, UFITA 73, 68.

[51]) *Walter*, *Beier*-FS 70. Geburtstag 436 mwN.

[52]) *Beier*-FS 70. Geburtstag 434 bzw 440.

[53]) Vgl Art 9.

Leistungsschutzberechtigte alle anderen von der Verwertung des Werkes ausschließen. Soweit zu sehen, hat es einen so weitgehenden Schutz durch eine zweite Schutzdauer im Lauf der Geschichte noch nicht gegeben.[54]) Der weite Schutzumfang kann sich aber insb in der zweiten Fallgruppe als Nachteil erweisen: dann also, wenn die den Leistungsschutz begründende Handlung nicht in einem Erscheinenlassen, sondern zum Beispiel in einer einmaligen Konzertaufführung besteht. *Vogel* illustriert das mit einem drastischen Beispiel: „Wer also künftig in der Musikalien-Abteilung der Bayerischen Staatsbibliothek die Partitur eines unveröffentlichten Streichquartetts auffindet und auch nur einen Satz öffentlich wiedergibt, vermag die weitere vollständige Nutzung des Werkes auf fünfundzwanzig Jahre mit seinem Verbotsrecht zu blockieren."[55]) Dem sei hinzugefügt, daß es nicht einmal einer Aufführung bedarf, um in den Genuß des verwandten Schutzrechtes zu kommen. Wenn die Musiksammlung der Österreichischen Nationalbibliothek – mein eigenes Beispiel spielt in Wien – den autographen Finalsatz einer unveröffentlichten Symphonie ausstellt, kann sie für ein Vierteljahrhundert jede Aufführung des vollständigen Werkes verhindern. In den Konzertsälen gäbe es eine „Unvollendete" mehr.

Der Sinn des neuen verwandten Schutzrechtes, nämlich der Öffentlichkeit bisher unbekannte Werke bleibend zugänglich zu machen,[56]) wird so geradezu in sein Gegenteil verkehrt.

3.5. Schutzdauer

Bei der Festlegung einer Schutzdauer sind zwei wichtige Entscheidungen zu treffen: jene über die Schutzfrist selbst und jene über das den Fristenlauf auslösende Ereignis. Die Wahl dieses Ereignisses sollte sich in erster Linie nach der Genauigkeit richten, mit der sich das Ereignis bestimmen läßt.

Im Gegensatz zu den klassischen verwandten Schutzrechten beträgt die Schutzfrist gemäß § 76b UrhG bloß 25 Jahre. Mit dieser Frist hat der Gesetzgeber der Schutzfristenrichtlinie den „Umsetzungsgesetzgebern" zugleich Minimum[57]) und Maximum vorgegeben.

Das verwandte Schutzrecht gem § 76b UrhG entsteht mit der (erlaubten) Veröffentlichung; es entsteht kraft Gesetzes und ist nicht von der Erfüllung irgendwelcher Formalitäten abhängig.

---

[54]) Vgl *Vogel*, ZUM 1995, 456: „Inhalt des Rechts reicht weit über den Schutz der editio princeps hinaus"; zu dieser ausführlich *Haller*, Der Schutz der editio princeps. Urheber- oder Leistungsschutz für den Erstherausgeber gemeinfreier Werke (Reihe der Forschungsberichte des Ludwig Boltzmann Institutes zur Analyse wirtschaftspolitischer Aktivitäten, 1995).

[55]) ZUM 1995, 456.

[56]) Siehe FN 45.

[57]) Anders liegt der Fall beim noch zu besprechenden Art 5, dessen dreißigjährige Schutzfrist ausdrücklich nur Obergrenze ist.

Der Zeitpunkt der Veröffentlichung läßt sich unterschiedlich gut bestimmen: Während ein Erscheinen wegen der damit verbundenen Existenz von Werkstücken idR einen guten Anknüpfungstatbestand abgibt, läßt sich manch andere Veröffentlichungshandlung weniger leicht eruieren und beweisen.

Zur Berechnung der Schutzdauer verweist § 76b UrhG auf die allgemeine Regel des § 64 UrhG: Danach ist das Kalenderjahr, in dem die für den Beginn der Frist maßgebende Tatsache eingetreten ist, nicht mitzuzählen. Bei zwei Veröffentlichungen am 31. Dezember bzw am 1. Jänner führt also ein Unterschied von einem Tag zu einem um ein volles Jahr differierenden Schutz – ein Phänomen, das zwar vom Urheberrecht her bekannt ist, aber vielleicht im Zusammenhang mit dem verwandten Schutzrecht nach § 76b UrhG eine größere Rolle spielen wird. Während der Urheberrechtsschutz an die Schaffung des Werkes anknüpft und sich die Kreativität eines Urhebers weniger zwanglos dem ökonomischen Kalkül unterordnet, kann man den an die Veröffentlichung anknüpfenden Leistungsschutz durch ein geschicktes Timing verhältnismäßig leicht optimieren.

4. Exkurs: Art 5 Schutzfristenrichtlinie

Zum Ausklang sei noch kurz auf den Zwilling des Art 4 hingewiesen. Motto: Art 5 Schutzfristenrichtlinie – bitte warten!

Die Schutzfristenrichtlinie enthält in Art 5 unter der Überschrift „Kritische und wissenschaftliche Ausgaben" ein weiteres verwandtes Schutzrecht, das allerdings im Unterschied zu jenem des Art 4 nur fakultativ umzusetzen ist:

> Die Mitgliedstaaten können kritische und wissenschaftliche Ausgaben von gemeinfrei gewordenen Werken urheberrechtlich schützen. Die Schutzfrist für solche Rechte beträgt höchstens 30 Jahre ab dem Zeitpunkt der ersten erlaubten Veröffentlichung.

Nebenbei gesagt, zeigt auch die Textierung dieses Artikels, daß der Gesetzgeber der Schutzfristenrichtlinie unter „Veröffentlichung" ein Erscheinen iS unseres UrhG gemeint hat.[58])

Zumindest anläßlich der UrhGNov 1996, mit der ja die Schutzfristenrichtlinie umgesetzt wurde, hat der österr Bundesgesetzgeber von der Möglichkeit, ein solches verwandtes Schutzrecht zugunsten von kritischen und wissenschaftlichen Ausgaben einzuführen, nicht Gebrauch gemacht.

Dies, obwohl schon im Ministerialentwurf der Regierungsvorlage zu einer UrhGNov 1994 von einem solchen, an § 70 dUrhG angelehnten Schutzrecht die Rede war.[59]) Die damals offiziell eingeleitete Diskussion mit den interessierten Kreisen hat offenbar nie jene kritische Masse zustan-

---

[58]) Da es in Art 5 ausschließlich um Ausgaben geht, muß die den Lauf der Schutzfrist auslösende „Veröffentlichung" ein Erscheinenlassen sein.

[59]) Siehe FN 41.

de gebracht, die ausgereicht hätte, um den Widerstand der – salopp gesagt: – desinteressierten Kreise zu brechen. Trotz Eingaben an das BMJ blieb die Lobby ungehört, sodaß man sich zum Schutz von kritischen und wissenschaftlichen Ausgaben im geltenden österr Recht weiterhin anders behelfen muß.[60])

Die Zurückhaltung des Gesetzgebers ist nicht zuletzt deshalb verwunderlich, weil in Deutschland schon seit 1. 1. 1966 ein verwandtes Schutzrecht zum Schutz wissenschaftlicher Ausgaben besteht,[61]) und umso bedauerlicher, als sich Art 5 bei weitem harmonischer in den Kanon unserer verwandten Schutzrechte eingefügt hätte als der einer Finderlohn-Vorschrift nicht unähnliche Art 4.

---

[60]) Vgl zB aus jüngster Zeit *Wilhelm*, Bereicherungsansprüche wegen Ausnützens fremder Schöpfungen und Kenntnisse, ÖBl 1995, 147.

[61]) § 70 dUrhG.

Internet und IPR – Kollisionsrechtliche Anknüpfungen in internationalen Datennetzen

Von *Prof. Dr. Thomas Hoeren,* Münster*),
und *Dorothee Thum,* München**)

---

*) *Thomas Hoeren* ist Universitätsprofessor und Inhaber des Lehrstuhls für Informationsrecht und Rechtsinformatik an der Westfälischen Wilhelms-Universität Münster.

**) *Dorothee Thum* ist Stipendiatin am Max-Planck-Institut für ausländisches und internationales Patent-, Urheber- und Wettbewerbsrecht.

I. Einleitung

Seit seiner Geburtsstunde im Jahre 1961[1]) hat das Internet eine explosionsartige Entwicklung genommen, deren Ausmaße noch kaum abschätzbar sind. Fest steht jedoch bereits jetzt, daß sich das Internet mit seinen derzeit 10 Millionen verbundenen Servern[2]) zu einem eigenen Medien- und Wirtschaftssektor entwickelt, in dem vor allem die Nutzung urheberrechtlich geschützter Werke eine große Rolle spielen wird. Kommerzielle Onlinedienste stellen bereits heute ihren Abonnenten via Datenbanken ein riesiges Potential an Informationen, literarischen, wissenschaftlichen oder musikalischen Werken zur Verfügung. In diesem „Universal Electronic Archive"[3]) spielen nationale Grenzen technisch per se keine Rolle mehr; Informationsangebot und Abruf erfolgen von Servern und über Server, die international verstreut sind.

Während bereits die Einordnung der technischen Phänomene der Digitalisierung und Interaktivität allein in die bestehenden nationalen Urheberrechtsordnungen schon genügend Schwierigkeiten bereitet[4]), potenzieren sich die Probleme, sobald es um die internationalprivatrechtliche Behandlung dieser „Global Information Infrastructure" geht. Denn gerade ihr größter praktischer Vorzug, der darin besteht, Informationen und Werke weltweit in Sekundenschnelle verfügbar zu machen, sprengt, wie zu zeigen sein wird, den Rahmen des internationalen Urheberrechts, das auf dem aus dem Privilegienwesen des 16. Jahrhunderts stammenden sogenannten Territorialitätsprinzip aufbaut.

Angesichts der Tatsache, daß die nationalen Urheberrechtsordnungen weltweit ganz erheblich voneinander abweichen, kommt der Frage nach dem anwendbaren Recht im Internet eine entscheidende Bedeutung zu. Man

---

[1]) Keimzelle des Internet ist ein experimentelles Netzwerk des US-Verteidigungsministeriums mit zunächst vier Knoten, das Teilausfälle, zB durch Bombenangriffe, verkraften können sollte, ohne seine Funktionsfähigkeit zu verlieren. Einstiegsliteratur: *Martin Kimmig*, Internet – Im weltweiten Netz gezielt Informationen sammeln, München 1995 sowie *Ed Krol*, Die Welt des Internet – Handbuch und Übersicht, Bonn 1995.

[2]) Die aktuellen Zahlen und Statistiken lassen sich bei Network Wizards, http://www.nw.com abfragen. Heute sind etwa die Hälfte der Anbieter bereits kommerzielle Anbieter.

[3]) *Geller*, The Universal Electronic Archive, IIC (25) 1994, 54.

[4]) Vgl hierzu für das deutsche Recht *Dreier*, Perspektiven einer Entwicklung des Urheberrechts, in *Becker/Dreier* (Hrsg), Urheberrecht und digitale Technologie, 123 ff; *Melichar*, Die digitale Verwertung von Sprachwerken, ebenda, 85; *Pfennig*, Die digitale Verwertung von Werken der bildenden Kunst und Fotografien, ebenda, 95; *Becker*, Neue Übertragungstechniken und Urheberrechtsschutz, ZUM 1995, 231; *Heker*, Rechtsfragen der elektronischen Textkommunikation, ZUM 1993, 400; *Hoeren*, Einführung in das Multimediarecht, in *Heussen/Kilian* (Hrsg), Computerrechtshandbuch, Teil 14. Für das amerikanische Recht s zB das Weißbuch der USA, Intellectual Property and the National Information Infrastructure, Washington 1995; *D. Burk*, Transborder Intellectual Property Issues on the Electronic Frontier, Stanford Law & Policy Review 5 (1994).

vergegenwärtige sich bloß den folgenden typischen Fall: Auf einem Server mit Standort in Land A befindet sich die Homepage eines Onlinedienstes mit Niederlassung in Land B. Die Homepage enthält eine Datenbank mit literarischen oder musikalischen Werken, auf die die Nutzer des Onlinedienstes in aller Welt interaktiv zugreifen können, indem sie sie entweder bloß (vorübergehend in ihren Arbeitsspeicher) abrufen oder sogar dauerhaft auf ihrer Festplatte abspeichern. Genau dies tun die Nutzer in den Ländern C, D usw auch.

Entscheidet nun das Recht des Landes A, in dem sich der Server befindet, von dem aus also die digitale Übertragung ihren Ausgang nimmt, über die Frage, ob eine Urheberrechtsverletzung vorliegt, oder sind hierzu die Rechtsordnungen all derjenigen Länder berufen, in denen die Nutzer die Werke abrufen, mit der Folge, daß nahezu sämtliche Rechtsordnungen Anwendung finden?

Dieser Frage wird im folgenden nachgegangen. Nicht behandelt werden dabei die Probleme des internationalen Zivilprozeßrechts sowie Haftungsfragen, da es sich hierbei nicht um urheberrechtsspezifische Probleme handelt.[5]) Ausgeklammert werden schließlich auch die urheberrechtsvertraglichen Probleme, etwa hinsichtlich der lizenzweisen Einräumung von Rechten an Werken zur Nutzung im Internet.[6])

Die Untersuchung nimmt ihren Ausgangspunkt vom Schutzlandprinzip als der herrschenden Anknüpfungsregel im deutschen autonomen IPR des Urheberrechts und analysiert die Folgen, die sich aus deren Anwendung ergeben. Insbesondere wird dabei auf das Problem der Lokalisierung der Verwertungshandlungen eingegangen. Im Anschluß daran werden alternative Anknüpfungsmöglichkeiten vorgestellt und auf ihre praktischen Auswirkungen hin untersucht. Der Aufsatz schließt mit einer kritischen Würdigung der gefundenen Ergebnisse und einem Appell im Hinblick auf das weitere Vorgehen auf internationaler Ebene.

II. Anzuwendendes Kollisionsrecht

Weltweit gehen die Gerichte davon aus, daß sie einfach das Kollisionsrecht ihres Gerichtsorts anwenden. Würde also im oben geschilderten Fall Klage vor einem deutschen Gericht – dessen internationale Zuständigkeit angenommen werden soll – erhoben, wird das Gericht ohne Zögern von

[5]) Nicht im einzelnen behandelt werden die spezifischen Probleme von E-mail, Mailing-lists und Telnet.

[6]) Siehe hierzu *Paul Torremans*, Contractual Dealings and Overriding Legal Rights, A Private International Law Point of View, Fordham/King's Seminar 1995 (London).

Amts wegen deutsches IPR zur Lösung der Frage nach der anzuwendenden Urheberrechtsordnung heranziehen.[7])

Käme der Rechtsstreit hingegen vor ein amerikanisches Gericht, so würde dieses automatisch „amerikanisches“ Kollisionsrecht[8]) zur Lösung dieser Frage heranziehen, ein französisches Gericht französisches Kollisionsrecht usw. Da sich auch die verschiedenen Internationalen Privatrechte zum Teil erheblich voneinander unterscheiden – ein einheitliches „Welt-IPR“ gibt es nicht – kommt man hier uU zu anderen Ergebnissen als bei der Heranziehung des deutschen Kollisionsrechts. Allein die Wahl des Gerichtsstandes kann also infolge abweichender Kollisionsregeln zur Anwendung unterschiedlicher Rechtsordnungen auf ein und denselben Fall führen.[9])

III. Deutsches Kollisionsrecht und internationales Urheberrecht

Als nächstes stellt sich die Frage, welche kollisionsrechtlichen Grundsätze nach deutschem IPR bei internationalen Sachverhalten urheberrechtlicher Prägung zu beachten sind.

1. Einschlägige Regelungen

a) Internationale Konventionen

Der Urheberrechtsschutz auf internationaler Ebene wird durch mehrseitige Staatsverträge gewährleistet, darunter insbesondere die Revidierte Berner Übereinkunft (RBÜ).[10]) Der Schutz nach der RBÜ ruht auf zwei Säulen. Zum einen gebietet der Grundsatz der Inländerbehandlung, ausländischen Urhebern die gleichen Rechte wie inländischen Urhebern einzuräumen (Assimilationsprinzip). Zum anderen wird den ausländischen Urhebern

---

[7]) Siehe BGH, NJW 1983, 2305. Wenn das deutsche IPR dann auf ausländisches Recht verweist, kann es sich entweder um eine Verweisung nur auf das materielle ausländische Recht (Sachnormverweisung) oder aber um eine Verweisung auf das gesamte ausländische Recht unter Einschluß des ausländischen IPR handeln (Gesamtverweisung). Sofern im letzteren Fall das ausländische Kollisionsrecht wieder auf deutsches Recht zurückverweist, entsteht ein sog Renvoi.

[8]) Der Begriff „amerikanisches IPR“ ist ungenau; es handelt sich vielmehr im Regelfall um die Internationalen Privatrechte der einzelnen Bundesstaaten, die stark voneinander abweichen können. Da das Urheberrecht jedoch Teil der Bundesgesetzgebung ist, kann insofern durchaus auch von einem „amerikanischen“ IPR des Urheberrechts gesprochen werden; vgl *Peter Chrocziel*, US-amerikanische Software-Prozesse, in *Michael Bartsch* (Hrsg), Software-Überlassung und Zivilprozeß, 56 ff.

[9]) Vgl etwa die Grundsatzentscheidungen Timberlane Co. v. Bank of America National Trust & Savings Assn. (449 F. 2d. 579/9th Cir. 1976) und Zenger Miller Inc. v. Training Team GmbH, District Court for the Nothern District of California, February 13, 1991, 41 PTCJ 478. Weitere Hinweise finden sich bei *Schiffer*, DB 1987, 81 ff.

[10]) Vgl *Schricker/Katzenberger*, Urheberrecht, vor §§ 120 ff Rz 12 ff; *Münch Komm/Kreuzer*, Nach Art 38 Anh II, Rz 3; *Hubmann/Rehbinder*, Urheberrecht, 7. Aufl, 17.

durch konventionseigene Mindestrechte ein gewisses Mindestmaß an Schutz garantiert.[11])

Ob und inwieweit die RBÜ die internationalprivatrechtliche Frage nach dem anwendbaren Recht regelt und ob insb der Grundsatz der Inländerbehandlung eine konkludente Verweisung auf das Schutzlandprinzip als Anknüpfungsregel enthält oder lediglich eine Vorschrift des Fremdenrechts ohne kollisionsrechtlichen Gehalt darstellt, ist umstritten.[12]) Unterschiedliche Folgen ergeben sich daraus erst, wenn man im autonomen innerstaatlichen IPR nicht dem auf der Territorialität der Urheberrechte aufbauenden Schutzlandprinzip als Anknüpfungsregel folgt.[13]) Da Hauptgegenstand der vorliegenden Untersuchung aber gerade die Konsequenzen sind, die sich aus der Anwendung des Schutzlandprinzips auf internationale Datennetze ergeben, erübrigt sich eine nähere Beschäftigung mit dieser Grundsatzdebatte.

b) Fremdenrecht (§§ 120 ff UrhG)

Auch wenn über den kollisionsrechtlichen Gehalt der RBÜ gestritten wird, so ist man sich doch darüber einig, daß jedenfalls die §§ 120 ff UrhG allein fremdenrechtlicher Natur sind.[14]) Sie regeln den Anwendungsbereich des deutschen UrhG lediglich in personaler Hinsicht und setzen damit die Beantwortung der kollisionsrechtlichen Frage, ob deutsches Sachrecht zur Anwendung kommt, bereits voraus.

2. Allgemeine Grundsätze

a) Lex loci protectionis

Rechtsprechung[15]) und hM[16]) folgen dem Schutzlandprinzip (lex loci protectionis) als Anknüpfungsregel bei internationalen Urheberrechtsstreitigkeiten. Dieses Prinzip besagt, daß sich die Entstehung, der Umfang und der Inhalt eines Urheberrechts nach dem Recht desjenigen Landes richten, „für" dessen Gebiet um Schutz nachgesucht wird. Dabei ist die lex loci pro-

---

[11]) *Nordemann/Vinck/Hertin/Meyer*, International Copyright, Commentary, Introduction, Rz 19 ff; *Ulmer*, Urheber- und Verlagsrecht, 3. Aufl, § 14 II 5.

[12]) Nachweise zB bei *Staudinger/Hoffmann*, Art 38 nF Rz 575, 578. Nach hM ist in den Bestimmungen der RBÜ über die Inländerbehandlung (Art 5 I, II 2 RBÜ Pariser Fassung) eine konkludente, internationalprivatrechtliche Verweisung auf das Recht des Schutzlandes kodifiziert. Siehe *Schricker/Katzenberger*, Urheberrecht, Vor §§ 120 ff UrhG, Rz 74; *Ulmer*, Die Immaterialgüterrechte im Internationalen Privatrecht, 10 ff, 30 ff.

[13]) Vgl *Münch Komm/Kreuzer*, Nach Art 38 EGBGB Anh II Rz 3; *Soergel/Lüderitz*, Anh nach Art 7 EGBGB Rn 34 mwN.

[14]) *Münch Komm/Kreuzer*, Nach Art 38 EGBGB Anh II Rz 109 mwN.

[15]) Vgl BGHZ 64, 183, 191; *Münch/Komm/Kreuzer*, Nach Art 38 EGBGB Anh II Rz 3.

[16]) ZB *Schricker/Katzenberger*, Urheberrecht, Vor §§ 120 ff Rz 72; *Ulmer*, Die Immaterialgüterrechte im internationalen Privatrecht, 10 ff; *Münch Komm/Kreuzer*, Nach Art 38 EGBGB Anh II Rz 7.

tectionis nicht mit der lex fori zu verwechseln. Wenn zB ein Urheberrechtsstreit vor ein deutsches Gericht kommt und der Kläger die Verletzung seines amerikanischen Urheberrechts durch eine Verwertungshandlung in Amerika geltend macht, dann ist lex loci protectionis das amerikanische Recht, da für das Gebiet der USA Existenz und Schutz des Urheberrechts in Frage stehen. Nach deutschem Recht, also dem Recht des Landes, „in" dem um Schutz gegen die ausländische Verletzungshandlung nachgesucht wird (lex fori), richtet sich nur das Verfahrensrecht.[17])

Hintergrund dieser Anknüpfung an das Recht des Schutzlands ist das oben bereits erwähnte Territorialitätsprinzip. Auch wenn dessen rechtlicher Gehalt weitgehend unbestimmt ist, lassen sich ihm doch die folgenden beiden Grundsätze des internationalen Urheberrechts entnehmen, auf dem auch die internationalen Urheberrechtskonventionen aufbauen.[18]) Zum einen besagt es, daß die Schutzwirkung der nationalen Urheberrechte räumlich beschränkt ist. Inländische Schutzrechte können nur im Inland verletzt werden, ausländische Schutzrechte nur im jeweiligen Ausland. Zum anderen stehen diese einzelnen nationalen Urheberrechte selbständig nebeneinander, dh jeder Staat bestimmt in seinen Urheberrechtsgesetzen Voraussetzungen, Umfang und Inhalt seiner Urheberrechte jeweils selbst. Im praktischen Ergebnis bedeutet dies, daß dem Urheber für ein bestimmtes Werk kein weltweit einheitlicher Schutzstandard nach Maßgabe etwa des Rechts des Landes der Erstveröffentlichung oder seines Heimatstaats zukommt.[19]) Vielmehr wird er Inhaber eines ganzen Bündels unterschiedlicher nationaler Urheberrechte,[20]) deren Schutzwirkung sich jeweils auf ein bestimmtes Staatsgebiet erstreckt. Man spricht hier auch von einem „Flickenteppich" bzw „Mosaik"[22]) aus nationalen Bausteinen.

b) Bedeutung des Verletzungsortes

Das Internationale Urheberrecht unterscheidet sich somit in doppelter Weise vom übrigen Internationalen Deliktsrecht. Dort gilt die sog Tatortregel, die besagt, daß die Voraussetzungen und die Rechtsfolgen einer unerlaubten Handlung dem Recht des Tatorts unterliegen, wobei man unter „Tatort" sowohl denjenigen Ort versteht, an dem der Schädiger gehandelt

---

[17]) BGH, NJW 1985, 552 f; *Kegel*, Internationales Privatrecht, 6. Aufl, 684.

[18]) Vgl hierzu *Czempiel*, Das bestimmbare Deliktsstatut, 108.

[19]) So aber die Anhänger des Universalitäts- bzw Ursprungslandsprinzips, zB *Schack*, Die Anknüpfung des Urheberrechts im Internationalen Privatrecht, 88; *Neuhaus*, Freiheit und Gleichheit im Internationalen Immaterialgüterrecht, RabelsZ 40 (1976) 191, 193.

[20]) Sog „Kegelsche Bündeltheorie", *Soergel/Kegel* Anh nach Art 7 Rz 23.

[21]) *Katzenberger*, Urheberrechtsverträge im Internationalen Privatrecht und Konventionsrecht, in Festgabe für *Gerhard Schricker* zum 60. Geburtstag, hrsg von *Friedrich-Karl Beier* ua, 225, 239.

[22]) *Bappert/Maunz/Schricker*, Verlagsrecht, 2. Aufl Einl Rz 30.

hat als auch denjenigen Ort, an dem der Verletzungserfolg eingetreten ist.[23]) Diese Gleichwertigkeit von Handlungs- und Erfolgsort als Anknüpfungspunkte für eine unerlaubte Handlung wird auch als Ubiquitätsprinzip bezeichnet. Fallen nun Handlungs- und Erfolgsort auseinander, wie dies bei den sog „Distanzdelikten" der Fall ist, oder tritt der Erfolg an mehreren Orten gleichzeitig ein, dann überläßt das deutsche IPR dem Geschädigten die Wahl zwischen den verschiedenen Tatortrechten (sog „Sympathie mit dem Opfer").[24])

Das Schutzlandprinzip des Internationalen Urheberrechts unterscheidet sich nun von dieser Tatortregel vor allem dadurch, daß es die ubiquitäre Aufspaltung des Tatorts in einen Handlungs- und einen Erfolgsort nicht kennt.[25]) Vielmehr normieren die Verletzungstatbestände des Urheberrechts Handlungsunrecht, indem sie an die Vornahme bestimmter Verletzungshandlungen im Inland anknüpfen, ohne daß der Ort, wo der schädigende Erfolg eingetreten ist, eine Rolle spielt.[26]) Echte Distanzdelikte, bei denen alternativ an einen Handlungs- oder Erfolgsort angeknüpft werden könnte, gibt es dort somit nicht.

c) Das Problem der Lokalisierung

Damit kommt es aber bei der Anknüpfung nach dem Schutzlandprinzip entscheidend auf die Lokalisierung desjenigen Orts an, an dem die Verletzungshandlung begangen worden ist. Und es stellt sich damit zugleich das logische Problem, daß mit der Frage nach dem Ort der Verletzungshandlung eigentlich eine Frage des materiellen Rechts gestellt wird. Denn bevor man sagen kann, wo etwas geschehen ist, muß man geklärt haben, was geschehen ist.[27]) Im Ergebnis würde also das materielle Recht über das anzuwendende Kollisionsrecht entscheiden, wobei doch das anzuwendende materielle Recht gerade erst mit Hilfe des Kollisionsrechts bestimmt werden soll.[28])

Anschaulich läßt sich dieses Problem anhand des österr IPRG erläutern.[29]) Nach seinem Art 34 Abs 1 sind das Entstehen, der Inhalt und das Erlöschen von Immaterialgüterrechten nach dem Recht des Staates zu beurteilen, in dem eine Benützungs- oder Verletzungshandlung gesetzt wird. Was eine Benützungs- oder Verletzungshandlung ist, bestimmt sich aber grundsätzlich nach materiellem Urheberrecht. Dieses bestimmt beispiels-

---

[23]) *Von Bar*, Internationales Privatrecht, Zweiter Band: Besonderer Teil, Rz 660 ff; *Kegel*, IPR (FN 17) 533 ff.

[24]) *Von Bar*, IPR II (FN 23) Rz 667 ff; *Kegel*, IPR (FN 17) 537.

[25]) *Von Bar*, IPR II (FN 23) Rz 710.

[26]) Vgl *Beier/Schricker/Ulmer*, Stellungnahme des Max-Planck-Instituts zum Entwurf eines Gesetzes zur Ergänzung des Internationalen Privatrechts, GRURInt 1985, 104, 106.

[27]) *Schikora*, Der Begehungsort im gewerblichen Rechtsschutz und Urheberrecht, 145, 214.

[28]) Vgl *Czempiel*, Deliktsstatut (FN 17) 120 ff.

[29]) Vgl *Schwimann*, Grundriß des Internationalen Privatrechts, 196.

weise darüber, ob etwa das Laden in den Arbeitsspeicher des Rechners eine Vervielfältigung ist oder nicht. Wenn man aber das materielle Recht darüber entscheiden ließe, was eine Verletzungshandlung ist und damit auch über das anzuwendende Recht, geriete man in einen circulus vitiosus.

Dieses Problem, das aus dem internationalen Deliktsrecht bekannt ist,[30]) läßt sich auf zweifache Weise lösen. Entweder erfolgt die Bestimmung des Verletzungsorts auf kollisionsrechtlicher Ebene, was jedoch zu der Schwierigkeit führt, den Ort der Verletzungshandlung zunächst losgelöst von dem Recht betrachten zu müssen, dessen Verletzung geprüft werden soll. Auch wenn es gelänge, hier einen allgemeinen Handlungsschwerpunkt ausfindig zu machen, so würde dieser doch idR durch das jeweilige nationale Recht des Forums geprägt werden, so daß es sich letztlich allein um eine gedankliche Differenzierung handeln würde.

Die andere Möglichkeit bestünde darin, auf den Vortrag des Klägers abzustellen. Danach wäre entscheidend, daß der Kläger eine Handlung als Verletzungshandlung für ein bestimmtes Territorium rügt. Für Verletzungen des Urheberrechts gilt hiernach folglich das am (angeblichen) Begehungsort geltende Recht (lex loci delicti): Entscheidend ist der Ort der behaupteten Verletzungshandlung;[31]) aufgrund der oben erwähnten Besonderheiten des Urheberrechts gegenüber dem internationalen Deliktsrecht kommt es auf einen davon manchmal unterschiedlichen Erfolgsort sowieso nicht an.[32]) Für das Internet und andere Onlinedienste bedeutet dies folgendes.

aa) Uploading

Wenn man ein Werk auf einem Server einspeichert (uploading), so handelt es sich technisch um eine Vervielfältigung in digitaler Form. Die auf eine derartige Vervielfältigung als Nutzungshandlung anwendbare Rechtsordnung ist aber diejenige, auf deren Gebiet diese Vervielfältigung stattgefunden hat, was zweifelsfrei das Land mit dem Standort des Servers sein dürfte, im obigen Fall also Land A.

bb) Downloading

Wenn der Nutzer eine dauerhafte Kopie des abgerufenen Werks erhält oder herstellt (downloading), dann handelt es sich wiederum um eine Vervielfältigung in digitaler Form, die diesmal jedoch im Land des Nutzers stattfindet. Auf diesen Vorgang ist das Recht desjenigen Landes anwendbar, in dem das Downloading stattfindet, im obigen Fall also das Recht der Länder C, D usw, mithin möglicherweise das Recht sämtlicher Länder der Welt.

---

[30]) Vgl *Czempiel*, Deliktsstatut (FN 17) 36 f.

[31]) Ähnlich zum Gebrauchsmusterrecht LG Düsseldorf GRURInt 1968, 101 102 – Frauenthermometer.

[32]) Vgl BGHZ 52, 108, 110 ff; sowie die Stellungnahme des Max-Planck-Institutes in GRURInt 1985 (FN 26) 106.

cc) Digitale Übermittlung

Die eigentlich problematische Frage stellt sich nun bei der Einordnung der digitalen Übermittlung selbst. Hierunter fallen dienigen Fälle, in denen beim Nutzer eine lediglich vorübergehende Kopie im Arbeitsspeicher des Computers entsteht, die nur technisch bedingt ist und nicht zu einer dauerhaften Festlegung führt (sog Browsing). In Zukunft werden auch On-demand-Dienste hinzukommen, die Videos und Musik auf Abruf über das Netz anbieten. In Amerika, wo die Übertragungskapazitäten im Netz größer sind, existieren bereits derartige Dienste, während in Deutschland lediglich erste Pilotprojekte geplant sind.

Wo soll man nun derartige Verwertungs- bzw Verletzungshandlungen räumlich lokalisieren? Liegt der Schwerpunkt des Kommunikationsvorgangs in dem Land, in dem sich der Server befindet, oder aber überall dort, wo die Nutzer sitzen, die die Werke abfragen? Muß man den Kommunikationsvorgang in ein ganzes Bündel einzelner Punkt-zu-Punkt-Kommunikationen aufsplittern, oder kann man diese als einen einheitlichen Kommunikationsvorgang auffassen, der einer einzigen Rechtsordnung zu unterstellen ist? Ist, mit anderen Worten, das Recht der öffentlichen Wiedergabe berührt, das Verbreitungsrecht oder eine dritte Art von Rechten? Diese Fragen sind auf internationaler Ebene höchst umstritten,[33]) woraus sich zusätzliche Unsicherheiten für die kollisionsrechtliche Beurteilung ergeben.

Wenn man zB die online-Übertragung von Werken auf Abruf als eine öffentliche Wiedergabe ansieht, dann kann man diesen Vorgang entweder – ähnlich wie bei einem Sendevorgang – in all denjenigen Ländern lokalisieren, wo sich die Nutzer befinden, oder aber am Standort des Servers. Das anzuwendende Recht wäre also im obigen Fall je nach Standpunkt entweder dasjenige von Land A oder aber dasjenige aller übrigen Länder. Mit der Qualifizierung als öffentliche Wiedergabe ist somit noch nichts über die anzuwendende Rechtsordnung gesagt.[34]) Wenn man dagegen die online-Übertragung unter das Verbreitungsrecht einordnet, so scheint dies die Frage nach dem anwendbaren Recht dahingehend zu beantworten, daß sämtliche Rechtsordnungen der Nutzer zur Anwendung kommen. Denn das Verbreitungsrecht ist in allen Ländern betroffen, in denen Nutzer die Werke abfragen, so daß eine Verletzung auch überall dort zu lokalisieren wäre.[35])

Trotz dieser Unsicherheiten in der rechtlichen Beurteilung lassen sich dennoch einige Folgerungen aus dem Schutzlandprinzip für einzelne Aspekte des Urheberrechts ziehen, die im folgenden erörtert werden sollen.

---

[33]) Vgl Green Paper on Copyright and Related Rights in the Information Society, COM (95) 382 final; s hierzu auch *Hoeren*, Green Paper on Copyright and Related Rights in the Information Society, EIPR 17 (1995) 511, 514.

[34]) Vgl zu diesem Problemkreis *Schønning*, Applicable law in transfrontier online transmission, European Copyright Days (Rom), 22. 4. 1996, S 4.

[35]) Vgl *Schønning*, Law (FN 34) 5.

3. Konsequenzen des Schutzlandprinzips für das Internet

a) Urheberrechtsfähigkeit

Steht im Rahmen der Internet-Nutzung einmal die Urheberrechtsfähigkeit des verwendeten Materials zur Diskussion, so entscheidet nach dem Schutzlandprinzip über die Schutzfähigkeit das Recht am jeweiligen Ort des Nutzers jedenfalls dann, wenn die Übertragung zu einer dauerhaften Festlegung führt. Derzeit gleichen sich zwar die Anforderungen, die die „originality" des anglo-amerikanischen Copyright-Systems auf der einen Seite und die „Individualität" des kontinentaleuropäischen Droit d'auteur-Systems auf der anderen Seite an die Schutzfähigkeit eines Werkes stellen, immer mehr aneinander an. Probleme ergeben sich jedoch im Bereich von Tonträgeraufnahmen, die in den USA Copyright-Schutz genießen[36]), während sie zB in Deutschland vom Leistungsschutz erfaßt werden, sowie im Bereich des Schutzes von Datenbanken gegen unberechtigte Auszüge, die nach europäischem Recht nunmehr von dem durch die neue Datenbankrichtlinie geschaffenen Sui-Generis-Recht erfaßt werden, das ausdrücklich weder Urheberrechtsschutz noch wettbewerbsrechtlichen Schutz gewährt.

b) Inhaber des Urheberrechts

Das Schutzlandprinzip ist auch heranzuziehen, soweit es um die Frage der Inhaberschaft des Urheberrechts geht. So kann zum Beispiel im anglo-amerikanischen Rechtskreis eine juristische Person das Urheberrecht sowohl originär erwerben (zB bei „work-made-for-hire") als auch das Recht von einer natürlichen Person übertragen bekommen. Nach dem kontinentaleuropäischen Schöpferprinzip des Droit d'auteur-Systems kann dagegen nur eine natürliche Person Inhaber des Urheberrechts sein. Gerade im Bereich der online-Datenbanken finden sich auf amerikanischer Seite viele juristische Personen als Rechtsinhaber. Diese Unterschiede rächen sich nun im Internet: Gesetzt den Fall, ein amerikanisches Unternehmen bietet über das Internet den Erwerb von Bildrechten an. Es beruft sich dabei zur Begründung seiner Rechte auf US-Urheberrecht. Infolge des Schutzlandprinzips reichen jedoch die amerikanischen Urheberrechte nicht aus, sofern zB ein deutscher Nutzer diese Bilder abruft. Hier kommt es vielmehr allein darauf an, ob das Unternehmen nach deutschem Recht das Urheberrecht bzw die erforderlichen Verwertungsrechte an den angebotenen Bildern besitzt.[37])

Da nach deutschem Urheberrecht juristische Personen nicht Inhaber von Urheberrechten sein können, stellt sich zudem das Problem der Lokalisierung der Verträge, mit denen das Unternehmen in den USA das Copyright an den Bildern übertragen bekommen hat. Lokalisierung bedeutet hier eine,

---

[36]) Vgl 17 U.S.C. § 102a (7).

[37]) Vgl BGHZ 70, 268, 271 f – Buster-Keaton-Filme; BGH GRUR 1978, 302, 303 – Wolfsblut; OLG Koblenz UFITA 70 (1974), 331, 333 – Liebeshändel in Chioggia; OLG München GRURInt 1960, 75, 76 – Le Mans.

in diesem Fall auf das deutsche Recht bezogene Vertragsauslegung, wodurch etwa nach deutschem Recht die Übertragung eines ausschließlichen Nutzungsrechts angenommen werden kann.[38])

c) Inhalt und Umfang

Große Unterschiede bestehen auch im Hinblick auf die Art der dem Urheber gewährten Rechte, ob es sich zB um Ausschließlichkeitsrechte handelt oder ob diese durch gesetzliche Lizenzen oder Zwangslizenzen zu bloßen Vergütungsansprüchen aufgeweicht sind. Unterschiedliche Konzepte existieren auch im Bereich des Rechts der privaten Vervielfältigung, das durch die Leichtigkeit der Herstellung von Privatkopien im digitalen Bereich inzwischen grundsätzlich in Frage gestellt wird. Äußerst problematisch ist gleichfalls auch das Urheberpersönlichkeitsrecht, für das völlig unterschiedliche Konzepte existieren.

Wenn nun auf Online-Datenbanken im Internet das Recht sämtlicher Nutzerländer Anwendung findet, so müßte sich der Verwerter nach dem höchsten Urheberrechtsniveau richten. Regelungen zu gesetzlichen Lizenzen und Zwangslizenzen aus dem Recht des eigenen Heimatstaates wären unbeachtlich. Dies wäre aus der Sicht des Urhebers vorteilhaft, weil insoweit eine Angleichung an den weltweit höchsten Schutzstandard stattfinden würde. Aus der Sicht der Provider wäre jedoch an eine wirtschaftlich sinnvolle Nutzung von geschütztem Material nicht mehr zu denken.

d) Schutzfristen

Fatal sind die Auswirkungen des Schutzlandprinzips auch für die Schutzdauer. So stöhnt das Gutenbergprojekt schon seit Jahren über das Problem international divergierender Schutzfristen.[39]) Denn während die Schutzdauerrichtlinie europaweit eine einheitliche Schutzfrist von 70 Jahren post-mortem-auctoris eingeführt hat,[40]) besteht in den USA zB eine Schutzdauer von 50 Jahren p.m.a. Auch der Schutzfristenvergleich in Art 7 Abs 8 RBÜ führt nur zu einer eingeschränkten Vereinfachung der Probleme, da nämlich für die Verwertung im Internet grundsätzlich ein weltweiter Schutzfristenvergleich durchgeführt werden müßte.

Bei den Schutzfristen werden die Konsequenzen der Anknüpfung an die Lex loci protectionis besonders deutlich: Angenommen, in Amerika sei die Schutzfrist für ein Werk beispielsweise gerade abgelaufen, während in Deutschland noch weitere 20 Jahre Schutz gewährt wird. Ein amerikani-

---

[38]) Zum Problem der Lokalisierung s OLG Hamburg, IPRspr 1958–59 Nr 152; *Schricker/Katzenberger*, Urheberrecht, Vor §§ 120 ff Rdnr 93; *Münch Komm/Kreuzer*, Nach Art 38 EGBGB Anh II Rz 20.

[39]) Bei dem Gutenbergprojekt handelt es sich um ein internetweites Projekt, das meist englischsprachige Bücher im Volltext und nach Autoren oder Themengebieten geordnet zur Verfügung stellt. Adresse: http://www.cs.cmu.edu:8001/Web/books.html.

[40]) Vgl Art 1 Abs 1 RL 93/98/EWG.

scher Datenbankhersteller nimmt dieses nach amerikanischem Recht gemeinfreie Werk in seine Online-Datenbank auf. Der Urheber erhebt nun in Deutschland, von wo aus das Werk abgefragt werden kann, Klage gegen den Datenbankhersteller wegen Verletzung seines Urheberrechts. Ursprungsland iSd RBÜ des Werkes ist Deutschland. Nach dem Schutzlandprinzip wäre der Klage in Deutschland stattzugeben, weil das Werk hier noch geschützt ist. Der Datenbankhersteller seinerseits könnte sein Werk nicht mehr im Internet anbieten solange und soweit sich diese Form der Verwertung technisch nicht auf die Abfrage nur aus bestimmten Ländern beschränken läßt. Ob aber etwa ein nach deutschem Recht erlassenes Unterlassungsurteil in den USA Chancen auf Vollstreckung hätte, kann bezweifelt werden.

4. Ergebnis

Wenn man das herkömmliche Schutzlandprinzip auf Datenbankabfragen im Internet anwendet, dann beurteilen sich Urheberrechtsverletzungen nach einer Vielzahl von Rechtsordnungen. Onlinedienste müßten grundsätzlich jeweils die strengsten Vorschriften sämtlicher Staaten beachten, um sicherzugehen, daß sie keine Urheberrechte verletzen. Zwar könnte man, solange es immer noch Länder mit keinem oder einem nur geringen Urheberrechtsschutz gibt, diese Konsequenz des Schutzlandprinzips als ein angemessenes Instrumentarium ansehen, um die Urheber im eigenen Land vor in sogenannten „Piratenländern" vorgenommenen Einspeicherungen zu schützen.

Auch käme es in der Praxis nicht in jedem Fall notwendigerweise zur gleichzeitigen Anwendung sämtlicher Rechtsordnungen der Welt. Onlinedienste könnten etwa die Lizenzerteilung für den Zugriff auf ihre Datenbanken auf Nutzer aus solchen Ländern beschränken, in denen sie die urheberrechtlichen Anforderungen erfüllen können oder wollen. Auch braucht auf der anderen Seite der Inhaber eines Urheberrechts in einem Verletzungsprozeß nicht sämtliche Rechtsverletzungen gleichzeitig zu rügen, sondern kann die Klage sinnvollerweise auf die Verletzung seiner Rechte nur in einigen wesentlichen Staaten beschränken. Somit bestünde die Problematik in der Praxis möglicherweise nicht in dem Ausmaße, wie sie sich in der Theorie darstellt.

Dennoch empfiehlt es sich angesichts der grundsätzlichen Widersprüchlichkeit zwischen der territorial beschränkten Anknüpfungsregel des Schutzlandprinzips und der charakteristischen Globalität des Internet, auch andere Anknüpfungsmöglichkeiten ernsthaft in Erwägung zu ziehen. Von diesen sollen im folgenden einige vorgestellt und diskutiert werden.

IV. Alternative Anknüpfungsregeln

1. Das Ursprungslandprinzip

Im Schrifttum wird teilweise anstelle einer Anknüpfung an das Schutzland eine Anknüpfung an das Ursprungsland eines Werks vertreten. Der

Urheber erwirbt hiernach nicht ein Bündel von nationalen Rechten, sondern ein einziges, weltweit geltendes Urheberrecht nach dem Recht des Landes der Erstveröffentlichung bzw seinem Heimatrecht bei unveröffentlichten Werken (Universalitätsprinzip).[41])

Es ist hier nicht der Ort, um die Argumente pro und contra in der Diskussion um das Ursprungslandprinzip wiederzugeben. Interessant sind nur die Konsequenzen seiner Anwendung im Bereich des Internet. Insofern wird in der internationalen Debatte um die geeignete Anknüpfungsregel für internationale Datennetze als Einwand gegen das Ursprungslandprinzip vor allem angeführt, daß danach zwar das einzelne Urheberrecht weltweit nur nach einer einzigen Rechtsordnung angeknüpft würde, daß diese aber bei multinationalen Urheberrechtsverletzungen für den einzelnen nationalen Richter wiederum zu einer Vielzahl von anzuwendenden Rechtsordnungen führen würde.[42])

Allerdings scheint dies jedoch den wunden Punkt des Ursprungslandprinzips noch nicht ganz zu treffen. Denn, angenommen man akzeptiert die internationale Zuständigkeit überall dort, wo eine Nutzungs- bzw Verletzungshandlung im Netz stattfindet, so wird der einzelne Urheber idR an seinem Wohnsitz klagen. Wenn von der Verletzung viele Urheber betroffen sind, käme es dann nicht zu einem einzigen Prozeß, in dem der Richter mit der Vielzahl der anzuwendenden Rechte überfordert sein könnte, sondern es würde eine Vielzahl von Prozessen in verschiedenen Ländern geführt werden. Die Rechtsunsicherheit für die Verwerter, die Rechte nach zahlreichen Rechtsordnungen erwerben müßten, wäre offensichtlich. Ansonsten bringt das Ursprungslandprinzip im Internet auch nur Schwierigkeiten. So würde für die Verbreitung von Material in Deutschland weiterhin amerikanisches Urheberrecht gelten. Der Benutzer könnte sich nicht mehr darauf verlassen, daß für seine Benutzungshandlungen das heimische Urheberrecht einschlägig wäre. Er müßte vielmehr für das Laden jeden Bildes und jeden Textes danach fragen, woher das Material stammt. Je nach Herkunftsland würde das Laden verboten oder erlaubt sein. Eine solche Rechtsunsicherheit ist aus Nutzersicht prohibitiv.

---

[41]) Von diesem Prinzip existieren verschiedene Varianten. Nach der einen richten sich alle Fragen nach dem Recht des Ursprungslandes des Werks; so *Neuhaus* (FN 19) RabelsZ 40 (1976) 191, 193. Nach einer weiteren entscheidet zwar das Ursprungsland über Entstehung und Inhaberschaft des Urheberrechts, während sich die Frage von Inhalt, Einschränkungen und Dauer nach dem Recht des Landes richten, in dem das Urheberrecht Wirkungen entfalten soll; so etwa *Schack*, Anknüpfung (FN 19) 88; derselbe, Urheberrechtsverletzung im internationalen Privatrecht, GRURInt 1985, 523 f; derselbe, Leistungsschutz für Tonträgeraufnahmen mit ausübenden Künstlern aus den USA, ZUM 1986, 69, 71 f. Zum ganzen weitere Nachweise bei *Münch Komm/Kreuzer*, Nach Art 38 EGBGB Anh II Rz 7 FN 13 aE.

[42]) Vgl *Ginsburg*, Global Use/Territorial Rights: Private International Law Questions of the Global Information Infrastructure, Journal of the Copyright Society of the U.S.A. 42 (1995), 318, 336.

Jedenfalls hat sich das Ursprungslandprinzip im Ergebnis als Anknüpfungsregel nicht durchsetzen können,[43]) und es sieht, angesichts der Tatsache, daß dieses Prinzip die vorhandenen Probleme nicht zu lösen vermag, sondern sie nur auf eine andere Ebene verlagert, nicht danach aus, als würden sich die Vertragsstaaten der RBÜ in absehbarer Zeit umstimmen lassen können.

2. Das Grünbuch der EU-Kommission und die Anknüpfung an das Land des Uploading

Eine Möglichkeit, wie man die Vielzahl der nach dem Schutzlandprinzip anwendbaren Rechtsordnungen auf eine einzige reduzieren könnte, bestünde darin, daß man den gesamten Nutzungsvorgang an das Recht desjenigen Landes anknüpft, in dem das Werk abrufbereit auf einen Server eingespeichert wird (Uploading).

Einen derartigen Ansatz scheint die EU-Kommission in ihrem Grünbuch zu verfolgen, wenn sie überlegt, ob bei der Wahl des anwendbaren Rechts nur das Recht desjenigen Mitgliedstaates in Frage kommen kann, „in dem die Dienstleistung ihren Ursprung hat".[44]) Vorbildhaft für diese Anknüpfung ist insoweit die RL 93/83/EWG über Satellitenrundfunk und Kabelweiterverbreitung, die in ihrem Art 1 II b das sogenannte „Sendelandprinzip" verwirklicht, wonach auf den gesamten Sendevorgang nur das Recht desjenigen Staates Anwendung findet, von dem aus die Programmsignale zum Satelliten geschickt werden.

Gesetzestechnisch handelt es sich hierbei jedoch nicht um eine Kollisionsregel, sondern es wird nur die Auslegung des materiellen Rechts verbindlich festgelegt, indem Art 1 II b bestimmt, daß die öffentliche Wiedergabe über Satellit nur in dem Mitgliedstaat stattfindet, in dem die Signale in eine ununterbrochene Kommunikationskette eingegeben werden. Die Kommission hat selber hierzu erklärt, daß man mit der Richtlinie kein neues Kollisionsrecht habe schaffen wollen. Vielmehr geht es hierbei um materielles Recht.[45]) Es soll verhindert werden, daß in jedem Abstrahlgebiet eines Satel-

---

[43]) So kommt der Übereinkunft von Montevideo betreffend den Schutz von Werken der Literatur und Kunst vom 11. 1. 1889, die das Ursprungslandsprinzip enthält, nach dem Beitritt Argentiniens, Paraguays und Boliviens zur RBÜ heute im Verhältnis zu Deutschland keinerlei Bedeutung mehr zu. Vgl *Fromm/Nordemann*, Urheberrecht, 8. Aufl, § 121 Rz 4.

[44]) Vgl COM (95) 382 (FN 33) 38 ff. Die Formulierung der deutschen Fassung des Grünbuchs ist allerdings insoweit irreführend, als dort vom „Ursprungslandprinzip" die Rede ist. Damit kann nicht die Anknüpfung des Urheberrechts an sein Ursprungsland im Sinne des Universalitätsprinzip gemeint sein. Wenn die Kommission vom „Ursprungsland der Dienstleistung" spricht, dann scheint damit das Land des Uploading angesprochen zu sein.

[45]) Siehe *Dreier*, Rundfunk und Urheberrechte im Binnenmarkt, GRURInt 1991, 13, 16; *Hohloch*, EG-Direktsatellitenrichtlinie versus Bogsch-Theorie – Anmerkungen zum Kollisionsrecht des Senderechts, IPRax 1994, 387, 391.

liten eine öffentliche Wiedergabe angenommen wird und von jedem Rechteinhaber in jedem Abstrahlgebiet eine eigene Lizenz zur Satellitenausstrahlung erworben werden muß. Daher wird mit der Richtlinie lediglich der (materiellrechtliche) Begriff der „öffentlichen Wiedergabe" präzisiert. Es wird einfach materiell so getan, als ob die Abstrahlungen in andere Gebiete gar nicht stattgefunden hätten.

In Anlehnung an diese Richtlinie könnte beispielsweise eine europäische „Datennetz-Richtlinie" bestimmen, daß es sich bei der Einspeicherung eines Werks in einen zum öffentlichen Zugriff bereitstehenden Server um eine öffentliche Wiedergabe handelt und auf den gesamten Vorgang das Recht desjenigen Landes anwendbar ist, in dem sich der Server befindet, wobei die schlichte digitale Übermittlung des Werks keine eigene urheberrechtliche Relevanz besäße. Erst wenn eine dauerhafte Kopie beim Nutzer entstünde, fände auf diese Vervielfältigung das Urheberrecht am Ort dieser weiteren Nutzungshandlung Anwendung.

Ob eine derartige Anknüpfungsregel sinnvoll und wünschenswert ist, ist fraglich. Auf jeden Fall wäre eine Ausnahme für diejenigen Fälle erforderlich, in denen sich der Server in einem Drittstaat befindet, da man sich ansonsten dem niedrigen Schutzniveau sogenannter „Urheberrechtsparadiese" ausliefern würde. Selbst innerhalb der Europäischen Union dürfte es derzeit jedoch noch keinen derart ausgeglichenen Schutzstandard geben, bei dem es nicht zu unerwünschten Marktverzerrungen kommen würde. Denn anders als die Verlagerung der Sendestation beim Satellitenfernsehen, wozu ein erheblicher technischer Aufwand erforderlich ist, braucht man im Internet lediglich einen Computer an einem anderen Ort aufzustellen. Manipulation wird hier zum Kinderspiel. Zusätzlich erscheint auch der Aufwand, der zur Erarbeitung einer europäischen Richtlinie führt, angesichts der zum jetzigen Zeitpunkt vorliegenden tatsächlichen Gegebenheiten, wonach ca 80% der Anbieter amerikanische Firmen sind und die Regelung damit nur fragmentarischen Charakter besäße, nicht angemessen zu sein. Es wäre sinnvoller, entsprechende Vereinbarungen auf internationaler Ebene mit den Hauptbetroffenen anzustreben.

Ob allerdings das Land des Uploading in einer derartigen internationalen Vereinbarung bei gleichzeitiger Anhebung und Angleichung des Schutzstandards eine brauchbare Lösung bereithält, ist eine andere Frage. Das Konzept versagt erst dann, wenn Datenbanken gleichzeitig auf Servern in vielen verschiedenen Ländern eingespeichert werden, um Leitungskapazitäten einzusparen. Denn in diesem Fall wäre die Rechtsordnung eines jeden dieser Uploading-Länder anwendbar.

Auch in dogmatischer Hinsicht kann man hier durchaus fragen, ob die digitale Übermittlung von Werken der Satellitensendung vergleichbar ist und daher gleichartige Anknüpfungsregeln erfordert. Eine rechtstatsächliche Ähnlichkeit zwischen Satellitensendungen und digitaler Übertragung wird oft mit dem Argument abgelehnt, daß es sich im einen Fall um eine Punkt-zu-Multipunkt-Kommunikation handelt und im anderen Fall um eine Punkt-zu-Punkt- bzw Multipunkt-zu-Punkt-Kommunikation.[46]) Die digitale Übermittlung gleiche mehr der Kabelweiterverbreitung, da sie technisch lokalisiert werden könne und keinen Streuvorgang darstelle. Damit sei aber wie bei der Kabelweiterverbreitung das Recht sämtlicher an das Netz angeschlossenen Länder anwendbar.[47]) Im Ergebnis scheint daher eine Anknüpfung an das Land des Uploading wegen der großen Manipulationsgefahr weder wünschenswert noch politisch durchsetzbar zu sein, solange der gewährte Urheberrechtsschutz europa- und weltweit noch stark voneinander abweicht.

Erwähnenswert ist an dieser Stelle jedoch noch, daß in den USA bereits Gerichte in Fällen, in denen es um internationale Urheberrechtsverletzungen ging, dann, wenn die Ausgangshandlung in den USA begangen worden ist, auf das gesamte Multistate-Delikt amerikanisches Recht angewendet haben.[48])

3. Lex fori

Schließlich bestünde noch die Möglichkeit, auf die gesamte Urheberrechtsverletzung das Recht des Gerichtsorts anzuwenden. Nach der Lex fori beurteilt sich grundsätzlich das anzuwendende Verfahrensrecht.[49])

Die Anknüpfung an die Lex fori würde eine doppelte Vereinfachung bewirken; zum einen wäre auf den gesamten Verletzungsfall nur eine Rechtsordnung anzuwenden, die zudem noch die dem entscheidenden Richter vertraut wäre. Allerdings bestünde auch hier die Gefahr der Manipulation durch sogenanntes „forum shopping". Denn der Verletzte könnte seine Klage, vorausgesetzt die internationale Zuständigkeit läge vor, aufgrund der Globalität des Internet in nahezu sämtlichen Staaten der Welt erheben, so daß er sich für seine Verletzungsklage die ihm günstigste Urheberrechtsordnung aussuchen könnte. Absurd würde der Fall jedoch erst dann, wenn auch der mögliche Verletzer eine Feststellungsklage in dem Land erheben könnte, dessen Recht ihm wegen seines geringen Schutzstandards am günstigsten erscheint.[50])

Diese große Manipulationsgefahr resultiert daher, daß der Gerichtsort im Grunde keinerlei Beziehung zur Urheberrechtsverletzung aufweisen muß. Wenn Anknüpfung im Internationalen Privatrecht die Suche nach geeigneten, sachgerechten Kriterien für die Anwendung einer Rechtsordnung bedeutet, dann handelt es sich bei der Anknüpfung von Urheberrechts-

---

[46]) Vgl *Schønning* (FN 34) 7.

[47]) Vgl insoweit zum einen *Katzenberger*, Urheberrechtsfragen der elektronischen Textkommunikation, GRURInt 1983, 895, 915; *Schønning* (FN 34) 7 ff.

[48]) Update Art. v. Modin Publishers, 843 F.2d 67 (2d Cir. 1988); Subafilms, Ltd. v. MGM-Pathe Communications Co., 24 F.3d 1088 (1994); Metzke v. May Department Stores, 878 F. Supp. 756 (W.D. Pa. 1995).

[49]) Siehe BGH, NJW 1985, 552, 553; *Kegel*, IPR (FN 17) 810.

[50]) Siehe *Ginsburg* (FN 42) 337.

verletzungen an die Lex fori gerade um die Kapitulation jeglichen Kollisionsrechts in diesem Bereich.[51]) Mit den Worten „Anknüpfung an die Lex fori“ wird nur vornehm umschrieben, daß man eigentlich keine richtige Anknüpfung eines grenzüberschreitenden oder internationalen Sachverhalts an die passende Rechtsordnung mehr vornimmt, sondern das Vorhandensein anderer Rechtsordnungen ignoriert und nur die eigene anwendet.

Dennoch ergibt sich aus der Kombination der Lex fori mit verschiedenen anderen Anknüpfungspunkten, die die Beliebigkeit des gewählten Gerichtsstands einschränken, möglicherweise ein sinnvoller Kompromiß, der im folgenden vorgestellt werden soll.

4. Lösung nach Jane Ginsburg

Diesen Vorschlag hat Professor Jane Ginsburg, New York, im Mai 1995 auf einem WIPO-Symposium in Mexiko vorgestellt.[52]) Danach sollen auf Multistate-Urheberrechtsverletzungen der Reihe nach folgende Rechtsordnungen Anwendung finden:

A. The law of the forum country, if that country is also either
   a. the country from which the infringing act or acts originated; or
   b. the country in which the defendant resides or of which it is a national or domiciliary; or
   c. the country in which the defendant maintains an effective business establishment.

B. If, under this provision, the law of the forum does not apply, then the applicable law shall be the law of the country from which the infringing act or acts originated, if that country is also
   a. the country in which the defendant resides or of which it is a national or domiciliary; or
   b. the country in which the defendant maintains an effective business establishment.

C. For the purpose of this provision, the "country from which the infringing act or acts originated" includes the country from which an unauthorized copy of the work was first made or first communicated, including by any means of transmission.

Diese Kollisionsregel, die verschiedene Anknüpfungspunkte miteinander kombiniert, wird insb von der europäischen Satellitenrichtlinie inspiriert.[53]) Erklärtes Ziel dieser Anknüpfungsregel ist es, neben der Reduktion der anwendbaren Rechtsordnungen auf eine einzige, den Auswüchsen des Forumshoppings auf Klägerseite zu begegnen, indem eine Verbindung zwischen dem Wohnsitz bzw Handlungen des Verletzers und dem Gerichtsstand

---

[51]) *Von Bar*, Internationales Privatrecht, Erster Band: Allgemeine Lehren, 473 f.

[52]) WIPO/SYM/MEX/95/24; sowie dieselbe (FN 42), 42 Journal of the Copyright Society of the U.S.A., 318 ff.

[53]) RL 93/83/EWG vom 27. 9. 1993; daneben standen noch das Haager Produkthaftungsübereinkommen sowie das Restatement Second of Conflicts Pate. Siehe *Ginsburg* (FN 42) 318, 338.

gefordert wird. Allerdings vermag dieser Ansatz noch nicht die Probleme zu lösen, die sich dann ergeben, wenn sich Onlinedienste in sog „Urheberrechtsparadiese“ zurückziehen, um den Anforderungen anderer, urheberrechtsfreundlicherer Staaten zu entgehen.

Zudem erhält die Kollisionsregel einige begriffliche Unklarheiten. So fragt man sich, trotz der Ergänzung, daß auch die Staaten gemeint sind, von denen aus eine „unauthorized copy was first communicated, including by any means of transmission“, was genau mit „country from which the infringing act or acts originated“ gemeint ist. Wann ist eine Kopie „unauthorized“? Der Verletzer kann sich durchaus eine rechtmäßige Kopie besorgen und diese dann im „Urheberrechtsparadies“ seinerseits uploaden.

Kritik läßt sich an diesem Ansatz auch insofern üben, als damit einseitig die Verwerterinteressen bevorzugt werden, indem sowohl in A b und B auf den Wohnsitz des Beklagten abgestellt wird. Der Ort, an dem sich der Verletzungserfolg realisiert, wenn beispielsweise ein Roman vor seiner Veröffentlichung ins Netz gespeist wird, nämlich das Land, in dem die Verbreitung der analogen Kopien stattfinden sollte, spielt hier keine Rolle mehr.

Darüber hinaus ist zu bedenken, daß über das Netz eine weltweite Verwertung stattfindet und es durchaus als gerechtfertigt angesehen werden kann, von jemandem, der eine weltweite Verwertungshandlung vornimmt, zu verlangen, daß er auch sämtlichen Rechtsordnungen, auf deren Gebiet er einwirkt, Rechnung trägt bzw zumindest mit den Konsequenzen ihrer Anwendbarkeit leben muß.[54]) Mit anderen Worten, der Verkehrsschutzgedanke, daß sich der Verwerter in einer bestimmten Umgebung auf die ihm vertraute Rechtsordnung verlassen können muß, greift dann nicht mehr, wenn sich der Verwerter nicht auf seine vertraute Umgebung beschränkt, sondern die Vorteile einer weltweiten Verwertung in Anspruch nimmt.

Nicht verhehlt werden kann auch, daß der Vorschlag von Ginsburg automatisch in den meisten Fällen zur Anwendung amerikanischen Rechts auf Urheberrechtsverletzungen im Internet führen würde. Denn von dort aus werden die meisten Werke ins Netz eingespeist (etwa 80%), und dort haben die meisten Verwerter als die potentiellen Verletzer ihre geschäftliche Niederlassung.

Nehmen wir zB den typischen Fall an, im Ausgangsfall sei durch einen amerikanischen Onlinedienst, der keine Niederlassung in Deutschland hat, das Urheberrecht eines deutschen Autors ohne seine Zustimmung in eine Onlinedatenbank eingespeichert worden, so daß es in aller Welt abgefragt werden kann. Hier kommt, egal ob die Klage in Deutschland oder den USA erhoben wird, amerikanisches Recht zur Anwendung (sofern in Deutschland die gleiche Regel gelten würde), und zwar würde sich die gesamte Klage danach beurteilen, so daß es keine territorial aufgesplitterte Betrachtungsweise mehr gäbe.

---

[54]) Vgl *Schikora*, Begehungsort (FN 27) 149.

Im Ergebnis bringt dieser Vorschlag somit für die Inhaber von Urheberrechten erhebliche Nachteile mit sich, und es dürfte kaum zu erwarten sein, daß er auf internationaler Ebene als zufriedenstellend angesehen werden wird, auch wenn er eine grundsätzlich praktikable Lösung darstellt.

V. Zusammenfassung

Es wurde gezeigt, daß die Anwendung der Lex loci protectionis auf die Nutzungsvorgänge im Internet zu keiner eindeutigen Klärung der Frage des anwendbaren Rechts führt. Zum einen ist die Frage, wo bei der Onlineübermittlung eines digitalen Werks der Verletzungsort liegt, noch nicht geklärt. Es kann dies der Ort sein, an dem sich der Server befindet, auf dem die Werke eingespeichert sind, es kann aber auch der Ort sein, von dem aus die Werke von diesem Server abgefragt werden. Bei unterschiedlicher Regelung durch die einzelnen Staaten kommt man zudem unter Umständen zur Anwendbarkeit verschiedener Rechtsordnungen auf ein und denselben Verletzungsfall, je nachdem, wo die Klage erhoben wird.

Auf der anderen Seite ist ein Ausgleich zu finden zwischen den Verwerterinteressen und den Interessen der Rechteinhaber. Wenn auf eine Onlinedatenbank das Recht sämtlicher Staaten der Welt anzuwenden ist, dann führt dies für den Onlinedienst zu einer erheblichen Rechtsunsicherheit bei der Verwertung. Jegliche Reduktion dieser aus der territorialen Gebundenheit der Urheberrechte folgenden Konsequenz ermöglicht es jedoch auf Verletzerseite, sich in „Urheberrechtsparadiese" mit einem niedrigen oder eventuell sogar fehlenden Urheberrechtsschutz zu flüchten.

Eine vernünftige Lösung der kollisionsrechtlichen Probleme läßt sich nur auf einer international konsensfähigen Grundlage finden. Am besten wäre hier natürlich eine Regelung auf der Ebene der Berner Übereinkunft. Solange dies jedoch als aussichtslos erscheint, wäre eine europaweit einheitliche Lösung die zweitbeste Möglichkeit. Hier böte sich eine analoge Regelung zur Kabel- und Satellitenrichtlinie an, indem man bei Servern, die sich innerhalb des Gebietes der EU befinden, jeweils das Land des Uploading für ausschlaggebend erklärt. Auf Server außerhalb der EU könnte weiterhin die Regel der Lex loci protectionis angewendet werden.

Insgesamt zeigt es sich, daß das Territorialitätsprinzip, auf dem die internationale Urheberrechtsordnung aufbaut, durch die modernen Technologien, die die Kommunikation des 21. Jahrhunderts kennzeichnen werden, immer mehr erschüttert wird. Gelang es noch bei den Satellitensendungen, die die physischen Staatsgrenzen lediglich teilweise und in einem mehr oder weniger fest umrissenen Ausmaß ignorierten, die rechtlichen Folgen durch Maßnahmen auf EU-Ebene, wie zB die Kabel- und Satellitenrichtlinie, abzufedern, so ist dies beim Internet kaum mehr möglich. Es ist hier dringender denn je, ein Einheitsrecht auf internationaler Ebene zu schaffen. Das klassische, an Nationalstaaten ausgerichtete IPR ist dem Internet ebensowenig angemessen wie das im Urheberrecht geltende Territorialitätsprinzip.

Das Territorialitätsprinzip wird daher von einigen Autoren angesichts des globalen Charakters des Internet in Frage gestellt.[55]) Ein Prinzip, das aus einer Epoche stammt, als grenzüberschreitende Urheberrechtsverletzungen noch die Ausnahme darstellten und nur gelegentlich auftraten, verliert in einem internationalen digitalen Netzwerk möglicherweise den Bezug zur Rechtswirklichkeit.[56]) Durch das Internet wird endgültig klar, daß Urheberrecht keine nationale Angelegenheit ist, sondern eine weltweite Harmonisierung erfordert.

---

[55]) Vgl *Jane Ginsburg* (FN 41) 318, 320: "Without physical territoriality, can legal territoriality persist?" Ähnlich auch *J. A. L. Sterling*, Copyright and Conflicts of Laws: some problems raised by Internet, Fordham/King's College Seminar, London 1995; *Richard Fentiman*, Intellectual Property and Private International Law: New Directions, Fordham/King's College Seminar, London 1995, 4.

[56]) Anders allerdings der Bericht der US-amerikanischen Working Group on Intellectual Property Rights unter dem Titel "Intellectual Property and the National Information Infrastructure" (Washington 1995). Dort wird lediglich darauf hingewiesen, daß die durch das Internet verursachten Probleme "may be no more problematic than the current conflict issues that arise due to the use of telephones, fax machines or modems in international commerce" (S 147).

Die Haftung von Internet-Providern

Von *Albrecht Haller*[*])

Gliederung:

1. Einleitung[1])

Mit der im März heurigen Jahres in den Räumen eines Wiener Internet-Providers durchgeführten Hausdurchsuchung und der Beschlagnahme der gefundenen Computer-Festplatten hat die seit einiger Zeit auch hierzulande geführte Diskussion über die Rolle der Internet-Provider ihren (zumindest vorläufigen) Höhepunkt erreicht.[2])

---

*) Mag. iur., Mag. art., derzeit Dissertant an der Rechtswissenschaftlichen Fakultät der Universität Wien. Per E-Mail erreichbar unter haller@ins.at.

[1]) Aktualisierte Fassung eines am 3. 3. 1997 beim „Arbeitskreis Urheberrecht" in Krems gehaltenen Referates.

[2]) Am 21. 2. 1997 hatte in einem am LGSt Wien gegen Unbekannt laufenden Verfahren wegen § 207a StGB (Pornographische Darstellungen mit Unmündigen) die zuständige Richterin der Wirtschaftspolizei den Befehl erteilt, die Räume des Providers ViP Wien zu durchsuchen und (vor allem) Computer-Festplatten zu beschlagnahmen, aus denen sich Hinweise auf die Einspeisung kinderpornographischer Darstellungen ins Internet ergeben; zugrunde liegt der sich aus Unterlagen der Oberstaatsanwaltschaft München ergebende Verdacht, die Einspeisung solcher Darstellungen sei über Server des betreffenden Wiener Providers erfolgt. Am 20. 3. fanden Hausdurchsuchung und Beschlagnahme statt. Wenig später erhob sich ein Sturm der Entrüstung, der am 25. 3. unter dem Motto „Ein Land geht offline" öffentlichkeitswirksam in einer zweistündigen „Abschaltung des Internet in Österreich" kulminierte; fast alle österr Internet-Provider hatten für insgesamt über 98 % der österr Internetanschlüsse jeden Zugang zum Internet gekappt. – Nähere Informationen finden sich insb unter der Adresse http://www.internet.at/; im übrigen war bei Abgabe dieses Manuskripts die Gründung des im Gefolge der ViP-Causa geplanten Vereins „Internet Service Providers Austria" (ISPA) nahezu abgeschlossen.

Zumal seit diesem jüngsten Vorkommnis wird die Rolle des Providers fast ausschließlich unter strafrechtlichem Blickwinkel untersucht; in der schon vorher „strafrechtslastig" geführten Diskussion tritt nun noch stärker in den Hintergrund, daß der Provider auch mit dem Zivilrecht in Konflikt geraten kann. Die Entlehnung[3]) des Begriffs „Haftung" ist oft der einzige zivilrechtliche Touch einer sonst um Kinderpornographie und Neonazis kreisenden Diskussion. Demgegenüber soll es im folgenden um die Haftung im juristischen, also zivilrechtlichen[4]) Sinn gehen und nicht um strafrechtliche Verantwortlichkeit.

Daß die für Internet-Provider bestehenden Haftungsrisken offenbar auch in der Praxis nicht zu vernachlässigen sind, zeigt eindrucksvoll die Mailing-Liste inet-access@earth.com[5]), sozusagen die globale Bassena für Internet-Provider und Kiebitze. Wenn man ein bißchen in den Archiven[6]) dieser Mailing-Liste schmökert, stößt man sehr bald auf elektronische Hilfeschreie einzelner Provider, die im Kollegenkreis fragen, wo man sich denn gegen die einschlägigen Haftungsrisken versichern könne.[7]) Es ist die Rede von Versicherungsgesellschaften, die überhaupt ablehnen, wie von solchen, die zumindest nicht alleiniger Versicherer sein wollen. Und die Palette der gefürchteten Risken reicht von Systemausfällen infolge höherer Gewalt bis hin zu allen möglichen Rechtsverletzungen durch Benutzer.

Wenn auch Provider-Versicherungen in der österr, der Kommunikation und dem Erfahrungsaustausch zwischen den heimischen Internet-Providern dienenden Mailing-Liste provider-at@netwing.at[8]) bei Abschluß dieses

---

[3]) Vgl die vor allem rund um den 25. 3. 1997 massive Berichterstattung in fast allen Nachrichtenmedien. Der unscharfe Sprachgebrauch ist aber auch in juristischen Fachzeitschriften anzutreffen: Vgl *Widmer/Bähler*, Strafrechtliche und aktienrechtliche Haftung von Internet Providern, CR 1996, 178; *Brandl/Mayer-Schönberger*, Die Haftung von Online-Diensten für übermittelte Inhalte, ecolex 1996, 129; *Stabentheiner*, Straf- und zivillegislativer Handlungsbedarf durch Datenhighway und Internet? ecolex 1996, 748 (750).

[4]) Vgl *Kauffmann* (Hrsg), Creifelds / Rechtswörterbuch[11] (1992) 545; *Jauch* (Hrsg), Gabler / Kleines Lexikon Recht (1985) 98; *Russwurm/Schoeller*, Österr Rechtswörterbuch (oJ) 85.

[5]) Per E-Mail an die Adresse inet-access-request@earth.com kann man nähere Informationen auch betreffend Anmeldung anfordern; das Subject muß „help" lauten.

[6]) Siehe http://www.scomm.net/inet-access/index.html.

[7]) Der Hinweis, ein Provider könne sich ja gegen durch seine Kunden verursachte Schäden versichern lassen, stammt immerhin aus jenem Weißbuch, das die innerhalb der von Präsident Clinton eingesetzten Information Infrastructure Task Force (IITF) gebildete Working Group on Intellectual Property Rights im September 1995 vorgelegt hat; vgl *Lehman* et al, Intellectual Property and the National Information Infrastructure / The Report of the Working Group on Intellectual Property Rights 123, im Internet unter der Adresse http://www.uspto.gov/web/offices/com/doc/ipnii/ abrufbar.

[8]) Die Anmeldung erfolgt per E-Mail an die Adresse provider-at-request@netwing.at; das Subject muß „subscribe" lauten. Bei Schwierigkeiten kontaktiere man provider-at-admin@netwing.at.

Manuskripts noch kein Thema waren, ist doch mit hoher Wahrscheinlichkeit anzunehmen, daß sich dies früher oder später ändern wird.

2. Begriff „Internet-Provider"

Das terminologische Durcheinander rund um den Begriff „Internet-Provider" ist fast so groß wie das vielzitierte Chaos im Netz. Während der Begriff „Internet-Provider" (kurz auch nur: „Provider") in der Alltagssprache idR ein Unternehmen bezeichnet, das – meistens gegen Entgelt – dem Anwärter Zugang zum Netz der Netze verschafft, setzt sich nun auch hierzulande eine differenzierte Begriffsbildung durch: Von Access Providern ist die Rede, von Content Providern, Information Providern, Presence Providern und von Service Providern.

Was liegt näher, als das betreffende Medium selbst zu fragen? Schlag nach im Internet: Laut „Free On-line Dictionary of Computing"[9]) ist der *Internet Access Provider* eine Gesellschaft oder sonstige Organisation, die Unternehmern und/oder Verbrauchern Zugang zum Internet verschafft[10]); dabei kaufen viele Provider ihrerseits erst bei einem anderen Provider, portionieren die Zugangsbandbreite und verkaufen sie weiter. Auch in Österreich hängt so mancher Provider einfach an einem anderen dran. Den Konsumenten kümmert es wenig: Er ist mittels Standleitung an seinen Provider angeschlossen oder wählt sich via Modem und Telephonleitung beim nächstgelegenen Zugangsknoten seines Providers ein.[11])

Zwar ist wohl auch dieses bloße Zurverfügungstellen eines Internet-Zugangs eine Dienstleistung, doch wird der Begriff „*Internet Service Provider*" meistens erst dann gebraucht, wenn ein Unternehmen weitergehende und daher meist kundenspezifischere Dienstleistungen erbringt.[12]) Zum Spektrum dieser von Service Providern angebotenen Dienstleistungen gehören beispielsweise: Erstellung und Wartung von Web-Seiten (uU mit Feedback-Funktion, Gästebuch oä), Registrierung von Domain-Namen, Vermietung von Speicherplatz auf einem Web-Server (uU durch Einrichten

---

[9]) Siehe http://nightflight.com/foldoc/.

[10]) In diesem (engen) Sinn zB auch *Litschers* Glossar in *Hilty* (Hrsg), Information Highway / Beiträge zu rechtlichen und tatsächlichen Fragen (1996) 674; *Schwarz*, Urheberrecht im Internet, http://www.jura.uni-muenchen.de/Institute/internet_II.html#einordnung; *Stabentheiner*, Straf- und zivillegislativer Handlungsbedarf durch Datenhighway und Internet? ecolex 1996, 748 (750).

[11]) Darüber hinaus besteht, wenn auch vorläufig erst in Form eines Marketingtest, in einigen Stadtteilen Wiens die Möglichkeit eines Internet-Zuganges via Telekabel-Steckdose und Kabelnetz der Telekabel Wien; nähere Informationen finden sich im Internet unter der Adresse http://www.telekabel.at/.

[12]) In diese Richtung zB *Litschers* Glossar in *Hilty* (Hrsg), Information Highway 674; *Schwarz*, Urheberrecht im Internet, http://www.jura.uni-muenchen.de/Institute/internet_II.html#einordnung. Anders *Scheder*, der unter einem Service Provider einen technischen Dienstleister versteht, „der Privatpersonen und Firmen (gegen Entgelt) über seinen Computer den Zugang zum Internet bereitstellt"; vgl Checklist / Surfing through the Internet, ecolex 1996, 110.

eines semivirtuellen oder virtuellen Web-Servers), Zugriffsstatistiken und Sessionsanalysen, Eintragung in Verzeichnisse und Suchmaschinen, Installation von Firewalls, Verwaltung von Intranets oder überhaupt Gesamtkonzeptionen für geplante Internet-Auftritte. Da diese Dienstleistungen der (besseren) Präsenz des Kunden im Internet, insb im WWW, dienen, wird der Service Provider fallweise auch als *Presence Provider* bezeichnet.[13])

Meistens verbinden Provider die Funktion des Access Providers mit jener eines Service Providers, indem sie ihren Kunden sowohl Internet-Anschlüsse als auch eine darüber hinausgehende Betreuung bieten.[14])

Etwas grundsätzlich anderes ist der *Content* (seltener: *Information*) *Provider*, der nicht technische Infrastruktur, sondern eigene Inhalte (in Dateiformat) liefert;[15]) als Beispiele mögen die Web-Seiten von gesetzgebenden Körperschaften[16]), inter- oder supranationalen Organisationen[17]), rechtswissenschaftlichen Fakultäten[18]), Verwertungsgesellschaften[19]), juristischen Fachverlagen[20]), juristischen Fachzeitschriften[21]) und von Tageszeitungen[22]) dienen, aber auch Datenbanken[23]) und zum Herunterladen angebotene Dateien mit Rechtstexten[24]).

---

[13]) So zB von *Strömer*, http://www.netlaw.de/urteile/index.html#Kennzeichenrecht.

[14]) Insofern verwundert es nicht, daß manche Autoren (zB *Brandl/Mayer-Schönberger*, Die Haftung von Online-Diensten für übermittelte Inhalte, ecolex 1996, 129; *Koch*, Rechtsfragen der Nutzung elektronischer Kommunikationsdienste, BB 1996, 2049 (2050); *Scheder*, Checklist / Surfing through the Internet, ecolex 1996, 110) stillschweigend auf eine Unterscheidung zwischen Access und Service Provider verzichten.

[15]) HM; zumindest mißverständlich *Weber* in *Hilty*, Information Highway 547; *Stabentheiner*, Straf- und zivillegislativer Handlungsbedarf durch Datenhighway und Internet? ecolex 1996, 748 (750) und insb FN 12, setzt Service und Content Provider gleich. Natürlich übersieht auch die hM nicht, daß Access bzw Service Provider üblicherweise zumindest insoweit auch als Content Provider fungieren, als sie ihre Dienstleistungen auf Web-Pages vorstellen und bewerben.

[16]) ZB http://www.parlament.gv.at/, http://www.bundestag.de/, http://www.senate.be/.

[17]) ZB http://www.wipo.int/, http://www.wto.org/; http://europa.eu.int/.

[18]) ZB http://www.univie.ac.at/cgi-bin/instpage?inum=a3&fnr=3&mx=100, http://www.jura.uni-sb.de/FB/.

[19]) ZB http://www.adis.at/akm/, http://www.gema.de/.

[20]) ZB http://www.manz.at/, http://www.nomos.de/, http://www.springer.de/, http://www.beck.de/.

[21]) ZB http://www.manz.at/recht/zeitschr/obl/i-obl.htm, http://www.uni-duesseldorf.de/WWW/Jura/CR/.

[22]) ZB http://www.derstandard.at/, http://www.diepresse.at/, http://www.salzburg.com/.

[23]) ZB gibt es unter der Adresse http://bibgate.univie.ac.at/ ein Web-Gateway zum Online-Katalog des Österr Bibliothekenverbundes (BIBOS-OPAC) und unter der Adresse http://www.rdb.co.at/icgate/lg_rdb.htm eines zur österr Rechtsdatenbank (RDB).

[24]) So ist zB die englische Sprachfassung des EG-Grünbuchs „Urheberrecht und verwandte Schutzrechte in der Informationsgesellschaft“ vom Juli 1995 unter der Adresse http://www.ispo.cec.be/infosoc/legreg/com95382.doc im WinWord-Format erhältlich.

Wenn auch in der juristischen Literatur eine gewisse Tendenz besteht, die Unterscheidung zwischen einzelnen Typen von Providern als Meilenstein auf dem Weg zu mehr Rechtssicherheit zu feiern,[25]) zeigen doch der Vergleich der unter den einzelnen Begriffen verstandenen Phänomene und die sich daraus ergebenden erheblichen Unschärfen (um nicht zu sagen: Widersprüche), daß man gut daran tut, Haftungsfragen nicht an Kategorien zu knüpfen, sondern von dem konkret in Rede stehenden Internet-Dienst und der Rolle der verschiedenen Akteure abhängig zu machen.[26])

Etwa: Ist ein Provider, dessen Gateway zum Internet differenziert, der zB keinen vollen Newsfeed hat, also seinen Kunden nicht Zugang zu allen verfügbaren Newsgroups bietet, einem strengeren Haftungsmaßstab ausgesetzt[27]) oder wegen der von ihm getroffenen Auswahl sogar einem Provider angenähert, der selbst Inhalte anbietet? Bei allen rechtspolitischen Vorbehalten: Tendenzen in diese Richtung gibt es.[28])

Oder: Wie ist ein Online-Dienst einzuordnen, der seinen Kunden via Gateway den unbeschränkten Zugang aufs Internet ermöglicht? Ist er gleich zu behandeln wie ein simpler Access Provider oder doch auch hinsichtlich des Internet-Zuganges wie ein Content Provider, weil ja das Gateway in ein umfassendes eigenes Angebot eingebettet ist?[29]) Einmal mehr empfehlen sich die in Juristenkreisen so beliebten konkreten Umstände des Einzelfalls.

3. Brisanz des Themas aus urheberrechtlicher Sicht

Am Beispiel Urheberrecht sei in kurzen Worten skizziert, wieso die Provider-Haftung ein so heißes Thema ist. Ausgangspunkt ist die Digitalisierung: Sie ermöglicht zB, urheberrechtlich geschützte Werke und Leistungen mit geringstem finanziellem und zeitlichem Aufwand in riesiger Auflage zu vervielfältigen, wobei die so erzeugten Kopien dem Original perfekt gleichen. Angesichts der Gefährlichkeit für die Rechteinhaber wurde sogar überlegt, ob die Digitalisierung nicht als Bearbeitung einzustufen sei, also dem Bearbeitungsrecht und nicht bloß dem Vervielfältigungsrecht unterliegt.

Das Internet erhöht die Gefahr für die Rechteinhaber noch einmal ganz gewaltig, indem es neue Kommunikationsmöglichkeiten eröffnet und dadurch für Urheberrechtseingriffe geradezu prädestiniert ist.[30]) Das

---

[25]) Vgl zB *Brandl/Mayer-Schönberger*, ecolex 1996, 129 (131).

[26]) So (für das Strafrecht) auch *Stabentheiner*, ecolex 1996, 748 (751).

[27]) Vgl *Schwarz*, http://www.jura.uni-muenchen.de/Institute/internet_II.html#einordnung.

[28]) Vgl *Briner* und *Weber* in *Hilty* (Hrsg), Information Highway 524 bzw 549, beide unter Hinweis auf den US-amerikanischen Fall Stratton vs Prodigy.

[29]) Für letzteres *Brandl/Mayer-Schönberger*, Die Haftung von Online-Diensten für übermittelte Inhalte, ecolex 1996, 129 (131) unter Hinweis auf den deutschen CompuServe-Fall von der Jahreswende 1995/96.

[30]) *Warbek*, Produkt-Piraten als Delikts-Kavaliere? Österreich und die Plagiate, ecolex 1996, 762 (763).

Medium Internet kann nämlich *alle* geschützten Werke und Leistungen – soweit digitalisierbar – transportieren. Längst geht es nicht mehr nur um Computerprogramme und sonstige Werke der Literatur; das Internet macht bekanntlich auch nicht Halt vor Werken der Tonkunst (Stichwort: Audio-Dateien), vor Werken der bildenden Kunst und vor einfachen Lichtbildern sowie vor Werken der Filmkunst.

Und schließlich: Wie die lebhafte Diskussion[31]) um die urheberrechtliche Qualifizierung der verschiedenen im Internet erfolgenden Vorgänge zeigt, sind Eingriffe in *alle* Verwertungsrechte und Urheberpersönlichkeitsrechte denkbar.

Wenn, was – wie gesagt – bei manchen Vorgängen im Internet durchaus strittig sein kann, feststeht, welches Verwertungsrecht verletzt wurde: Die Rechtsdurchsetzung ist unter Umständen ein sehr steiniger Weg. Das Internet macht es Rechtsverletzern leicht, anonym[32]) zu bleiben, und selbst wenn der Rechtsverletzer identifiziert werden kann, ist er – was bei einem weltweiten Netz nicht weiter verwundert – vielleicht aus tatsächlichen oder rechtlichen Gründen nicht greifbar. Wenn man seiner habhaft wird – aber das ist ein allgemeines Problem –, kann es immer noch sein, daß er nicht über die erhofften „deep pockets" verfügt und daher keinen Schadenersatz zu leisten vermag.

Vor etwas mehr als einem Jahr war in der Zeitung[33]) zu lesen, daß der Roman „Le grand secret", verfaßt vom Leibarzt des kurz zuvor verstorbenen Präsidenten Mitterand, von einem Cybercafé im Internet angeboten wurde; der Inhaber des Cybercafés drohte, wenn man ihm das Zugänglichmachen des Buches über seinen Server verbiete, werde er binnen weniger Stunden auf einen Internet-Server im Ausland ausweichen. Es soll schon vorgekommen sein, daß ein unter gerichtlichem Druck von einem Server entferntes illegales Material wenig später auf vielen anderen Servern weltweit aufgetaucht ist – Stichwort Ubiquität. Wenn man die Entstehungsgeschichte des Internet bedenkt (Unverwundbarkeit gegenüber Atomschlägen, daher dezentrale Struktur), nimmt es nicht wunder, daß sich Rechtsverletzungen sogar verselbständigen können und dann kaum noch zu stoppen sind.

---

[31]) Hier seien aus Platzgründen nur zwei der wichtigsten Beiträge zitiert: *Walter*, Zur urheberrechtlichen Einordnung der digitalen Werkvermittlung, MR 1995, 125; *Hoeren*, Überlegungen zur urheberrechtlichen Qualifizierung des elektronischen Abrufs, CR 1996, 517.

[32]) Man denke nur an die Verwendung von Remailern oder – für den Bereich des Web – an Dienste wie etwa http://www.anonymizer.com/.

[33]) ZB NZZ vom 27./28. 1. 1996, 20.

4. Haftung für eigene Inhalte

Für die Erkenntnis, daß man für eigene Inhalte verantwortlich ist, hätten wir nicht des Internet bedurft; das klingt auch in der realen Welt vertraut. Die spannenden neuen Fragen in diesem Zusammenhang sind „bloß" jene nach der gerichtlichen Zuständigkeit und nach dem anwendbaren Recht.[34]) Als problematisch erweist sich, daß – zumal in Europa – idR sogar Individualkommunikationen via Internet, bei denen Absender und Empfänger im gleichen Land sitzen, über das Ausland laufen; nicht nur, daß die einzelnen Daten-Pakete mitunter in entgegengesetzten Richtungen rund um den Globus unterwegs sind – beim derzeitigen[35]) Stand der Technik weiß man nicht einmal, welche verschlungenen Pfade sie nehmen.

5. Haftung für bloß übermittelte Inhalte

5.1 Allgemeines

Weites Neuland findet der von Fernweh geplagte Jurist bei der Frage der Haftung für „fremde", bloß übermittelte Inhalte – bei jenen Akteuren also, die wir oben (mit kleinen Unschärfen an den Rändern) als Access oder Service Provider bezeichnet haben.

Wie die ausländische Rechtsprechung zeigt, ergeben sich Haftungsrisken weniger aus möglichen Leistungsstörungen[36]) oder aus deliktischer Haftung, die auf die Leistung als solche bezogen ist (zB entsprechend unserer Sachverständigenhaftung gemäß §§ 1299 f ABGB), sondern daraus, daß die übermittelten Daten die Rechtsgüter von Vertragspartnern oder Dritten verletzen.[37]) Beispiel: Urheberrechtlich geschütztes Material wird ohne Zustimmung des Rechtsinhabers auf einem Server zum Download angeboten.[38]) Schwerpunkt der folgenden Ausführungen ist also die Haftung für solche Rechtsverletzungen. Anderseits schwebt in Österreich § 16 FernmeldeG wie ein Damoklesschwert über den Access/Service Providern, sodaß ich auch auf diesen Fall eines Schutzgesetzes eingehen möchte.

---

[34]) Vgl zB *Kuner*, Internationale Zuständigkeitskonflikte im Internet, CR 1996, 453; *Hoeren/Thum*, Internet und IPR – Kollisionsrechtliche Anknüpfungen in internationalen Datennetzen [in diesem Band S 78 ff].

[35]) Bei der Router-Software soll es allerdings in der nächsten Zeit zu einem Generationswechsel kommen, sodaß der Fluß der Datenpakete künftig eher kontrollierbar ist.

[36]) Anderseits wäre – je nach verwendeten AGB – gerade der jüngste „Provider-Streik" (vgl FN 2) für vertragliche Schadenersatzansprüche gut.

[37]) So *Koch*, Rechtsfragen der Nutzung elektronischer Kommunikationsdienste, BB 1996, 2049 (2056).

[38]) Vgl etwa BG Den Haag 12. 3. 1996, CR 1996, 596 (*Ehmann*) oder verschiedene Fälle aus den USA. Eine ausführliche Übersicht findet sich bei *Bortloff*, Wer haftet im Internet? – Ein internationaler Vergleich [in diesem Band S 110 ff].

5.2 Beeinträchtigung absolut geschützter Rechtsgüter: Beispiel Urheberrecht

Das Urheberrecht[39]) ist als absolutes Recht gegen Eingriffe Dritter geschützt. Verantwortlich ist zunächst derjenige, der selbst in ein fremdes Urheberrecht eingreift. Die tatbestandsmäßige Verletzungshandlung wird aber im gegebenen Zusammenhang idR von jemandem anderen als dem Provider gesetzt; fraglich ist, ob bzw unter welchen Umständen trotzdem auch der Provider haftet.

Eine Entscheidung[40]) aus dem Jahr 1994 hat hier eine wichtige Klarstellung gebracht: Zwar kann im Urheberrecht neben dem unmittelbaren Täter (von dem die Beeinträchtigung ausgeht und auf dessen maßgeblichem Willen sie beruht) auch jeder Dritte, der den Eingriff eines anderen durch sein Verhalten fördert oder erst ermöglicht (insb Mittäter, Anstifter, Gehilfe), in Anspruch genommen werden; Voraussetzung ist also ein adäquater Kausalzusammenhang zwischen dem Verhalten des Dritten und der Rechtsverletzung. Allerdings ist dem österr Recht eine „mittelbare Urheberrechtsverletzung" fremd, dh ein bloß fahrlässiges und nicht bewußtes Fördern genügt nicht; der Gehilfenhaftung wird so auch eine subjektive Grenze gezogen.

Der Internet-Provider, der nichts vom rechtsverletzenden Material auf seinem Server weiß, hat also die Gehilfenhaftung nicht zu fürchten. Fraglich ist allerdings, wo das Sich-einer-Verletzung-bewußt-Sein beginnt: Ein unsubstantiierter Hinweis kann wohl nicht Vorsatz begründen, weil es keinem Provider zugemutet werden kann, neben seinem Tagesgeschäft umfangreiche urheberrechtliche Nachforschungen anzustellen; anderseits ist jedem Provider zu raten, konkrete Hinweise etwa einer Verwertungsgesellschaft ernst zu nehmen.

Nur der Klarheit halber sei aber noch darauf hingewiesen, daß der *unmittelbare* Täter (abgesehen von den Ansprüchen auf Schadenersatz und auf Herausgabe des Gewinnes gem § 87 UrhG) selbstverständlich verschuldens*un*abhängig in Anspruch genommen werden kann. Wenn also zB ein Provider – und sei er noch so schuldlos – rechtsverletzendes Material in eine Newsgroup postet, dann kann er auf Unterlassung geklagt werden und hat auch ein angemessenes Entgelt zu zahlen.

Ein Access/Service Provider kann aber im Zusammenhang mit Urheberrechtsverletzungen mE nicht nur nach dem UrhG, sondern wegen Verletzung elementarer Sicherungspflichten auch nach dem ABGB haftpflichtig werden. Ungeachtet des nur scheinbar plausiblen Schlusses, den Eröffner eines Datenverkehrs träfen eben auch Verkehrssicherungspflichten, scheint die Annahme solcher Pflichten deshalb geboten, weil der Provider für eine

---

[39]) Weitere absolute Rechte, deren Verletzung via Internet nur allzu leicht möglich ist, sind zB das Namensrecht (§ 43 ABGB), das Recht am eigenen Bild (§ 78 UrhG), das Recht auf Ehre (§ 1330 ABGB), das Markenrecht (MarkSchG).

[40]) OGH 19. 9. 1994 – Telefonstudien – MR 1995, 60 (*Walter*) = ÖBl 1995, 84 = WBl 1995, 125.

Reihe von absoluten Rechten eine Gefahrenquelle von ungeheuren Ausmaßen schafft.[41])

Inhalt und Umfang dieser Sicherungspflichten lassen sich nicht ein für allemal feststellen, sondern hängen von den näheren Umständen des Einzelfalls ab; so spielen etwa das konkrete Dienstleistungsangebot und der Stand der Technik eine Rolle. Eine gewisse Hilfe bei der Beurteilung können die unter der Ägide der Internet Society[42]) erarbeiteten (allerdings nicht rechtsverbindlichen) „Guidlines for the Secure Operation of the Internet"[43]) geben. Generell läßt sich sagen, daß die Sicherungspflichten des Providers sowohl technische Maßnahmen (zB Identifikationspflicht, Paßwortschutz, Log-Files, Bestellung eines Sicherheitsbeauftragten) als auch – aber in viel geringerem Maße und nur in den öffentlichen Bereichen – inhaltliche Kontrollen erfordern können; selbstverständlich sind Provider nur in ihrem eigenen Bereich verantwortlich.

5.3 Verletzung von Schutzgesetzen: Beispiel § 16 FernmeldeG

Die nach der hier vertretenen Auffassung bestehenden Sicherungspflichten zum Schutz von absolut geschützten Rechtsgütern leiten schon über zu jenen konkreten Verhaltensnormen (Ge- oder Verboten), die als Schutzgesetze bezeichnet werden. Eine in der Diskussion um die Provider-Haftung heiß umstrittene solche Verhaltensnorm ist § 16 FernmeldeG[44]); sein Abs 1 lautet:

„Inhaber von Fernmeldeanlagen haben alle geeigneten Maßnahmen zu treffen, die eine mißbräuchliche Verwendung der Anlage ausschließen."

Abs 2 führt dazu aus:

„Als mißbräuchliche Verwendung ist anzusehen:
1. jede Nachrichtenübermittlung, welche die öffentliche Ordnung und Sicherheit oder die Sittlichkeit gefährdet oder welche gegen die Gesetze verstößt;
2. jede grobe Belästigung oder Verängstigung anderer Benützer;
3. jede Verletzung der nach diesem Gesetz und den internationalen Verträgen bestehenden Geheimhaltungspflicht und
4. jede Nachrichtenübermittlung, die nicht dem bewilligten Zweck einer bewilligungspflichtigen Fernmeldeanlage entspricht."

---

[41]) Zu diesen Sicherungspflichten sehr ausführlich *Koch*, Rechtsfragen der Nutzung elektronischer Kommunikationsdienste, BB 1996, 2049 (2056).

[42]) Siehe http://www.isoc.org/.

[43]) *Pethia/Crocker/Fraser*, Guidelines for the Secure Operation of the Internet (November 1991), RFC 1281 = zB http://www.pasteur.fr/other/computer/RFC/12xx/1281.

[44]) BG BGBl 1993/908 idF BGBl I 1997/44; vgl im übrigen die geplante Nachfolgebestimmung in der RV betreffend BG, mit dem (ua) ein Telekommunikationsgesetz erlassen wird (759 BlgNR 20. GP).

Warum dieser Ausflug ins Fernmelderecht? – Der Access Provider ist Inhaber[45]) einer Fernmeldeanlage iS des § 2 Z 2 FernmeldeG, daher auch Adressat der zitierten Verhaltensnorm.

Als solcher sieht er sich folgendem Dilemma gegenüber: Einerseits ist er nach Z 3 zur Geheimhaltung verpflichtet, anderseits müßte er gem Z 1 jede Nachrichtenübermittlung einer inhaltlichen Kontrolle unterziehen. In der juristischen Diskussion wurde darauf hingewiesen, daß das Dilemma durch eine grundrechtskonforme Auslegung[45a]) zu lösen sei: Der in § 16 Abs 2 Z 3 FernmeldeG enthaltene Hinweis auf die Geheimhaltungspflicht erfaßt jedenfalls den iS von § 10a StGG (Fernsprechgeheimnis) bzw Art 8 EMRK (Privatsphäre) formulierten § 4 FernmeldeG: Nach dessen Abs 1 sind „Personen, die im Rahmen der Erbringung öffentlicher Fernmeldedienste Fernmeldeanlagen bedienen, instand halten oder beaufsichtigen, [...] zur Geheimhaltung aller Mitteilungen, die auf solchen Fernmeldeanlagen befördert oder zur Beförderung auf ihnen aufgegeben worden sind, sowie der Tatsache eines solchen Fernmeldeverkehrs zwischen bestimmten Personen verpflichtet."

Die vorgeschlagene grundrechtskonforme Auslegung führt zu dem Ergebnis, daß im Anwendungsbereich des § 4 FernmeldeG, also immer dann, wenn Nachrichten zwischen *bestimmten* Personen übertragen werden, die Geheimhaltungspflicht der Verpflichtung zu inhaltlicher Kontrolle gemäß § 16 Abs 2 Z 1 FernmeldeG vorgeht.

Anderseits werden Nachrichten, die nicht an einen im voraus festgelegten Adressatenkreis gerichtet sind (zB an allgemein zugängliche Mailboxen), auch nicht von der Geheimhaltungspflicht gem § 4 FernmeldeG erfaßt. Insoweit ist der Access Provider also zu inhaltlicher Mißbrauchskontrolle verpflichtet.

Unter Umständen hilft auch die Technik, das Dilemma zumindest etwas zu entschärfen: Fraglich ist, ob nicht eine gewisse inhaltliche Kontrolle auch ohne Kenntnisnahme und Geheimnisverletzung möglich ist. Beispielsweise könnte der Provider bei Verdacht von Rechtsverletzungen den fraglichen Datenbestand rein maschinell auf bestimmte Codes hin untersuchen und gegebenenfalls (immer noch ohne Kenntnisnahme durch irgendein menschliches Wesen) erhöhte Sicherheitsvorkehrungen treffen (zB Identifikation des Absenders, bevor diesbezügliche Informationen regulär gelöscht werden, und dauerhaftere Speicherung der Identität für den Fall der Fälle). Anderseits sind derartige Versuche einer maschinellen Inhaltskontrolle, wie ein bekanntes Beispiel aus den USA zeigt, nicht immer erfolgreich: Als man im Kampf gegen pornographische Inhalte das Wort „breast" sperrte, sperrte man damit auch den Zugang zu Informationen über die Vorbeugung von Brustkrebs.

---

[45]) Es kommt auf die Gewahrsame an, vgl *Kratzer/Stratil*, FernmeldeG (Kommentar), Anm 2 zu § 16.

[45a]) Vgl *Brandl/Mayer-Schönberger*, ecolex 1996, 129 (130).

Jedenfalls ist – und das geht in der Diskussion häufig unter – die Kontrollverpflichtung gemäß § 16 FernmeldeG keine absolute. Die Formulierung, der Access Provider habe „alle geeigneten Maßnahmen“ zu treffen, wird dahin verstanden, daß nach dem Grundsatz der Verhältnismäßigkeit zweckmäßig scheinende Maßnahmen ausreichen. Bei *Kratzer/Stratil* heißt es: „Für das Ausmaß der „Absicherungspflicht“ ist auch die jeweils von der konkreten Fernmeldeanlage ausgehende potentielle Beeinträchtigung des Fernmeldeverkehrs von Bedeutung.“[46]) Wir sind also wieder bei einer Sicherungspflicht angelangt, deren Inhalt und Umfang einzelfallbezogen geprüft werden müssen.

5.4 Stimmen aus der Politik

Zur Abrundung möchte ich noch kurz auf die politische Diskussion eingehen. Vor fast zwei Jahren schon hat die österr Bundesregierung eine Arbeitsgruppe „Österreichs Weg in die Informationsgesellschaft“ eingerichtet; einer der eingesetzten Arbeitskreise sollte der Frage nachgehen, ob der technische Fortschritt Schutzlücken entstehen läßt, die nach gesetzgeberischen Maßnahmen verlangen.

Das Bundesministerium für Justiz war an den Arbeiten dieses Arbeitskreises beteiligt. Noch in seiner überarbeiteten Stellungnahme[47]) vom 29. 8. 1996 heißt es, in den vier speziell untersuchten Rechtsbereichen (Verbraucherschutz, sonstige vertragsrechtliche Fragen, Urheberrecht und Strafrecht) bestehe „kein kurzfristiger [legistischer] Handlungsbedarf“; das Bundesministerium für Justiz wolle die weitere Entwicklung abwarten und weiter an den inter- und supranationalen Arbeiten zur Schaffung ergänzender Schutzinstrumente teilnehmen.[48])

Symptomatisch für die derzeit geführte öffentliche Diskussion scheint übrigens auch, daß sich die Stellungnahme zwar ausführlich mit der strafrechtlichen Verantwortlichkeit[49]), nicht aber mit der zivilrechtlichen Haftung des Providers beschäftigt.

---

[46]) FernmeldeG (Kommentar), Anm 3 zu § 16.

[47]) BMJ 13110/16-PR.1/1996, später (im wesentlichen unverändert) veröffentlicht als *Stabentheiner*, Straf- und zivillegislativer Handlungsbedarf durch Datenhighway und Internet? ecolex 1996, 748.

[48]) AaO 752.

[49]) Inzwischen hat das BMI auf Initiative des BMJ innerhalb der Interpol eine zentrale Meldestelle eingerichtet, bei der man unter der E-Mail-Adresse interpol@abacus.at strafbar scheinende Inhalte unbürokratisch und anonym bekanntgeben kann; die Meldestelle leitet die eingegangenen Hinweise an die zuständigen Strafverfolgungsbehörden weiter (vgl „Der Standard“ vom 24. 3. 1997, S 6). Ein eigenes, voraussichtlich in die künftige Homepage des BMI integriertes Web-Angebot der Meldestelle ist nach Auskunft des BMI in Planung; den Subskribenten der in FN 8 näher beschriebenen Mailing-Liste der österr Internet-Provider hat sich die Meldestelle am 20. 5. 1997 mit einem ausführlichen Beitrag vorgestellt.

Von den politischen Parteien kommen zwar immer wieder Wortmeldungen und fallweise auch konkrete Vorschläge für gesetzgeberische Aktivitäten, doch bleibt all das fast ausnahmslos im Rahmen des Strafrechtes.

6. Schluß

Es ist zu begrüßen, daß der Haftung und Verantwortlichkeit von Internet-Providern in jüngerer Zeit verstärkt Augenmerk geschenkt wird – gleichzeitig aber zu hoffen, daß sich der Blick nicht allzu stark auf strafrechtliche Fragen verengt. Gerade im anbrechenden Informationszeitalter und mit zunehmender kommerzieller Nutzung kommt auch dem (zivilrechtlichen) Schutz der Urheber- und Leistungsschutzrechte eine große Bedeutung zu. Dennoch sollten die den Access/Service Provider treffenden Sicherungspflichten nicht überspannt werden, weil auch den Rechteinhabern an der Schaffung bzw Erhaltung einer pluralistischen – Verzeihung: – „Provider-Landschaft" gelegen sein muß. Kurz: Überlegen wir uns gut, wen wir ins Visier der Haftpflicht nehmen wollen. Man sollte nicht den Sack schlagen, wenn man den Esel meint.[50])

---

[50]) Sack und Esel by courtesy of *Briner* in *Hilty* (Hrsg), Information Highway 489 (528).

Wer haftet im Internet ? Ein internationaler Vergleich

Von *Dr. Nils Bortloff,* München[1])

A. Einleitung

„Die Herstellung, Unterhaltung und der Betrieb von Telegraphenanlagen ist nur zwischen verkehrsreichen Orten gewinnbringend. Die Volkswohlfahrt verlangt jedoch ebenso wie bei der Post (Postregal), tunlichst alle Orte an das Telegraphennetz anzuschließen."

Was *Meyer* in seinem „Großen Konversationslexikon" von 1908[2]) empfahl, ist bei einer anderen Variante der Fernverbindung heutzutage Selbstverständlichkeit geworden – dem Internet. Den Zugang zur weltweiten Dimension der Datenfernübertragung haben heute ca 55 Mio Menschen[3]), ohne ihre eigenen vier Wände mehr verlassen zu müssen. Von jedem beliebigen Ort aus, an dem ein Computer, ein Modem und der entsprechende Anschluß an ein Kommunikationsnetz vorhanden ist, können nunmehr weltweit ohne Qualitätsverlust beliebige Inhalte digital – auch über Satellitenverbindungen[4]) – übertragen werden.

In ihrem „Grünbuch über Urheberrecht und verwandte Schutzrechte in der Informationsgesellschaft" führt die Europäische Kommission aus, daß die Informationsgesellschaft bereits schon heute „Gestalt angenommen" hat.[5]) Die Praxis beweist dies, denn auf den digitalen Datenautobahnen, insb im Internet, verkehren mittlerweile eine Vielzahl von Informationen,

---

[1]) Der Verfasser ist Abteilungsleiter der Direktion Ausland der GEMA (Gesellschaft für musikalische Aufführungs- und mechanische Vervielfältigungsrechte). Der Beitrag spiegelt die persönliche Auffassung des Verfassers wider und ist zudem in Teilen abgedruckt in GRURInt 1997, 387 und in ZUM 1997, 167.

[2]) *Meyer* Großes Konversationslexikon, 6. Aufl. Bd 19, 1908; Stichwort: Telegraphie.

[3]) *Schäfer* NJW-CoR 1995, 389 (391ff.)

[4]) Vgl hierzu zB das 1997 startende Projekt „Internet via Eutelsat", infosat 8/96 Nr. 101, 178 sowie das englische BSkyB-System, Multimedia Business Analyst vom 2.10.1996, 6.

[5]) KOM (95) 382 endg., 7 (abgedruckt in UFITA, Bd. 129, 251). Ähnlich drückte sich auch der Bundesforschungsminister *Rüttgers* anläßlich der Eröffnung der Cebit Home Electronics in Hannover am 27.8.1996 aus: „Wir haben schon heute die Infrastruktur der Informationsgesellschaft."

e-mails, Werbeanzeigen, Angebote von Dienstleistungen und nicht zuletzt auch urheberrechtlich geschützte Inhalte.[6])

Es verwundert nicht, daß neben aller Faszination, die das Medium Internet ausübt, es auch dazu benutzt wird, unerlaubt Inhalte weltweit zu verbreiten, seien sie pornographischer[7]), rassistischer[8]) oder terroristischer[9]) Natur oder seien sie unerlaubt in das Internet eingeführte Musikwerke, Texte, Bilder oder Videosequenzen. Dann wird aus dem Faszinosum ein „Gespenst“[10]), das in einer neuen Gesellschaft regiert, die auf Piraterie basiert und das heutige System des Schutzes geistigen Eigentums kollabieren läßt, ohne daß ein neues Schutzinstrumentarium nachfolgt.[11])

Besonders deutlich wurde die Frage gestellt, wer für die Übertragung derartiger Inhalte in Datennetzen zur Verantwortung gezogen werden kann, im Dezember 1995. Die Staatsanwaltschaft München leitete gegen die deutsche Niederlassung des amerkanischen online-Dienstes CompuServe Inc. ein Ermittlungsverfahren ein. Grund hierfür war die Tatsache, daß die in München ansässige deutsche Niederlassung als Netzvermittlungsstelle zur amerikanischen Mutter in Ohio diente. Hierüber konnten vom amerikanischen Newserver in mehr als 200 Newsgroups pornographische Inhalte abgerufen werden. Daraufhin sperrte CompuServe diese Newsgroups welt-

---

[6]) Zwei besonders bezeichnende Beispiele sind hier zu nennen: Die CDNow site (http://cdnow.com); hierbei handelt es sich um ein virtuelles Tonträgergeschäft – einen sog cyberstore –, der die Möglichkeit bietet, CDs online zu bestellen, die dann per Post zugeliefert werden. Zudem kann sich der Interessent vor dem Kauf eine Vielzahl von Musikfragmenten mittels der RealAudio-Technik (vgl hierzu *Bortloff* CR 1996, 452) über seinen PC anhören. Für den visuellen Bereich kann das Publishers Depot (http://www.pubdepot.com) angeführt werden, das digitale Photos, Video- und Audiodateien, Illustrationen, Karten etc zum Downloading anbietet.

[7]) In bezug auf die Verbreitung von Kinderpornographie in Datennetzen sprachen sich die Justizminister der Länder während ihrer Herbstkonferenz am 20./21.11.1995 in Magdeburg für eine eingehende Bestandsaufnahme aus, um die Bekämpfung zu intensivieren, vgl *Block* ZRP 1996, 26 (29).

[8]) So nehmen nach einem Bericht des nordrheinwestfälischen Verfassungsschutzes deutschsprachige Angebote im World Wide Web in atemberaubender Geschwindigkeit zu, vgl hierzu die Pressemitteilung des LKA im Internet unter http://www.nrw.de/plpress579.html. Im September 1996 hat die Bundesprüfstelle für jugendgefährdende Schriften erstmals ein Internetangebot auf den Index gesetzt. Es handelte sich um die Home Page des in Kanada lebenden Neo-Nazis *Zündel* (bekanntgegeben im Bundesanzeiger Nr 184 vom 28.9.1996).

[9]) So fahndet die Bundesanwaltschaft zur Zeit nach dem Herausgeber einer von den USA und den Niederlanden aus ins Internet eingespeisten Zeitschrift „Radikal“ ua mit einem „Kleinen Leitfaden zur Behinderung von Bahntransporten aller Art“, vgl FAZ Nr 205 vom 3.9.1996, 1.

[10]) So *Roellecke* NJW 1996, 1801. Es hat sich mittlerweile eine neue Art von „Diebstahl“ herausgebildet – der „online-Diebstahl“ oder die „online-Piraterie“, vgl *Munroe* Washington Technology vom 13.6.1996, 10.

[11]) Diese apokalyptische Vorhersage traf *Barlow* in „Wired“ (März 1994), 89. Der amerikanische Copyright-Experte David *Nimmer* bezeichnet das Internet als eine „gigantische Kopiermaschine“, vgl The Economist vom 27.7.1996, 59.

weit, was ebenso weltweit zu Protesten führte.[12]) Ein anderes Mal geriet der amerikanische online-Dienst America Online (AOL) in das Bild der Öffentlichkeit. Er löste das vom Fernsehsender ABC gesponserte Net-Forum Tape Traders Central auf, weil Rockfans von dort aus per hyperlink[13]) eine Liste mit bootlegs (Live-Konzertmitschnitte, die ohne Zustimmung der Künstler, Komponisten und Veranstalter angefertigt werden[14])), abrufen konnten.[15]) Schließlich leitete im Juli 1996 auch die Staatsanwaltschaft Hamburg ein Ermittlungsverfahren gegen die deutsche Niederlassung von AOL wegen Verbreitung von Kinderpornographie ein.[16])

Der vorliegende Beitrag geht der Frage nach, ob sich aufgrund der weltweiten Nutzbarkeit des Internets schon eine weltweite Tendenz in bezug auf das Setzen von Maßstäben zur straf- und zivilrechtlichen Verantwortlichkeit von online-Diensten erkennen läßt. Beispielhaft wird der Diskussionsstand in den USA, Kanada, Australien, Großbritannien, Frankreich, der Schweiz und in Deutschland sowie die Überlegungen der europäischen Kommission hierzu dargestellt.

B. Der Diskussionsstand in den USA

I. Gerichtsentscheidungen

In den USA finden sich schon heute einige einschlägige Entscheidungen zur Haftung von online-Diensten, die im folgenden kurz dargestellt werden.[17])

1. Der Fall: Cubby Inc. ./. CompuServe Inc.[18])

In diesem Fall, der schon 1991 entschieden wurde, hatte ein Dritter Mitteilungen in ein journalistisches CompuServe BBS[19]) geladen. Hierbei handelte es sich um gegenüber der von der Fa. Cubby, Inc. verwalteten Datenbank „Skuttlebut" abträgliche Äußerungen.

---

[12]) Der Spiegel 7/96 157f, NJW-CoR 1996, 130.

[13]) Hierbei handelt es sich um eine Verbindung, die durch Anklicken eines bestimmten Stichwortes automatisch zum Aufruf der verbundenen Web-site führt.

[14]) Vgl hierzu *Bortloff* UFITA-Schriftenreihe Bd 132, 29ff.

[15]) Musikwoche vom 8.7.1996, 4. Im April 1995 bot eine Gruppe norwegischer Studenten mehrere hundert Musikalben zum downloading über das Internet auf dem universitätseigenen Server an. Nach dem Protest der norwegischen Landesgruppe der International Federation of the Phonographic Industry (IFPI) wurden die Alben vom Server genommen, vgl The Economist vom 27.7.1996, 59.

[16]) screen Multimedia 9/96, 8.

[17]) Vgl hierzu auch *Schwarz*, in *Becker* (Hrsg.) Rechtsprobleme internationaler Datennetze, UFITA-Schriftenreihe Bd 137, 13 (20ff); *Flechsig* AfP 1996, 333 (338ff).

[18]) 776 F. Supp. 135 (S.D.N.Y. 1991).

[19]) Ein BBS (Bulletin Board System) ist ein kleineres handelsübliches PC-System, das meistens für e-mails oder als elektronisches schwarzes Brett benutzt wird.

Fraglich war, ob CompuServe für das Verhalten des Dritten allein durch die Zurverfügungstellung des entsprechenden BBS haftbar war.

Eine Haftung für eine unmittelbare Verletzung (direct infringment) wird nach amerikanischem Recht grundsätzlich bei jeder Verletzungshandlung bejaht, ohne daß es auf eine besondere Kenntnis hiervon ankommt.[20])

Dies ist jedoch anders zB bei Rundfunkanstalten, Zeitungsverkäufern und Buchhändlern. Das Einstehenmüssen für eine Ehrverletzung beispielsweise hat hier zur Voraussetzung, daß derjenige, über dessen aufgebautes System eine Ehrverletzung begangen wird, entweder positive Kenntnis hiervon hat oder zumindest diese hätte kennen müssen. In dieser Weise wurde 1992 in einem Fall (Auvil ./. CBS „60 minutes", 800 F. Supp. 928 (E.D. Wash. 1992)) über eine in einem Rundfunknetzwerk begangene Ehrverletzung entschieden.

Das Gericht nahm im vorliegenden Fall auf die Grundsätze der Haftung von Buchverkäufern Bezug. Die alleinige passive Zurverfügungstellung eines Vertriebssystems, im Rahmen dessen von Dritten erstelltes ehrverletzendes Material verbreitet werde, reiche für die Haftungsbegründung nicht aus. Es müsse zur Verletzungshandlung noch die Kenntnis oder zumindest das Kennenmüssen der Verletzungshandlung hinzukommen. Bei Zeitungs- und Magazinverlegern sei dieses zusätzliche Moment nicht erforderlich, denn es werde davon ausgegangen, daß sie generell eine herausgeberische Kontrolle ausübten. Damit sei schon per se ein höherer Haftungsmaßstab verbunden.[21])

Im vorliegenden Fall sah das Gericht CompuServe einer gewinnorientierten Buchhandlung vergleichbar an. Eine verlegerische Funktion in bezug auf die BBS konnte es nicht erkennen. Da die Kenntnis bzw das Kennenmüssen nicht bewiesen werden konnte, wurde die Klage letztlich abgewiesen.

2. Der Fall: Playboy ./. Frena[22])

In diesem Fall, der 1993 einem District Court in Florida zur Entscheidung vorlag, hatte ein Abonnent eines von George *Frena* verwalteten Bulle-

---

[20]) So auch schon der Supreme Court in der Entscheidung Buck ./. Jewell-Lasalle Realy Co., 283 U.S. 191, 198 (1931); vgl auch ABKO Music, Inc. ./. Harrisongs Music Ltd., 722 F.2d. 988 (2nd. Cir. 1983), wonach derjenige, der ein Orchester bestellt, sich nicht von der Verantwortung für rechtswidrig aufgeführte Musikstücke freimachen kann, weil er das Programm nicht ausgesucht habe.

Entgegenlaufenden Bestrebungen für eine Einengung der Haftungsvoraussetzungen hat der Kongreß eine Absage erteilt, vgl House Report, 159f, abgedruckt in 1976 U.S.C.C.A.N. 5775-5776. Allerdings kann das Gericht die fehlende Kenntnis bei der Festsetzung der Schadenshöhe berücksichtigen, vgl *Hance*, Internet-Business Internet-Recht (Brüssel 1996) 108.

[21]) Vgl zur verleger- bzw vertreiberähnlichen Haftung von online-Diensten auch *Hance*, Internet-Business Internet-Recht (Brüssel 1996) 234f.

[22]) Playboy Enterprises Inc. ./. Frena, 839 F. Supp. 1552 (M.D. Fla. 1993).

tin Board Systems Bilder aus dem Playboy-Magazin ohne dessen Zustimmung digitalisiert und in das BBS – ohne Kenntnis des Betreibers – eingeladen. Frena verteidigte sich damit, er habe nach Kenntnis von diesem Umstand durch Playboy umgehend für die Entfernung der Bilder gesorgt. Im übrigen habe er nie selbst Bilder downgeloadet. Das Gericht erklärte, daß der fehlende Wille oder zumindest die Unkenntnis einer Verletzung die Haftung grundsätzlich nicht ausschließe. Frena und der BBS-Betreiber hätten die Verbreitungs- und Wiedergaberechte der Fa. Playboy an ihren Bildern direkt verletzt.

3. Der Fall: Sega Enterprises Ltd. ./. Maphia[23])

Dieser Fall wurde 1994 in Kalifornien entschieden. Der Bekl gestattete es besonderen Nutzern, sein BBS zum Einspeichern von Segas Videospielen zu gebrauchen. Die Nutzer mußten entweder einen bestimmten Preis für das downloading an den Bekl zahlen oder zumindest entsprechende Hardware kaufen, die den Ablauf der Sega-Videospiele gestattet.

Hier bejahte das Gericht eine Haftung des BBS-Betreibers Maphia wegen mittelbarer Verletzung (contributory infringement) – wohl neben den unbekannten tatsächlichen Nutzern –, weil der Bekl Kenntnis von den oben genannten Vorgängen hatte und wußte, daß er sein technisches Instrumentarium hierzu zur Verfügung stellte. Die Tatsache, daß ihm nie genau bekannt war, wann die Verletzungen stattfanden, sah der Richter als unbeachtlich an.

4. Der Fall: Stern ./. Delphi Internet Services Corporation[24])

In diesem Fall, der am 27.4.1995 in New York entschieden wurde, hatte der online-Dienst Delphi eine Reklame mit dem Bild des New Yorker Disc Jockeys *Howard Stern* im Internet ohne dessen Einwilligung veröffentlicht. Die Klage wegen der unerlaubten elektronischen Verwendung des Bildes wurde abgewiesen. Das Gericht zog wiederum den Vergleich von online-Diensten mit Zeitungsverkäufern und Buchhändlern heran und kam aber schließlich zu dem Schluß, daß Delphi mit einem Fernsehnetzwerkbetreiber verglichen werden könne, der sowohl Nachrichten als auch Unterhaltung verbreite. Nach amerikanischem Recht besteht in diesem Fall die Möglichkeit des Haftungsausschlusses im Rahmen des sog „incidential use“. Hiernach sind Verbreiter von Nachrichten unter Berücksichtigung des First Amendments (Meinungsfreiheit) grundsätzlich bei ihren Aktivitäten geschützt. Diesen Grundsatz anwendend wies das Gericht die Klage ab. Insofern stützt sich diese Entscheidung auf das oben genannte Urteil im Fall Cubby ./. CompuServe.

---

[23]) Sega Enterprises ./. MAPHIA, 857 F. Supp. 679 (N.D. Cal.1994).
[24]) 626 N.Y.S. 2d, 694.

5. Der Fall: Stratton Oakmont Inc. ./. Prodigy Services Co.[25])

Am 24.5.1995 entschied der Supreme Court of New York (Nassau County) einen Fall, in dem die Investment Bank Stratton Oakmont Klage gegen den online-Dienst Prodigy erhoben hatte. Hintergrund war das Erscheinen einer von einem anonymen Dritten gegen die Bank erhobenen Beschuldigung in Prodigy's BBS „Money-Talk" – der in den USA verbreitetsten elektronischen Finanz-Pinwand mit 60.000 Leseranmerkungen täglich. Nach Auffassung des Gerichts war der online-Dienst in diesem Fall mit dem Verleger schriftlicher Medien gleichzustellen mit der Folge, daß der strenge Haftungsmaßstab (dh Haftung ohne Kenntnis oder Kennenmüssen) angewandt wurde. Damit wich das Gericht vom oben genannten Fall Cubby ./. CompuServe ab. Hierfür bestanden nach seiner Auffassung drei Gründe:

Zu einen habe sich Prodigy selbst als familienorientierter online-Dienst geriert, indem er mit einer besonderen Kontrolle über die auf seinen BBS abgespeicherten Inhalte geworben habe und damit – anders als viele seiner Mitbewerber – ähnlich einem Zeitungsverleger aufgetreten sei. Zum anderen habe Prodigy ua mit spezieller Software sichergestellt, daß zu beanstandende Inhalte automatisch ausgeblendet würden. Schließlich habe – im Gegensatz zu CompuServe im oben genannten Fall – der online-Dienst die Möglichkeit gehabt, vor jedem Einspeichern in das BBS den konkreten Inhalt der entsprechenden Nachricht durch die BBS-Leader zu prüfen. Dem gegen diese Entscheidung eingelegten Rechtsmittel Prodigy's wurde am 11.12.1995 der Erfolg versagt.

Dieses Urteil löste in den USA heftige Kritik aus.[26])

6. Der Fall: Religious Technology Center ./. Netcom On-Line Communication Services, Inc.[27])

In diesem Fall hatte sich ein kalifornisches Gericht Ende 1995 mit der Frage auseinanderzusetzen, ob Netcom als bekannter Internet access provi-

---

[25]) No. 31063/94 (N.Y. Sup. Ct. Nassau Cty. May 24, 1995); vgl hierzu auch *Flechsig*, in: *Becker* (Hrsg.) Rechtsprobleme internationaler Datennetze, UFITA-Schriftenreihe Bd 137, 57 (77f); derselbe AfP 1996, 333 (339f).

[26]) Vgl *Ballon*, Cyberspace Lawyer (May 1996), 10 (11f.). So könnten große online-Dienste in der Realität gerade nicht die minutiöse Kontrolle eines Zeitungsverlegers im Rahmen des Betriebs eines BBS, wo die eingespeicherten Texte von Minute zu Minute wechselten, gewährleisten.

[27]) Religious Technology Center ./. NETCOM No. C95-20091 (N.D. Cal.), Nat. L.J. Febr. 12th, 1996, C 4; im Internet abrufbar unter: http://www.cybercom.net/~/rnewman/scientology/erlich/whyte-11.21.95. Vgl hierzu auch *Duplessis/Gantt* Copyright World (Oktober 1996), 39 (43ff); vgl zum mittlerweile ausgebrochenen „First Internet War" durch die Church of Scientology: http://www.cybercom.net/~rnewman/scientology/home.html#XS4ALL.

der[28]) dafür einzustehen hat, daß Werke des Kl im Internet in verletzender Weise genutzt werden. Paul *Erlich* – ein ehemaliges bedeutendes Mitglied der Scientology Church – speicherte in ein von einem Dritten betriebenes BBS bisher geheime und urheberrechtlich geschützte Texte des Sektengründers Ron L. *Hubbards* ein. Diejenige Firma, die für den Anschluß des BBS an das Internet sorgte, war der bedeutende Anbieter Netcom. Das Scientology angehörende Technology Center wandte sich sowohl gegen das ehemalige Mitglied Erlich als auch gegen den BBS-Betreiber und Netcom als Provider.

Netcom behauptete, es sei unmöglich, allein das in Rede stehende BBS zu schließen. Würde man dies tun, so seien auch 500 andere Nutzer abgeschnitten.

Erlich wurde per einstweiliger Verfügung untersagt, die entsprechenden Schriften über das Internet zu verbreiten. Der Antrag auf Erlaß einer einstweiligen Verfügung gegen den BBS-Betreiber wurde abgelehnt.

Zur Beantwortung stand dann jedoch die Frage, ob Netcom das Vervielfältigungsrecht der Klägerin direkt verletzt hatte, indem es auf seinem System automatische Speicherungen zuließ.

Netcom trug während des Prozesses vor, daß sie vergleichbar mit einer Telefongesellschaft sei, die ein voice-mail System zur Verfügung stelle, auf dem zB obszöne Nachrichten von Dritten gespeichert seien. Weiterhin könne man sie auch mit dem Eigentümer einer Autobahn vergleichen, der nicht für dort vorkommende kriminelle Aktivitäten haftbar sei. [29])

a) Direkte Verletzung (direct infringment)

Das Gericht hielt diesem Einwand entgegen, daß Internet Provider – im Gegensatz zum Autobahnbetreiber – keine monopolistische Stellung in bezug auf die Verpflichtung zur Förderung des Verkehrs auf ihren Trägermedien hätten. Mögen auch Ausnahmeregeln für sog common carriers existieren, so seien diese für online-Dienste bisher nicht kodifiziert. Dies zu tun sei Aufgabe des Gesetzgebers.[30]) Allerdings machte das Gericht im vorliegenden Fall dennoch eine Ausnahme vom Grundsatz der strengen Haftung bei direkter Verletzung. Es verlangte zumindest das Vorliegen einer gewissen Ursachensetzung oder Willenhaftigkeit, um eine ausufernde Haftung von automatisch weiterleitenden Serverbetreibern zu vermeiden.[31]) Es habe zudem keinen Sinn, eine Regel anzuwenden, die zu einer endlosen Zahl von Verantwortlichen führe, wenn der direkte Verletzer (Erlich) feststehe.

---

[28]) Netcom hat – anders als CompuServe, America Online oder Prodigy – keine proprietären und damit direkt kontrollierbaren Foren. Netcom stellt nur ein System zur Verfügung, das für die automatische Speicherung und Weiterleitung von *Erlichs* Werken im BBS sorgte – ohne menschliches Zutun.

[29]) FN 12 des Urteils.

[30]) aaO

[31]) aaO 9.

Damit verneinte das Gericht im Ergebnis die direkte Verletzung des Vervielfältigungsrechts.

Auch eine direkte Verletzung des Verbreitungs- und Ausstellungsrechts an den Texten wurde in Abkehr von der oben genannten Playboy-Entscheidung vom Gericht verneint.[32]) Das Speichern und Weiterleiten von Nachrichten durch das BBS sei noch keine in Ansatz zu bringende Ursachensetzung für die Verletzung der oben genannten Rechte. Netcom habe lediglich als access provider den Zugang zum unkontrollierten Internet geboten. Es sei sinnlos, die Betreiber eines Computers als Verletzer haftbar zu machen, weil der PC mit einem anderen PC verbunden sei, auf dem die verletzenden Inhalte gespeichert seien. Insb sei dies dann der Fall, wenn der Betreiber ein Datenarchiv nur für einen kurzen Zeitraum auf seinem PC halte. Die Annahme einer Haftung in diesen Fällen würde zu weit ausufern. Wenn auch Betreiber in einigen Fällen letztlich zur Verbreitung und damit Veröffentlichung beitrügen, so sei eine Haftung in diesen Fällen fehlender Kontrollmöglichkeit auf die Zugriffe der BBS-Betreiber zu verneinen.

b) Mittelbare Verletzung (contributory infringment)

Bei der mittelbaren Verletzung handelt es sich um ein nicht ausdrücklich im amerikanischen Copyright Act vorgesehenes Institut der Haftung für das Verhalten Dritter nach Common Law. Haftbar ist hiernach derjenige, der in Kenntnis der verletzenden Handlung zu ihr anstiftet, sie verursacht oder in materieller Hinsicht fördert. Das Gericht folgte zunächst nicht der Auffassung Netcoms, letztere habe nur – wie ein Vermieter einer Wohnung – die Nutzung seiner Einrichtung zur Verfügung gestellt und damit keinen Beitrag zur Rechtsverletzung geleistet, denn Netcom habe – so das Gericht – weiterhin die Systemkontrolle behalten.[33]) Weiterhin stellt es die Verurteilung Netcoms aufgrund einer mittelbaren Verletzung der in Rede stehenden Urheberrechte durch Erlich in Aussicht, wenn die Klägerin beweise, daß Netcom nach Unterrichtung und damit in Kenntnis der Rechtswidrigkeit die Verbreitung über ihr System nicht verhindert habe.

c) Haftung für fremdes Verschulden (vicarious liability)

Auch wenn die Tatsachen für eine mittelbare Verletzung nicht bewiesen sind, hat nach amerikanischem Recht derjenige für fremdes Verschulden einzustehen, der das Recht und die Fähigkeit zur Kontrolle der Handlung des Verletzers hat und einen direkten finanziellen Vorteil aus der Verletzung erhält. Hierbei kommt es auf die Kenntnis der Verletzungshandlung nicht an.

[32]) aaO 13.

[33]) aaO 16, 18.

Im vorliegenden Fall wurde sowohl das Recht[34]) als auch die Kontrollmöglichkeit vom Gericht bejaht.[35]) Verneint wurde jedoch ein konkreter direkter finanzieller Vorteil für Netcom aufgrund der Einspeicherung und Verbreitung von Erlichs Texten, da Netcom ein davon unabhängiges fixes Nutzungsentgelt erhielt. Damit entfiel die Haftung für fremdes Verschulden.

Offen blieb damit die Frage der Haftung als mittelbarer Verletzer. Leider kam es aufgrund eines Vergleichs zwischen dem Technology Center und Netcom am 3.8.1996 zu keiner gerichtlichen Entscheidung hierüber.

Als Folge dieser Entscheidung fügen die amerikanischen online-Dienste nunmehr Regelungen in ihre Verträge mit dem Inhalt ein, daß die Nutzer ihrer Systeme sie von einer etwaigen Haftung für Verletzungshandlungen freistellen und daß sie berechtigt sind, beanstandete Inhalte ohne den konkreten Nachweis einer tatsächlichen Verletzung vom Server zu nehmen.[36])

7. Der Fall: Frank Music ./. CompuServe[37])

Dieser Rechtsstreit hat sich durch den Abschluß eines Vergleichs am 7.11.1995 erledigt. Erstmalig wurde mit einem kommerziellen Netzanbieter eine Lizenzvereinbarung im Rahmen eines Vergleichs abgeschlossen.[38]) Hintergrund der Vereinbarung war ein seit November 1993 beim United States District Court in New York (Manhattan) anhängiger Rechtsstreit zwischen dem Verleger Frank Music (Mitinhaber der Harry Fox Agency, der amerikanischen Agentur zur kollektiven Verwaltung mechanischer Vervielfältigungsrechte) gegen CompuServe wegen der Verletzung seines Copyrights. Der Verleger wandte sich gegen die von CompuServe's sog Forum

---

[34]) Was das Kontrollrecht angeht, können zB die allgemeinen Geschäftsbedingungen des online-Dienstes, worin er sich zB sofortige Schritte bei Verletzungshandlungen gegen seine Abonnenten vorbehalten kann, Bedeutung erlangen. Vgl hierzu auch den Mustervertrag bei *Hance*, Internet-Business Internet-Recht, Brüssel 1996, 282ff.

[35]) aaO 19f.

[36]) Vgl die drafting tips von *Scott*, Cyberspace Lawyer 1996 Vol 1 No 1, 21; instruktiv auch die AGB Netcoms vom 28.8.1996 für alle diejenigen, die die domain 'netcom.co.' benutzen, vgl http://www.netcom.com/about/protectcopy.html.

[37]) Frank Music Corp. ./. CompuServe Inc., Civil Action No. 93 Civ. 8153 (JFK) (S.D.N.Y.); vgl auch GRURInt 1996, 78; Billboard vom 18.11.1995, 9, 119; NJW-CoR 1996, 16; vgl auch das Interview mit dem Anwalt von Frank Music Alan L. *Shulman*, in *Hartnick*, Entertainment, Arts & Sports Journal 1996 Vol 8 No 1, 10ff.

[38]) Bis zu diesem Zeitpunkt gab es im Bereich der Lizenzierung von Musiknutzungen Lizenzvereinbarungen der amerikanischen Verwertungsgesellschaften ASCAP, BMI sowie der britischen Gesellschaften PRS und MCPS sowie der deutschen GEMA im wesentlichen mit direkten Musikanbietern im Internet und nicht mit kommerziellen online-Diensten, vgl *Kreile/Becker* GRURInt 1996, 677 (685f.); vgl zu den ersten amerikanischen Lizenzvereinbarungen auch *Gurley/Pfefferle*, Plug In – The Guide to Music on the Net, Upper Saddle River (NJ) 1996, 286f. Vgl auch die Übersicht über aktuelle Entwicklungen im Bereich der online music services in: music & copyright vom 9.10.1996, 3.

Managern[39]) vorgenommene Einspeicherung und on-line-Übertragung von ihm verlegter Musikwerke in Form von MIDI-Files[40]) durch CompuServe's MIDI/MUSIC Forum mit Sitz in Ohio. Insgesamt waren 947 Werke betroffen. Jedoch führte Frank Music den Prozeß für die anderen betroffenen Verleger als Musterprozeß durch.

Im Rahmen der vergleichsweise getroffenen Lizenzvereinbarung wurde neben einer Lizenzzahlung auch vereinbart, daß die Forum Manager die Einspeicherung und das Downloading von Musikwerkdaten aus ihrer Datenbank zu dokumentieren haben, um eine effektive Abrechnung mit den Verlegern bzw mit Harry Fox Agency zu gewährleisten. Dieser Lizenzvereinbarung wird in den USA ein gewisser Modellcharakter für künftige derartige Nutzungsvereinbarungen zugesprochen. Weiterhin zeigt sie in deutlicher Weise, daß auch die kommerziellen online-Dienste nunmehr in die Verantwortung genommen werden.[41])

8. Das erste online-Schiedsgericht

Am 12.3.1996 wurde in den USA das erste online-Schiedsgericht errichtet. Es beschränkt seine Aktivitäten auf Fälle, die online-Diensteanbieter oder -nutzer betreffen oder bei denen der Kläger behauptet, online durch eine – zB diffamierende – Nachricht verletzt worden zu sein. Das Verfahren läuft per e-mail nach den Commercial Arbitration Rules der American Arbitration Association ab. Das Gericht ist ein Gemeinschaftsunternehmen des National Center for Automated Information Research, des Cyberspace Law Institute, des Villanova Center for Information Law and Policy sowie der American Arbitration Association.[42])

II. Gesetzgeberische Maßnahmen in den USA

Ebenso wie im Bereich der Judikatur finden sich auch im Bereich der Legislative zahlreiche Ansätze zu Haftungsregelungen von online-Diensten.

---

[39]) Hierbei handelt es sich um spezielle unter Vertrag mit CompuServe stehende Anbieter, die die music-sites verwalten; vgl zu CompuServes Musiforen auch *Gurley/Pfefferle*, Plug In – The Guide to Music on the Net, Upper Saddle River (NJ) 1996, 6.

[40]) MIDI steht als Abkürzung für Musical Instrument Digital Interface und gestattet, Musikdaten als elektronische Spielanweisungen – ähnlich einer elektronischen Pianolochkarte – für entsprechende Keyboards zu nutzen.

[41]) Als Folge dieser Tendenz haben viele Anbieter ihre MIDI-Websites geschlossen, vgl *Gurley/Pfefferle*, Plug In – The Guide to Music on the Net, Upper Saddle River (NJ) 1996, 201.

[42]) Vgl hierzu auch NJW-CoR 1996, 148. Seit Januar 1996 ist zumindest im Bundesstaat Ohio auch die Klageeinreichung über das Internet – allerdings ohne Anlagen – möglich. Ähnlich Pläne werden von den State Courts in Missouri, von den Federal Courts New Mexicos sowie vom New Yorker Bankruptcy Court verfolgt.

1. Das Weißbuch der Working Group on Intellectual Property Rights von 1995

Diese 1993 von Präsident *Clinton* eingesetzte Arbeitsgruppe stellte in ihrem Bericht auf S 114ff „Intellectual Property and the National Information Infrastructure (NII)“ ua folgende Überlegungen zur Frage der Haftung von online-Diensten an:

a) Haftungsmaßstäbe

Die Gruppe bestätigt zunächst die im Rahmen der oben genannten Cubby ./. CompuServe – Entscheidung vorgenommene Differenzierung der Haftungsarten, je nachdem, ob der online-Dienst eher einem Zeitungsverleger oder einem Zeitungskiosk gleichzustellen ist.

b) Auseinandersetzung mit den Argumenten der service provider

Die amerikanischen service provider kritisieren die von der Arbeitsgruppe favorisierten Haftungsmaßstäbe mit folgenden Argumenten:

– aufgrund der Fülle des angebotenen Materials sei eine Überwachung unmöglich,[43])

– selbst, wenn der Provider willens sei, sei es nicht möglich, verletzendes Material unmittelbar aufzuspüren,

– ein zu strenger Haftungsmaßstab würde letztlich das Aus für die online-Dienste und damit für die digitale Infrastruktur bedeuten,

– allenfalls könnte eine Haftung nur für proprietäre Systeme in Betracht kommen, wo konkrete Nutzungsverträge mit Dritten bestünden.

Demgegenüber macht die Arbeitsgruppe deutlich, daß auch Buchhandlungen, Tonträgergeschäfte, Zeitungsstände und Softwareläden sich ähnlichen Schwierigkeiten gegenüber sähen, aber dennoch der strengen Haftung als „distributors“ beim Vertrieb rechtswidrigen Materials unterlägen. Gegenüber dem Einwand, ein rechtmäßiges bit sei nicht unterscheidbar von einem rechtswidrigen, verweist die Arbeitsgruppe darauf, daß die service provider das Instrumentarium hätten, nachzuforschen und geeignete Maßnahmen ergreifen könnten, wenn ihnen von der rechtswidrigen Nutzung Mitteilung gemacht worden sei. Die Tatsache, daß die Provider wichtig für die Entwicklung der Informationsgesellschaft seien, könne allein noch keine Haftungsreduzierung zur Folge haben. Da sie in einer Geschäftsverbindung mit ihren Abonnenten stünden, hätten sie jedenfalls das beste Kontrollinstrumentarium zur Verfügung.[44]) Wenn sie mit ihrem Angebot Geld verdienten,

---

[43]) Vgl insoweit auch die Stellungnahme von CompuServe nach der Schließung seiner über 200 Newsgroups wegen unerlaubten Verbreitens von Kinderpornographie vom 28.12.1995, abrufbar unter http://www.epic.org/free_speech/censorship/CIS.txt; s auch die Stellungnahme der Ad hoc Alliance for a Digital Future, im Internet unter http://www.custodis.de/alliance/posger.htm.

[44]) So auch *Cook* Copyright World, Mai 1996, 18 (19).

sollten sie auch das entsprechende Risiko tragen. Die Haftungsproblematik hätte im übrigen die bisher 60.000 BBS-Betreiber in den USA noch nicht abgeschreckt.

c) Die conclusio der Arbeitsgruppe

Abschließend äußert die Arbeitsgruppe die Meinung, daß eine eindeutige Einordnung von service providern in das Haftungssystem verfrüht sei. Es sei eine Einzelfallentscheidung zu treffen unter Berücksichtigung des konkreten Angebots:

– Sofern der Dienst es ermögliche, Material für Abonnenten einzuspeichern und abrufbar zu machen, handele er als elektronischer Verleger, der haftbar gemacht werden könne.

– Stelle der Dienst nur die Leitungsverbindung zur Verfügung – wie eine Telefongesellschaft – so sei die Haftung schwerlich zu begründen, wenn er nicht kontrollieren könne, wer und was sich in seinem System befinde.[45])

– Gleiches gelte für den service provider, der unwissentlich rechtswidrige verschlüsselte Inhalte lediglich weiterleite.

Man habe es in jedem Fall zu vermeiden, Präzedenzfälle zu schaffen, indem einzelne Provider selbst die Bestimmung ihres Haftungsmaßstabs in der Hand hätten. Sie hätten in jedem Fall die Möglichkeit, sich in ihren allgemeinen Geschäftsbedingungen ein Kontrollrecht auszubedingen. Sie erwarteten einen finanziellen Ausgleich für ihr Angebot und hätten auch die Möglichkeit, bestimmte Abonnenten auszuschließen, die nicht zahlten. Dann hätten sie auch dieselben Möglichkeiten gegenüber denjenigen, die sich rechtswidrig verhielten. Die Arbeitsgruppe spricht sich für zukünftige Überzeugungsarbeit sowohl gegenüber den Providern als auch zwischen letzteren und ihren Kunden aus. So sollten diese darauf aufmerksam gemacht werden, daß rechtswidriges Material nicht auf ihren Servern geduldet werde.

2. Der NII Copyright Protection Act von 1995

Die oben genannten Vorschläge und Ergebnisse der Arbeitsgruppe sollen nunmehr durch den sog NII Copyright Protection Act of 1995 in den Copyright Act Eingang finden.[46]) Gemäß der zu ändernden section 1203 (c)

---

[45]) Kontrolliert werden können jedenfalls die Inhalte auf dem eigenen Web-server bzw die eigenen elektronischen chat-rooms, vgl *Hance*, Internet-Business Internet-Recht (Brüssel 1996) 230.

[46]) Vgl die im Internet abrufbaren Vorschläge (HR 2441 IH, S 1284 IS) unter ftp://ftp.loc.gov/pub/thomas/c104/s1284.is.txt sowie ftp://ftp.loc.gov/pub/thomas/c104/h2441.ih.txt. Das Gesetz soll erst nach der diplomatischen Konferenz der WIPO (World Intellectual Property Organization) über Fragen des Urheberrechts und verwandter Schutzrechte im Dezember 1996 in Genf in Kraft treten, vgl die Mitteilung der digital future coalition (dfc) vom 28.8.1996 im Internet unter http://www.ari.net/dfc/newstand/update.htm.

(5) soll auch hier der Verletzer von der Haftung freigestellt werden, wenn er sich nicht über die Verletzung, die seine Handlung bewirkte, bewußt war bzw keinen Anlaß hatte, dies anzunehmen.

Die service-provider sprechen sich dagegen für eine sog „take down"-Lösung aus. Teile ihnen der Rechteinhaber mit, daß sein Werk in verletzender Weise genutzt werde, so sollten mit der Herausnahme (take down) des Werkes aus der Datenbank des Providers dessen Haftung entfallen. Dagegen wird aber eingewandt, daß in diesen Fällen regelmäßig eine Verletzung bereits stattgefunden habe. Diese Selbstbestimmung des Haftungsmaßstabs läuft im übrigen der oben genannten Ansicht der NII-Arbeitsgruppe zuwider.

In den USA hat nunmehr ein Kampf zwischen den Urheberrechtsinhabern und der online-Industrie um die Haftungsfrage begonnen. Denn erstere verlangen, daß die online-Dienste ihnen bei der Bekämpfung des sog online-Diebstahls geistigen Eigentums behilflich sein sollen.[47])

Während einer Anhörung vor dem „House Judiciary Commitee's courts and intellectual property panel" Anfang 1996[48]) bekräftigten die online-Dienste noch einmal ihre Auffassung, daß sie nicht allein für die Zurverfügungstellung ihres Dienstes haftbar gemacht werden dürften. Eine Haftung – so der Vertreter von CompuServe Inc. *Stephen Heaton* – solle nur auf die Fälle begrenzt werden, in denen der Provider Kenntnis von der Verletzung habe und zu ihr in vorsätzlicher Weise beigetragen habe. Das schon während der Vorbereitungen des Weißbuches vorgetragene Argument, eine zu strenge Haftung würde das Aus für die digitalen Infrastrukturen bedeuten, aufgreifend versicherte *Ed Blank* (Präsident der Computer & Communications Industry Association), daß die Provider die erhöhten Kosten einer strengeren Haftung auf die Nutzer in Form von höheren Zugangsgebühren abwälzen würden, was letztlich den Fortschritt bei der Ausweitung der Netzwerktechnik behindere. *Francis Preston*, Präsidentin der amerikanischen Verwertungsgesellschaft BMI (Broadcast Music Inc.) verwies auf die Interessen der Rechteinhaber, dh content provider, deren Werke in den Datennetzen verbreitet werden. Ohne eine strenge Haftung seien die Urheber darauf angewiesen, den individuellen Netzanbieter des jeweiligen Werkes aufzufinden. Dessen Identität sei aber typischerweise dem online-Dienst bekannt, mit dem er einen Vertrag geschlossen habe. Sofern nur das aktuelle Wissen (actual knowledge) die Haftung auslöse, sei damit zu rechnen, daß die Dienste zu einer ignoranten Einstellung getrieben und sie ihre Augen vor eventuellen rechtswidrigen Aktivitäten verschließen würden.

3. Der Communications Decency Act (CDA)

Regelungen zur Verantwortlichkeit von Internet providern finden sich auch im neuen am 8.2.1996 in Kraft getretenen U.S. Communications

---

[47]) Vgl *Munroe*, Washington Technology vom 13.6.1996, 10.

[48]) Vgl den Bericht im Internet unter http://www.nando.net/newroom/nt/208inet.html.

Decency Act[49]), der neben dem Digital Performance Right Act von 1995[50]) und dem NII Copyright Protection Act eines der wichtigsten amerikanischen Gesetzgebungsvorhaben im Bereich der Regelung des sog Information Highways darstellt.

a) Die Verantwortlichkeit für die Übermittlung anstößiger und beleidigender Inhalte

Zunächst stellt das Gesetz in Abkehr von der oben genannten Entscheidung in Sachen Stratton Oakmont fest, daß online-Dienste nicht als Verleger anzusehen seien, so daß das Abstellen auf die verlegerische Kontrolle als Haftungsmaßstab entfalle und es vielmehr in jedem Falle auf die zusätzliche Kenntnis bzw das Kennenmüssen der Verletzungshandlung ankomme. Somit rücken die online-Dienste nach diesem Gesetz in die Nähe von Zeitungs- und Buchverkäufern. Der Kongreß wollte damit weiteren Gerichtsentscheidungen, die Vergleiche mit Verlegern heranziehen, eine Absage erteilen.[51])

Strafrechtlich[52]) verantwortlich sind nach diesem Gesetz die online-Dienste grundsätzlich in den Fällen, in denen sie dazu dienen, gewaltverherrlichendes und sexuell anstößiges Material online zu übertragen. Dies aber folglich nur dann, wenn der online-Dienst wissentlich (knowingly) handelt.

Das Gesetz läßt auch Verteidigungsmöglichkeiten (defenses) zu.

Keiner soll verantwortlich sein, der allein den Zugang zu einem Netzwerk gewährt, welches er nicht unter Kontrolle hat. Sämtliche Nutzungsformen innerhalb dieser Verbindung sind kein Auslöser für die Haftung des Zugangsanbieters.

Anders ist es, wenn die Person aktiv am Aufbau entsprechender Verbindungen beteiligt ist, von solchen Verbindungen Kenntnis hat, oder bewußt für solche Verbindungen wirbt.

Die obengenannte Verteidigungsmöglichkeit soll aber auch nicht greifen für Personen, die Zugang zu einem solchen Netzwerk anbieten, das anstößig ist oder gewaltverherrlichendes Material beinhaltet und welches gleichzeitig dieser Person gehört oder von ihr kontrolliert wird. Diese Rege-

---

[49]) Pub.L. No 104, § 502, 110 Stat 56, 133ff. (1996); im Internt abrufbar unter:http://www.technologylaw.com/techloaw/act.html#tit5. Der Act ist Teil des neuen Telecommunications Act, der der Änderung des bisherigen Communications Act von 1934 dient, vgl hierzu die zusammenfassende Darstellungen von *Wemmer* AfP 1996, 241ff, *Gewessler* CR 1996, 626ff. Vgl zu den im Jahr 1995 diskutierten Gesetzesentwürfen *Raysman/Brown*, New York Law Journal vom 22.8.1995, 3., im Internet abrufbar unter http://www.brmlaw.com/doclib/complaw82295.html.

[50]) Vgl hierzu *Bortloff* CR 1996, 516.

[51]) Conference Report 104-458, 104th. Cong., 2nd. Sess. 194 (1996).

[52]) Diese Regelungen sind nach 47 U.S.C. § 230 (d)(2) ausdrücklich nicht auf die Verletzung von Vorschriften über das geistige Eigentum übertragbar.

lungen erfassen eindeutig die kommerziellen online-Dienste, was ihre proprietären, geschlossenen online-Netzwerke angeht.

Als weitere Verteidigungsmöglichkeit kommt in Betracht, daß online-Dienste geeignete Maßnahmen anbieten, um Minderjährige vom Empfang derartigen Materials abzuhalten. Hierbei sollen sämtliche Technologien, die in vernüftigem Kostenaufwand stehen, benutzt werden.

Insoweit stellt sich die Frage, ob – wie es bisher im Internet üblich ist – bei sog anstößigen Material die Gewährung der Möglichkeit zum kostenlosen Downloading von Software-Programmen, wie Net Nanny, Cyber Sitter, Safe Surf, Web Track, Surf Watch oder Internet Filter, auf der Web Site ausreichend ist. Weiterhin entfällt die Verantwortlichkeit, wenn der online-Dienst einen bestimmten Adult Access Code oder eine persönliche Identifizierungsnummer verlangt, die vorher eingegeben werden muß, um entsprechendes Material abzurufen.

b) Die Rechtmäßigkeit der Beschränkung des Zugangs durch Filter- oder Blockiersoftware

Im Rahmen des sog Internet Freedom and Family Empowerment Acts wurden ebenfalls neue Regelungen in den Communications Act aufgenommen. Ihr Zweck ist es, Strömungen, die sich gegen die Einführung von Filter- und Blockiersoftware wenden, entgegenzuwirken. Insb soll kein Inhaltsanbieter (content provider) oder Nutzer eines online-Dienstes haftbar sein in bezug auf Handlungen, die er in gutem Glauben vorgenommen hat, um den Zugang zum Datenmaterial, das er oder der Nutzer als anstößig, gewaltverherrlichend oder in anderer Weise verwerflich empfindet, einzuschränken. Hierbei soll es auf die Verfassungsmäßigkeit der Inhalte nicht ankommen. Ebenfalls soll er nicht haftbar sein, wenn er Informationen über Zugangsbeschränkungen zur Verfügung stellt.

c) Die Verfassungswidrigkeit des CDA

Den Vollzug der Strafnormen des CDA hat allerdings am 11.6.1996 der United States District Court für den Eastern District of Pennsylvania im Rahmen einer Verfügung (permanent injunction) als nicht mit dem Grundrecht der Meinungs- und Redefreiheit (First Amendment's guarantee of free speech) wegen des angeblich zu unbestimmten Wortlauts – insb des Begriffes „anstößig“ (indecent) – vereinbar ausgesetzt.[53]) Das Justizministerium hat aber am 1.7.1996 die Angelegenheit im Rechtsmittelverfahren dem

[53]) Das von der American Civil Liberties Union erstrittene Urteil war schon dreißig Minuten nach seiner Verkündung im Internet abrufbar unter http://www.aclu.org/court /cdadec.html. Am 29.7.1996 hat ein Bundesgericht in New York eine ähnliche Entscheidung gefällt. Vgl hierzu auch *Flechsig* AfP 1996, 333 (343f); eingehend *Caine* DAJV-Newsletter 1996, 105ff.

Supreme Court vorgelegt.[54]) Eine Entscheidung hierüber ist im Frühjahr 1997 zu erwarten.

4. Der Internet Freedom and Child Protection Act von 1996

Mittlerweile wurde am 10.6.1996 ein weiterer Entwurf zur Änderung des Communication Acts von 1934 vorgelegt „to restore freedom of speech to the Internet and to protect children from unsuitable online material".[55]) In section 222 I (d) sollen die Verpflichtungen von Internet access providern[56]) wie folgt festgelegt werden: Sie sollen im Rahmen des Vertragsabschlusses mit einem Kunden über die Zurverfügungstellung von Zugangsdiensten eine Bildschirmsoftware verkaufen oder kostenlos abgeben, die ihn in die Lage versetzt, den Zugang zu für Kinder ungeeignetem Material zu begrenzen. Die technischen Standards derartiger Softwarepakete sollen von einer Kommission festgelegt werden.

5. Die Zuständigkeitserklärung des Justizministers von Minnesota

In einer Presseerklärung als „Warning to all Internet Users and Providers" vom 18.7.1995 erklärte sich der Justizminister des Staates Minnesota für Handlungen im Internet zuständig.[57]) Seine Zuständigkeit beziehe sich auf alle Personen, die außerhalb des Staates Minnesota Daten ins Internet in der Kenntnis speicherten, daß diese Daten in Minnesota über das Internet zugänglich seien.

6. Der Georgia Computer Systems Protection Act

Mittlerweile sind auch entsprechende Gesetzgebungsaktivitäten auf Bundesstaatenebene erkennbar. Am 1.7.1996 trat im Staat Georgia der „Computer Systems Protection Act" in Kraft, der die Vorschrift des § 16-9-93.1 des Official Code of Georgia Annotated ändert.[58])

Danach ist es rechtswidrig, wenn Personen oder Organisationen wissentlich irreführende („misleading") Daten über ein Computer- oder Tele-

---

[54]) Der Text der Notice of Appeal ist abrufbar unter http://www.cdt.ciec/SC_appeal/DOJ_notice.html; vgl auch NJW 1996 Heft 28, XXXIII.

[55]) Das Dokument (HR 3606) ist im Internet abrufbar unter http://thomas.loc.gov /cgi-bim/query/34?c104:./temp/~c104KHvg::telecommunication::.

[56]) Hierunter werden die Personen verstanden, die in kommerzieller Weise einen Computer und Übertragungsmöglichkeiten zur Verfügung stellen, mit denen dem Kunden der Zugang zum Internet ermöglicht wird. Nicht darunter fallen diejenigen, die nur die Übertragung oder sog provider services gewähren.

[57]) Die Erklärung ist im Internet abrufbar unter : http://www.state.mn.us/ebranch /ag/memo.txt; vgl zu den allgemeinen Zuständigkeitskonflikten im Internet: *Kuner* CR 1996, 453ff.

[58]) Vgl die Mitteilung im Internet unter http://www.com/hpi/galegbil/hb1630.html. Gegen den Vollzug dieses Gesetzes hat sich nunmehr auch die American Liberties Union am 24.9.1996 gerichtlich gewandt, vgl http://www.aclu.org/news/n092496a.hmtl.

phonnetz übertragen, um zB Daten in eine e-mail-box, home page oder einer ähnlichen elektronischen Datenbank einzuspeichern, zu unterhalten oder auszutauschen.

C. Der Diskussionsstand in Kanada

Im März 1995 hat das Copyright Subcommittee den Endbericht zum „Draft Final Report“ von 1994 unter dem Titel „Copyright and The Information Highway“ vorgelegt. Dieses Komittee wurde im März 1994 im Rahmen der Einsetzung des Advisory Council of the Information Highways durch den kanadischen Wirtschaftsminister gebildet. Der oben genannte Unterausschuß wurde dann von einer der fünf Arbeitsgruppen zu verschiedenen Themen – hier Canadian Content and Culture – ins Leben gerufen. Sein Auftrag lautete:“To make recommendations on the ways in which copyright can be used to enhance the Information-Highway to the benefit of Canadians“.[59])

Zur Frage der Haftung von online-Diensten verhält sich sowohl der oben genannte Bericht als auch die Bill C-32 „An Act to Amend the Copyright Act“ (Stand: 2. Sitzung des 35. Parlaments, 1996)[60]), die das bisherige kanadische UrheberrechtsG insb in bezug auf das Internet angleichen sollen. In den Legaldefinitionskatalog des § 2 des kanadischen UrheberrechtsG soll unter 4. (öffentliche Wiedergabe) eine Regelung aufgenommen werden, wonach derjenige, der nur die notwendigen Telekommunikationsmittel für einen Dritten bereitstellt, nicht selbst die Handlung der öffentlichen Wiedergabe vornehme. Die amerikanische Entscheidung im Fall Playboy Enterprises Inc. ./. Frena beurteilte der Unterausschuß als zu streng. Nach seiner Vorstellung sollen Eigentümer und Betreiber von BBS nur dann haften, wenn sie von der Verbreitung rechtswidrigen Materials Kenntnis gehabt hätten und möglichen Mißbräuchen nicht in angemessener Weise entgegengetreten seien.

Im Bericht des kanadischen Wirtschaftsminsters „Building the Information Society: Moving Canada into the 21st Century“ vom 23.5.1996[61]) wird die geeigneteste Lösung zur Verhinderung der Verbreitung anstößigen Materials in einem selbst-regulatorischen Ansatz insb zwischen Eltern, Erziehern, Providern und Netzwerkbetreibern gesehen.

---

[59]) Vgl hierzu im einzelnen *von Lewinski* GRUR Int. 1995, 851ff. Der kanadische Bericht ist im Internet abrufbar unter http://info.ic.gc.ca/info-highway/final.report/eng /forew.html.

[60]) Abrufbar im Internet unter http://www.pch.gc.ca/PCH/c32/c32htm; vgl auch Copyright World, August 1996, 6. Die parlamentarische Anhörung ist für den Herbst 1996 geplant.

[61]) Im Internet abrufbar unter http://info.ic.gc.ca/info-highway/society/part4_e. html.

D. Der Diskussionsstand in Australien

I. Der Vorschlag zur Regelung der BBS bzw sämtlicher Internetdienste

Schon im Februar 1994 wurde vom Minister für Kommunikation und Künste *Michael Lee* die Computer Bulletin Board Task Force gebildet mit dem Ziel der Ausarbeitung von Rahmenbedingungen für den Betrieb derartiger Dienste. Hintergrund war die Tatsache, daß im – nach den USA – zweitgrößtem Nutzermarkt von BBS eine Tendenz zur unerlaubten Verbreitung von urheberrechtlich geschützten Werken sowie insb von rassistischem und pornographischem Material erkennbar wurde. Basierend auf der Erkenntnis, daß die bestehenden Gesetze (Telecommunications Act 1991, Broadcasting Services Act 1992, Crimes Act 1914) entweder gar nicht oder nur in unzureichender Weise die BBS erfassen, legte die Arbeitsgruppe nach der Anhörung interessierter Kreise die folgenden Regelungsvorschläge am 5.10.1994 vor:[62]) Zunächst sollen – soweit möglich – die bisherigen Standards auf die BBS Anwendung finden. Verantwortlich für die Inhalte sollen die Betreiber der BBS sein (vgl Punkt 73 des Berichts). Die Ausarbeitung von „guidelines" durch die BBS-Betreiber wird einer gesetzlichen Regulierung zunächst vorgezogen (vgl Punkte 98, 124 des Berichts). Hier müsse auch der Fall der fehlenden Kenntnis von der Verbreitung rechtswidrigen Materials über das BBS beim Betreiber geregelt werden.

Am 6.4.1995 kündigte Premierminister *Keating* die Entscheidung der australischen Regierung an, eine nationale Strategie in bezug auf die neuen Informations- und Kommunikationsdienste auszuarbeiten. Auf dem oben genannten Vorschlag der Arbeitsgruppe aufbauend veröffentlichte die Regierung am 7.7.1995 ein „Consultation Paper on the regulation of on-line-information services"[63]), wobei sie sich nicht nur für die Selbstregulierung im Rahmen eines Verhaltenskodex von BBS-Betreibern sondern auch von Internet-Providern ganz allgemein aussprach. Der Anreiz zur Ausarbeitung eines solchen Regelwerks soll darin bestehen, daß von jedem den Kodex unterzeichnenden online-Dienst vermutet wird, er habe alle erforderlichen Schritte zur Kontrolle des über ihn verbreiteten Materials übernommen. Weiterhin werden bzgl möglicher Ausnahmen von der – hier allein strafrechtlichen – Verantwortlichkeit folgende weitere Vorgaben für einen Verhaltenskodex gemacht: Es soll die Verantwortlichkeit entfallen, wenn die Dienste in vernünftiger Weise angenommen haben, daß das in Rede stehende Material nicht rechtswidrig sei bzw daß sie aller erforderlichen Schritte unternommen haben, um zB bestimmte klassifizierte Inhalte nur Erwachsenen zugänglich zu machen.

---

[62]) Das entsprechende Dokument „Proposal for the Regulation of Computer Bulletin Boards" ist im Internet abrufbar unter http://www.dca.gov.au/pubs/bulletin_board /report4.htm sowie http://www.dca.gov.au/pubs/bulletin_board/report5.htm.

[63]) Im Internet abrufbar unter http://www.dca.gov.au/pubs/paper_2html.

Ebenfalls sollen sie nicht verantwortlich sein, wenn ohne ihr Wissen anstößige Inhalte über ihre Systeme verbreitet würden, ihnen aber seitens der Nutzer versichert worden sei, ihre Systeme für derartiges Material nicht zu nutzen und sie auch bei Stichproben nicht auf derartige Inhalte gestoßen seien.

II. Die Studie der australischen Rundfunkbehörde

Am 8.8.1995 beauftragte der Minister für Kommunikation und Künste die australische Rundfunkbehörde (Australian Broadcasting Authority ABA)[64]) mit der Durchführung einer Untersuchung über online-Informations- und Unterhaltungsdienste.[65])

Hintergrund dieser Studie war insb die Besorgnis in der Öffentlichkeit über die Verbreitung rechtswidrigen Materials über online-Dienste.[66]) Untersuchungsgegenstand war insb die Frage, inwieweit diese neue unkörperliche Informationsvermittlung auf der Datenautobahn dem australischen Broadcasting Services Act unterfällt und ob zur Ausarbeitung eines freiwilligen Verhaltenskodex (code of practices) für online-Dienste anzuregen sei. Die Rundfunkbehörde veröffentlichte den Bericht – nach Anhörung interessierter und betroffener Kreise wie service provider, Netzwerkbetreiber, Verbraucherverbände, Erzieher etc – am 30.6.1996 als „Investigation into the content of on-line services“.[67])

Unter online-Services versteht die Behörde ein System elektronischer Informationen, das duch den Gebrauch eines Telekommunikationsnetzwerks zugänglich ist und welches die Übertragung von Text, Graphiken, Klang und Video zwischen Nutzer und anderen Nutzern bzw dem System beidseitig ermöglicht.

Die Studie kommt zu dem Ergebnis, daß einige online-Nutzungsformen, insb im Real Time-Verfahren, dh RealAudio und RealVideo, zwar als Sendung unter das australische RundfunkG fallen dürften, jedoch sei der Großteil der Anwendungen als Punkt-zu-Punkt-Übertragung on demand nicht mehr vom Sendebegriff gedeckt und sie daher neu zu regeln.[68]) Die ABA sieht im 1. Teil der Studie folgende Punkte als Schlüsselkriterien für die Regulierung von online-Diensten an:

---

[64]) Die ABA ist eine unabhängige staatliche Behörde, die für die Regulierung der Rundfunkdienste verantwortlich ist.

[65]) Der Auftrag ist im Internet abrufbar unter http://www.dca.gov.au/aba/olsdirec.htm.

[66]) Hierbei wurde die Untersuchung nicht nur auf Kinderpornographie und Rassismus beschränkt, sondern auch die unerlaubte Verbreitung geistigen Eigentums wurde als wichtiges Kriterium angesehen, vgl http://www.dca.gov.au/aba/olsissue.htm, unter Punkt B. Betont wird in der Studie auch die besondere Aufmerksamkeit gegenüber den Aktivitäten der online-Dienste in Deutschland und den USA.

[67]) Im Internet abrufbar unter http://www.dca.gov.au/aba/olsrptt.htm.

[68]) Vgl 2. Teil Punkt 6.

– Es müßten generelle Regeln für die Industrie aufgestellt werden, die klar und vorhersehbar seien.

– Die Regelungen müßten flexibel ausgestaltet sein, um die Verantwortlichkeit der Dienste auf geänderte Umstände in ausreichender Weise anzupassen.

– Ein Maßnahmenkatalog müsse erarbeitet werden, um auf Verstöße gegen diese Regeln zu reagieren.

Die ABA stellt interessanterweise weniger auf gesetzgeberische Aktivitäten zur Frage der Verantwortlichkeit von online-Diensten ab sondern vielmehr auf die Selbstregulierung durch die Industrie im Rahmen eines Verhaltenskodex. Vorschriften von außen werden als zu vermeidende Intervention abgelehnt. Als Vorbild für einen solchen Kodex sollen bereits bestehende Kodices dienen. So sind im Kodex für Rundfunkunternehmen bestimmte Regelungen vorgesehen, die ua verhindern sollen, daß Kinder schädlichen Programmen ausgesetzt werden, daß Nachrichten nicht der Wahrheit entsprechen, daß Zahlungsmodalitäten bei pay-Programmen nicht nachteilig sind sowie Regelungen darüber, wie und an wen Beschwerden vorzubringen sind.[69]) Die ABA hatte bei der Erstellung und hat bei der Kontrolle im Rahmen dieses Kodex eine führende Rolle. Sie ist der Adressat für Beschwerden. Rundfunkveranstalter sind hiernach verantwortlich für die Einstufung des Programms (zB in reine Erwachsenenprogramme und Kinderprogramme) und für entsprechende Konsumentenunterstützung und -beratung.[70])

Was den Haftungsmaßstab in einem derartigen Kodex angeht, ist die ABA der Ansicht, daß online-Dienste – anders als Rundfunksender – aufgrund fehlender technischer Möglichkeiten über die Verbreitung der Inhalte weniger oder keine Kontrolle hätten.[71]) Dies bestätigend äußerten sich viele interessierte Kreise im Rahmen der Anhörungen zur Studie.[72]) Bei der Anlegung eines zu strengen Haftungsmaßstabes müßten viele online-Dienste ihre Geschäftstätigkeit einstellen. Zwar ist die ABA der Ansicht, daß strafrechtliche Sanktionen die Provider dazu anhalten können, den Zugang zu ihren sites zu sperren, die dafür bekannt sind, rechtswidrige Inhalte zu verkörpern, jedoch ist sie sich auch bewußt, daß die Blockierung letztlich leicht umgehbar ist. Es sei unter administrativen und finanziellen Gesichtspunkten nicht zu rechtfertigen, von den Providern zu verlangen, den Folgeschaden einer Lahmlegung ihres Betriebes in Kauf zu nehmen.[73]) Denkbar sei aber eine e-mail hotline, mittels derer die Provider von der Übermittlung rechtswidriger

---

[69]) Vgl 2. Teil Punkte 6 und 8; vgl auch den Entwurf eines Beschwerdeverfahrens bei online-Diensten am Ende des 2. Teils.

[70]) Vgl 2. Teil Punkt 5.

[71]) Vgl 1. Teil Punkt 3, 3. Teil Punkt 10.

[72]) Vgl 2. Teil Punkt 5. Der Vertreter von CompuServe Pacific sieht einen solchen Kodex als die geeigneteste Regulierungsart an, vgl 2. Teil Punkt 6.

[73]) Vgl 2. Teil Punkt 5.

Inhalte in Kenntnis gesetzt werden könnten. In diesem Falle sei von ihnen zu verlangen, umgehend zu reagieren.[74])

Die Behörde kommt zum Ergebnis, daß die eigentliche Zugangskontrolle den Nutzern obliegen müsse. Diese könne erleichtert werden indem die Provider ihre entsprechende Filtersoftware, die zB bestimmte Zugänge zu pornographischen Inhalten sperrt, zur Verfügung stellten.

Die ABA kommt zum Schluß, daß die Provider nur in den Bereichen Einfluß auf den Zugang zu rechtswidrigen Inhalten nehmen könnten, wo sie auch entsprechende Kontrollmöglichkeiten hätten. Dies sei zB bei solchen Inhalten der Fall, die auf ihren eigenen Servern gespeichert seien.[75]) Allerdings sei das dort vorhandene Material trotzdem noch fast unübersehbar. Ein Kodex sollte daher regeln, daß, wenn einem Provider Mitteilung von rechtswidrigen Inhalten auf seinem Server gemacht sei, er geeignete Gegenmaßnahmen zu ergreifen habe. Sofern der Kodex eine Altersüberprüfung vor dem Site-Zugang vorschreibe, sollten die Provider für die Richtigkeit der Altersangabe nicht einstehen müssen. Ausreichend sei eine Regelung, daß die Provider zB anhand von Kreditkartenangaben das Alter überprüften. Sofern der Provider den Nachweis erbringe, alles Erforderlich getan zu haben, der Nutzer aber tatsächlich minderjährig war, sei er entlastet.[76]) In diesem Fall treffe die Eltern bzw die Sorgeberechtigten die Verantwortung.[77])

Im Bereich des Urheberrechts sind jedoch in einem Entwurf zur Änderung des australischen UrheberrechtsG (Draft Copyright Amendment Bill 1996) Regelungen vorgesehen, die klarstellen, daß service-provider für unautorisierte Übertragungen von geschützten Werken haftbar sind.[78])

---

[74]) Vgl 2. Teil Punkt 5. In den Niederlanden gibt es schon eine hotline für Kinderpornographie im Internet. Die Gruppierung macht sowohl den Anbietern, dh den content providern, als auch den service providern von der Rechtswidrigkeit gespeicherter Inhalte Mitteilung. Reagieren diese daraufhin nicht, wird die Polizei benachrichtigt. Auch das LKA in Nordrhein-Westfalen ruft im Internet zu Hinweisen auf fragwürdige Angebote per e-mail auf, vgl http://194.25.100.22/IM/LKA/aktuell.htm.

[75]) Vgl 2. Teil Punkt 5.

[76]) Vgl 2. Teil Punkt 5.

[77]) Vgl 2. Teil Punkt 7.

[78]) Vgl Australian Copyright Council Newsletter (April 1996), 2. Voraussichtlich wird das ÄnderungsG erst 1997 in Kraft treten.

E. Der Diskussionsstand in Großbritannien[79])

I. Das Lord Chancellor's Department Consultation Paper on Draft Defamation Bill

Im britischen Recht finden sich bisher keine neuen Regelungen betreffend die Verantwortlichkeit von online-Diensten. Für den Bereich der Verbreitung beleidigender Äußerungen liegt aber ein Entwurf für einen sog Defamation Act vor, der den bisherigen Defamation Act von 1952 an die neuen Übertragungsmöglichkeiten durch online-Dienste angleichen soll.[80])

Interessant ist in diesem Zusammenhang die Beweislastverteilung. Nach britischem Recht hätte nicht etwa der geschädigte Kl dem online-Dienst als Verletzer die Kenntnis der Verletzung nachzuweisen – wie es im amerikanischen Recht grundsätzlich erforderlich ist –, sondern die Beweislast liegt beim Vertreiber – also dem online-Dienst. Er muß sich entlasten.

Der Entwurf basiert auf dem „Lord Chancellor's Department Consultation Paper on Draft Defamation Bill" vom Juli 1995.[81]) Gemäß der überkommenen Dogmatik wird hinsichtlich der Verantwortlichkeit unterschieden zwischen denjenigen, die primär für die Veröffentlichung („primarily responsability") bzw subsidiär haften („not primarily responsible"). Unter die erste Gruppe fallen zB Autoren und Verleger. Zur 2. Gruppe gehören ua im Falle der Verbreitung durch elektronische Mittel Personen, die nur der Vervielfältigung oder Verbreitung des Inhalts bzw dem Verkauf des elektronischen Mediums gedient haben. Weiterhin gehören zu dieser Gruppe diejenigen, die nur die Verbreitungssysteme zur Verfügung stellen (vgl 1 c4) (c) des Entwurfs). Schließlich fallen unter diese Gruppe auch die Betreiber von Kommunikationssystemen, die nur der Übertragung der Äußerung dienen. Nur diese subsidiär Verantwortlichen können sich darauf berufen, daß sie nicht gewußt hätten, daß ihre Tätigkeit zur Veröffentlichung einer zB beleidigenden Äußerung führte bzw dazu beitrug und daß sie unter Beachtung aller Sorgfalt keinen Verdacht diesbezüglich haben mußten (vgl 1 (1) des Entwurfs). Die oben genannten Differenzierungen zwischen primär haftenden Verlegern und sekundär – wegen ihrer Kenntnis haftenden – Verkäufern erinnert deutlich an die bereits dargestellte amerikanische Auffassung.

II. Die Anwendung des Copyright, Designs and Patents Act 1988

Im Bereich des Urheberrechts werden in Großbritannien online-Dienste unter die Definition des Kabelprogrammdienstes des § 7 (1) des Copy-

---

[79]) Vgl zum Ganzen *Landau/Goddard* International Media Law vom 10.10.1995, 75; *Flechsig* AfP 1996, 333 (345). Vgl auch die Fallstudien der Information Society Initiative (ISI) über den britischen Markt in der Informationsgesellschaft im Internet unter http://www.isi.gov.uk.

[80]) Vgl zur bisherigen Rechtslage *Hance*, Internet-Business Internet-Recht, Brüssel 1996, 236ff.

[81]) Vgl die Motive zur Gesetzesänderung im 2. Kapitel des Consultation Papers.

right, Designs and Patent Acts von 1988[82]) gefaßt und sind daher grundsätzlich für Urheberrechtsverletzungen verantwortlich. Wichtig in diesem Zusammenhang aber ist insb die Ausnahmeregelung des § 7 (2) (e), wonach Dienste, die für Personen betrieben werden, die Sende- oder Kabelprogrammdienste oder Programme für solche Dienste bereitstellen, oder soweit die Dienste für solche Personen betrieben werden, nicht unter die oben genannte Definition fallen und damit von der Haftung ausgenommen sind. Damit dürften online-Dienste, die als reine Netzbetreiber fungieren, nicht haftbar gemacht werden können.

III. Der Bericht „Information Society: Agenda for Actions in the UK"

Am 23.7.1996 veröffentlichte das Select Committee für das House of Commons und das House of Lords den oben genannten Bericht nach einem halbjährigen umfangreichen Anhörungsverfahren interessierter und betroffener Kreise.[83]) Unter Punkt 2.30 wird auf die Haltung einiger online-Dienste in Großbritannien hingewiesen, die sich in bezug auf die Verbreitung zB pornographischen Materials lediglich als Trägermedien verstehen und vorgeben, nicht mehr Verantwortung tragen zu müssen als die Post oder die British Telecom.[84]) Dagegen argumentiert der Ausschuß, daß man die online-Dienste auch ähnlich einem Photoentwickler ansehen könne, der sich zB weigern könne, Photos mit rechtswidrigen Darstellungen zu entwickeln. Die rechtliche Ungewißheit auf diesem Gebiet verunsichere sowohl die online-Dienste als auch ihre Kunden. Grundsätzlich soll der Markt selbst Regulative für die Dienste hervorbilden; erst wenn dies nicht von Erfolg beschieden sei, sei staatlicher Einfluß erforderlich.[85]) Aufgrund der globalen Natur des Internets sei eine andere Möglichkeit als die anzustrebende Selbstregulierung sehr unwahrscheinlich. Der Ausschuß regt die Ausarbeitung eines Verhaltenskodex (code of practice) an durch die Internet Service Providers' Association.[86])

Dieser Empfehlung entsprechend hatte die Internet Servicer Providers Association (ISPA) schon am 21.5.1996 einen Code of Practice angenommen.[87]) Durch die Mitgliedschaft verpflichten sich die Mitglieder, nur gesetzmäßige Inhalte und Dienstleistungen anzubieten, insb keine Inhalte,

---

[82]) Dies ist ein Dienst, der ganz oder vorwiegend darin besteht, Bilder, Töne oder andere Informationen mittels eines Telekommunikationssystems... zum Empfang an zwei oder mehreren Orten ... oder zum Zwecke der Wiedergabe an die Öffentlichkeit zu senden.

[83]) Dieser – übrigens erste elektronische Bericht einer britischen Regierungsstelle – ist im Internet abrufbar unter http://www.hmsoinfo.gov.uk/hmso/document/inforsoc /ch.1htm.

[84]) Vgl hierzu auch die Pressemitteilung der American Civil Liberties Union über die „Hysteria in the UK" unter http://www.aclu.org/issues/cyber/censor/hysteria.html.

[85]) Vgl Punkte 5.44, 5.45 des Berichts.

[86]) Vgl Punkt 6.9 des Berichts.

[87]) Im Internet abrufbar unter http://www.ispa.org.uk/codenew.html.

die gewalttätiges, sadistisches, besonders grausames oder rassistisches Material betreffen. Aus der Begründung zu diesem Regelwerk wird deutlich, daß die ISPA grundsätzlich die eigentlichen Inhaltsanbieter (content provider) als für Rechtsverletzungen verantwortlich ansieht.[88])

F. Der Diskussionsstand in Frankreich

I. Legislative Entwicklungen

In Frankreich hat sich der Minister für Telekommunikation und Postdienste *François Fillon* während der Sitzung des Telekommunikationsrates der EU am 24.4.1996 in Bologna gegen eine rein französische und damit nationale Regelung ua der Frage der Verantwortlichkeit von online-Diensten ausgesprochen.[89]) Er regte die Ausarbeitung eines Verhaltenskodex (code de bonne conduite) auf internationaler Ebene an, der ua auch die oben genannte Frage einbeziehen soll.

Bereits im Vorfeld sprach er sich dafür aus, daß die internationale Diskussion aber nicht davon abhalten solle, auch auf nationaler Ebene über Regulierungen nachzudenken.[90]) So verweist er auf die bisherigen Erfahrungen mit dem Videotextsystem Minitel, das von ca fünf Mio Franzosen genutzt wird. Die entsprechenden Serviceanbieter in Frankreich hätten bereits Erfahrungen im Umgang mit dieser Technik gesammelt. Er verweist auf den in Frankreich für Minitel bereits existierenden Verhaltenskodex, der von allen beteiligten Anbietern akzeptiert werde.[91]) Die französischen online-Dienste hätten eine Initiative gestartet, einen ähnlichen Kodex für ihren Bereich zu entwickeln.

Am 26.3.1996 ist in Frankreich ein Gesetz über experimentelle Vorhaben im Informations- und Dienstleistungsbereich verabschiedet worden, das unter einer Abkehr vom bisherigen französischen TelekommunikationsG die Einführung experimenteller Technologie und Erfindungen im Telekommunikationsbereich durch Ausnahmeregelungen ermöglicht.[92]) Der Begünstigte einer solchen Ausnahmeregelung hat nach Art 2 (2) zu versichern, daß Regelungen über Menschenwürde und der Schutz Minderjähriger und Konsumenten eingehalten werden.

---

[88]) Im Internet abrufbar unter http://www.ispa.org.uk/policy.html

[89]) Libération vom 3.5.1996; im Internet abrufbar unter http://www.telecom.gouv.fr./français/comdis/cp240496.htm.

[90]) Das entsprechende Interview ist nur im Internet abrufbar unter http://www.telecom.gouv.fr./english/comdis/i230296.htm.

[91]) In Art 1.2 des Annex 1 der Convention kiosque TELETEL finden sich zB Regelungen über die Haftung entsprechender Diensteanbieter nach Presserecht oder allgemeinem Recht, je nachdem ob sie eine presserechtliche Publikation anbieten oder nicht.

[92]) Loi n 96-299 vom 10.4.1996, JO vom 11.4.1996, 5569; abrufbar im Internet unter http://telecom. gouv.fr./english/activ/techno/loiai.htm.

II. Judikative Entwicklungen

Im März 1996 hat die UEJF (Union des Etudiants Juifs de France) neun französische Internetprovider verklagt, weil durch ihre Dienste strafrechtlich relevante Inhalte verbreitet würden. Über ihre Dienste würden Mitteilungen übertragen, die den Holocaust leugneten. Die Provider haben sich darauf bezogen, daß sie nur Zugangs- nicht aber Inhaltsanbieter seien und daß das Begehren der Kläger sie dazu zwingen würde, jegliche Botschaft, Information und den Zugang zu allen Diensten in Echt-Zeit zu kontrollieren, was undurchführbar sei.

Am 16.4.1996 wurde in einer ähnlichen Angelegenheit durch ein Pariser Gericht entschieden.[93])

In diesem Fall hatte Yves *Rocher*, ein Manager eines Kosmetikherstellers, Mitteilungen in Heften verlegt und verbreitet, die abträglichen Inhalts gegenüber der Firma BNP-Banexi-Gruppe waren. Die Mitteilungen waren auch im Internet abrufbar. Die Gruppe beantragte im Wege des vorläufigen Rechtsschutzes ua die Entfernung dieser angeblich verleumderischen Inhalte aus dem Internet von Rocher. Letzterer erwiderte darauf, daß eine Zugangs- und Verbreitungskontrolle im Internet unmöglich sei. Das Gericht wies dieses Vorbringen aber zurück, da jede Person, die die Verantwortung für die öffentliche Verbreitung – unabhängig in welcher Form – von Inhalten übernommen habe, die den Ruf Dritter schädigen, zumindest dafür verantwortlich sei, im Falle der Unwahrheit der Mitteilung, jegliche Maßnahmen zu treffen, dies zu beenden oder zu begrenzen.

In ähnlicher Weise wurde im Mai 1996 zwei Managern der französischen Internetprovider Worldnet und FranceNet vorgeworfen, daß über ihre Systeme Kinderpornographie verbreitet werde. Sie wurden nach einer Durchsuchung der Geschäftsräume kurz inhaftiert und entsprechend angeklagt.[94])

G. Der Diskussionsstand in der Schweiz

I. Die sog 156er- Entscheidung

In bezug auf die strafrechtliche Verantwortlichkeit hat das Schweizer Bundesgericht in der sog 156er-Entscheidung[95]) festgestellt, daß sich der für die Einführung eines sog Telekiosks Verantwortliche der Schweizerischen Telecom PTT der Gehilfenschaft zur Pornographie, die über den Kiosk vertrieben wurde, strafbar mache, wenn er die für den Betrieb notwendigen Einrichtungen zur Verfügung stelle und hierbei positive Kenntnis davon habe, daß pornographische Tonaufnahmen verbreitet werden. Der Täter

---

[93]) Tribunal de Grande Instance Paris – 16.4.1996 – REF 54240/96.

[94]) *Lappin* Wired August 1996, 80.

[95]) BGE 121 IV, 109ff.

wurde in diesem Fall im Vorfeld durch die Staatsanwaltschaft auf das Risiko der Strafbarkeit bei Fortsetzung des Kiosks hingewiesen.

II. Der Bericht der interdepartementalen Arbeitsgruppe des Bundesrates für Justiz vom 30.5.1996

Unter dem Titel „INTERNET – Neues Medium – neue Fragen ans Recht“ hat eine interdepartementale Arbeitsgruppe des Bundesrates für Justiz zu straf-, datenschutz- und urheberrechtlichen Fragen rund um das Internet Stellung bezogen.[96]) Die Arbeitsgruppe schlägt vor, die Grundsätze der oben genannten Entscheidung auch auf die Anbeiter von Internetzugängen (hier access provider genannt) sowie auf die Betreiber von anderen online-Netzen zu übertragen. Die Bereitstellung der Infrastruktur durch den Provider bilde in gleicher Weise wie die Einrichtung des Telekiosks ein aktives Tun. Das allgemeine Wissen, das sich in der immensen Datenmasse des Internets auch strafrechtlich relevante Inhalte befinden, auf die er mit seiner Dienstleistung den Zugriff miteröffne, begründe noch keine strafrechtliche Verantwortlichkeit. Einer Rechtspflicht zur Untersuchung von e-mails stehe schon das Fernmeldegeheimnis entgegen. Sofern der Provider detaillierte und konkrete Hinweise über zu beanstandende Inhalte erhalte, müsse er umgehend die technisch möglichen Schritte zB die Sperrung von Newsgroups veranlassen, um den Abruf dieser Inhalte zu verhindern und um der strafrechtlichen Verantwortlichkeit zu entgehen. Die Arbeitsgruppe erkennt zwar die Notwendigkeit internationaler Lösungen aufgrund der internationalen Dimension des Internets an, jedoch sind nach ihrer Auffassung vorab nationale Lösungen zu finden. In die Haftung zu nehmen seien daher die inländischen Zugangsanbieter zum Netz. Ein staatliches Aufsichtsdispositiv sei die ultima ratio. Die Branche solle durch die Schaffung eines Ehrenkodex zur Selbstregulierung beitragen.[97])

Auf der Basis dieses Ergebnisses gibt die Arbeitsgruppe Empfehlungen für access provider wie zB die rechtzeitige Sperrung der Netzinhalte bei konkreten Hinweisen auf deren Rechtswidrigkeit, die möglichst gegenüber einer zentralen Beschwerdestelle abgegeben werden sollen. Diese solle dann die jeweiligen Provider informieren.

---

[96]) Der Bericht ist im Internet abrufbar unter http://www.admin.ch/ejpd/d/bj/internet/inbearbd.htm.

[97]) So arbeitet zur Zeit eine Arbeitsgruppe „Internet und Recht“ einen derartigen Kodex unter der Leitung von EUnet aus.

H. Der Diskussionsstand in Deutschland[98])

I. Die deutsche Judikative

Mittlerweile haben sich auch deutsche Gerichte mit der Frage der Verantwortlichkeit allerdings nur von e-mailbox-Betreibern beschäftigt.

1. Die Entscheidung des LG Stuttgarts[99])

Es findet sich zur Frage der Verantwortlichkeit eines Systembetreibers (SYSOP) einer Mailbox die schon ältere Entscheidung des LG Stuttgart vom 17.11.1987. Es hatte den Fall zu entscheiden, daß gegen den Betreiber einer Mailbox eine Unterlassungsklage angestrengt wurde wegen der Verbreitung rufschädigenden Materials. Die Klage wurde mit der Begründung abgewiesen, daß der Bekl nicht verpflichtet sei, jede eingehende Nachricht auf ihre rechtliche Unbedenklichkeit hin zu prüfen, bevor er ihre Speicherung und damit ihre Abrufbarkeit zuläßt. Mit der Auferlegung einer solchen zeitaufwendigen und im Einzelfall schwierigen rechtlichen Überprüfungspflicht würden die an den *nichtgewerblichen* (Hervorhebung des Verfassers) Betreiber einer Mailbox zu stellenden Sorgfaltsanforderungen überspannt. Insoweit sei seine Verantwortlichkeit der eines Zeitungsverlegers für den Anzeigenteil vergleichbar, was bedeute, daß er erst dann auf Unterlassung der Verbreitung hafte, wenn er die Beeinträchtigung erkenne oder etwa auf einen Hinweis hin, hätte erkennen können.

2. Die Entscheidung des AG Nagold[100])

Das AG hatte am 22.6.1995 einen ähnlichen Fall strafrechtlich zu würdigen. Hier hatte der Angeklagte in der elterlichen Wohnung eine Mailbox betrieben, die urheberrechtlich geschützte Computerprogramme enthielt. Er bot diese der Öffentlichkeit zum Downloading an. Um ein Programm bei sich abzuspeichern, mußte der Interessent erst ein neues Programm auf das Gerät des Angeklagten überspielen. Die Einlassung des Mailbox-Betreibers, er sei nicht ständig anwesend gewesen und könne daher nicht wissen, welche Programme in seinen PC eingespeist wurden, wurde als unerheblich abgewiesen. Denn er betreibe die Mailbox gerade deshalb, um sich und anderen die auf dem Markt befindlichen Programme zugänglich zu machen. Die Überprüfung, wann eingespeichert und downgeloadet sei, sei ihm

---

[98]) Die Darstellung beschränkt sich auf die Entwicklung der möglichen zukünftigen Rechtslage. Vgl zur Übertragbarkeit des bisherigen zivil- und strafrechtlichen Instrumentariums auf die hier behandelte Problematik eingehend *Spindler* ZUM 1996, 533 (insb542ff) sowie *Sieber* JZ 1996, 429ff, 494ff; *Widmer/Bähler* CR 1996, 178ff, *Jäger/Collardin* CR 1996, 236ff, *Conradi/Schlömer* NStZ 1996, 366ff, 472ff, *Scherer* AfP 1996, 213 (216f), *Flechsig* AfP 1996, 333 (340ff), *Stange* CR 1996, 424ff speziell zur Übermittlung pornographischer Inhalte im Internet.

[99]) LG Stuttgart, jur-pc 1992, 1714ff.

[100]) AG Nagold CR 1996, 240f.

anhand der Technik seines PC's ohne großen Zeitaufwand möglich gewesen. Jedenfalls habe er Sorge dafür tragen müssen, daß die auf den PC überspielten urheberrechtlich geschützten Programme nicht von Dritten abgerufen werden könnten. Dies sei technisch ohne weiteres möglich.

II. Die deutsche Legislative

1. Das deutsche Umsetzungsgesetz zur EU-Kabel- und Satellitenrichtlinie[101])

Mit der oben genannten Umsetzung der Richtlinie in deutsches Recht wird ein neuer § 20a Abs 3 UrhG eingeführt, der eine Legaldefinition für die Satellitensendung enthält. Letztere ist hiernach die unter der *Kontrolle und Verantwortung* (Hervorhebung des Verfassers) des Sendeunternehmens stattfindende Eingabe der für den öffentlichen Empfang bestimmten programmtragenden Signale in eine ununterbrochene Übertragungskette, die zum Satelliten und zurück zur Erde führt.[102])

Insoweit könnte man betreffend die Verantwortlichkeit der service provider bei online-Übertragungen (diese sind übrigens in der Richtlinie an keiner Stelle erwähnt[103])) entsprechende Parallelen ziehen: Sie sind in die Haftung zu nehmen, wenn die Zurverfügungstellung urheberechtlich geschützten Materials in Datenbanken zum öffentlichen Abruf unter ihrer Kontrolle und Verantwortung stattfindet.

2. Die Auffassung des Bundesministers für Post und Telekommunikation

In einer Stellungnahme vom 7.6.1994 zur „Rechtlichen Einordnung von Datenkommunikation/Mailboxen“ nahm der Bundesminister für Post und Telekommunikation *Eschweiler* folgende Differenzierung vor:

„Hat der Netz- oder Diensteanbieter keine Kenntnis vom Inhalt der versandten/abrufbaren Nachrichten, so hat er rechtlich nur die Funktion eines technischen Vermittlers von Kommunikationsvorgängen. Als solcher trägt er keinerlei Verantwortung in urheber-, wettbewerbs- oder strafrechtlicher Hinsicht. Urheberrechtlich trifft nur denjenigen eine Verantwortlichkeit, der einen adäquaten Beitrag zur Verursachung der

---

[101]) Entwurf eines Vierten Gesetzes zur Änderung des UrhG, BT-Drucksache 13/4796 vom 4.6.1996; vgl hierzu *Schwarz* ZUM 1995, 687ff.; EuZW 1996, 613f. Die Richtlinie 93/83/EWG des Rates vom 27.9.1993 zur Koordinierung bestimmter urheber- und leistungsschutzrechtlicher Vorschriften betreffend Satellitenrundfunk und Kabelweiterverbreitung ist im ABl EG Nr L 248, 15 vom 6.10.1993 veröffentlicht.

[102]) Vgl auch Art 3 Abs 2 des Vorschlags für einen Beschluß des Rates über die Genehmigung der Europäischen Konvention über urheber- und leistungsschutzrechtliche Fragen im Bereich des grenzüberschreitenden Satellitenrundfunks 96/C 164/03 vom 1.2.1996 (ABl EG Nr C 164, 10ff vom 7.6.1996).

[103]) Die Europäische Kommission sieht aber in ihrem „Grünbuch über Urheberrecht und verwandte Schutzrechte in der Informationsgesellschaft“ (KOM (95) 382 endg, 41) einen Zusammenhang zwischen der digitalen Punkt-zu-Punkt-Verbreitung und dem Satellitenrundfunk.

Rechtsverletzung leistet, was bei demjenigen nicht der Fall ist, der lediglich unwesentliche Hilfsdienste leistet."

Anders solle es dann sein, wenn der Betreiber der Inhalt kennt.

Im Fall der Betreiber von Mailbox-Angeboten sieht der Minister eine Parallele zur rechtlichen Bewertung eines Zeitungsverlegers hinsichtlich des Anzeigenteils.[104])

In ähnlicher Weise äußerte sich Bundespostminister *Bötsch* während der dritten Tagung des EU-Telekommunikationsministerrates am 27.9.1996 in Brüssel, daß die Betreiber von Netzen als „die Boten schlechter Nachrichten" nicht zur Verantwortung gezogen werden könnten.[105])

3. Das geplante Gesetz des Bundes zur Regelung der Rahmenbedingungen für Informations- und Kommunikationsdienste (IuKDG)

Die Bundesregierung will mit dem geplanten Gesetz zur Regelung der Rahmenbedingungen für Informations- und Kommunikationsdienste (IuKDG) einheitliche wirtschaftliche Rahmenbedingungen für die verschiedenen Nutzungsmöglichkeiten der elektronischen Informations- und Kommunikationsdienste schaffen, die eine individuelle Übermittlung und Nutzung von kombinierbaren Daten wie Zeichen, Bilder und Töne ermöglichen. Das Gesetz soll im Frühsommer 1997 in Kraft treten.

Im Gesetzentwurf des TelediensteG (TDG) vom 20.12.1996 findet sich zur Frage der Verantwortlichkeit die Regelung des § 5 mit folgendem Inhalt[106]):

Diensteanbieter[107]), die selbst eigene Inhalte zur Verfügung stellen, sind grundsätzlich nach den allgemeinen Gesetzen verantwortlich.[108]) Für fremde Inhalte, die sie zur Nutzung bereithalten, sollen sie nur dann verantwortlich sein, wenn sie von diesen Inhalten Kenntnis haben und es ihnen technisch möglich und zumutbar ist, deren Nutzung zu verhindern. Sofern sie lediglich den Zugang zur Nutzung fremder Inhalte vermitteln, sind sie nicht verantwortlich. Schließlich soll eine automatische und zeitlich begrenzte Vorhaltung fremder Inhalte als Zugangsvermittlung gelten.

Es sind demnach folgende Grundsätze festzuhalten:

---

[104]) jur-pc 1992, 1714ff.

[105]) Blick durch die Wirtschaft vom 8.10.1996, 2.

[106]) Der Entwurf, der am 11.12.1996 vom Bundeskabinett gebilligt wurde, steht im Internet unter http://www. iid.de/rahmen/iukdg.html. Auch § 5 des Staatsvertrages der Bundesländer über Mediendienste (Entwurf vom 20.11.1996; vgl Funk-Korrespondenz Nr 48 vom 29.11.1996, 13f) enthält eine identische Regelung. Vgl auch CR 1997, 59.

[107]) Hierunter wird nach § 3 Nr 1 TDG die natürliche oder juristische Person verstanden, die eigene oder fremde Teledienste zur Nutzung bereithält oder den Zugang zur Nutzung vermittelt.

[108]) Vgl hierzu die Darstellung bei *Nordemann/Goddar/Tönhardt/Czychowski* CR 1996, 645 (650f).

Zunächst legt das Gesetz fest, daß wer eigene Inhalte derart zur Verfügung stellt, daß sie über Teledienste zur Kenntnis genommen werden können, die Verantwortung für diese Inhalte trägt. Damit werden insb die eigentlichen Inhaltsanbieter (content provider), dh diejenigen, die zB eine eigene Web-site im Internet einrichten, in die Haftung genommen.[109]) Wenn der Diensteanbieter – etwa als service provider – fremde Inhalte in sein Angebot übernimmt, bleibt auch hier in erster Linie der Urheber (content provider) verantwortlich. Verantwortlich ist der service provider aber dann, wenn ihm der einzelne, konkrete Inhalt bekannt ist und er technisch in der Lage ist, diesen einzelnen Inhalt in zumutbarer Weise so zu sperren, daß die Nutzung in seinem Dienst verhindert wird.

Anders soll es nach § 5 Abs 3 TDG bei denjenigen Diensten sein, die zu fremden Inhalten nur den Weg eröffnen. Hierunter dürften die reinen access provider[110]) fallen. Diese haften grundsätzlich nicht.[111]) Auch die Betreiber sog Proxy-cache-server fallen aus dem Verantwortungsbereich, da die automatische Zwischenspeicherung nicht als Abspeicherung verstanden wird. Bei diesen Servern handelt es sich um lokale Computer, die häufig aufgerufene Web-sites speichern, um erneute Aufrufe über eventuell weit entfernte Computer zu verhindern. Sinkt die Anzahl der Zugriffe unter eine bestimmte vordefinierte Grenze, werden die Daten automatisch wieder gelöscht. Eine Ausnahme von der Haftungsbefreiung des access providers soll jedoch nach § 5 Abs 4 TDG dann gemacht werden, wenn er unter Wahrung des Fernmeldegeheimnisses gem § 85 Telekommunikationsgesetz von der Nutzung rechtswidriger Inhalte Kenntnis erlangt und eine Sperrung technisch möglich und zumutbar ist.[112])

---

[109]) Für dieses Verursacherprinzip spricht sich auch *Engel* aus, AfP 1996, 220 (224ff), ebenso in *Holznagel* ZUM 1996, 864 (866); gleichfalls auch der Staatssekretär im BMJ *Lanfermann*, Handelsblatt vom 3.12.1996, 7.

[110]) Vgl hierzu *Koch* BB 1996, 2049 (2050).

[111]) So auch *Schwarz* in *Becker* (Hrsg) Rechtsprobleme internationaler Datennetze, UFITA Bd 137, 13 (32). In ähnlicher Weise stellte die Bundesregierung als Antwort auf eine Kleine Anfrage der SPD-Fraktion fest, daß die Deutsche Telekom nur ihre Telefonleitungen und Fernmeldeanlagen für den öffentlichen Verkehr zur Verfügung stelle und selbst – im Rahmen von Telefonaten – keinen inhaltlichen Einfluß nehme (BT-Drucksache 12/7165 vom 6.4.1996). Andererseits hat sie im Dezember 1996 20 Anbietern von „Telefon-Sex" im Servicenetz 0190 die Leitung „gekappt". Weiteren 20 Kunden wurden die Verträge gekündigt und 11 Kunden wurden wegen Mißbrauchs abgemahnt, Westfälische Nachrichten Nr 300 vom 27.12.1996.

[112]) In § 5 Abs3 3 des Medienstaatsvertrages iVm. § 18 Abs 3 findet sich eine ähnliche Regelung als eigene Ermächtigungsgrundlage zu Sperrmaßnahmen gegen den access provider als „Nichtstörer".

4. Die Auffassung des Bundesministers für Bildung, Wissenschaft, Forschung und Technologie

Zur Frage der Verantwortlichkeit der online-Dienste führte Bundesminister *Rüttgers* aus, daß für die Inhalte diejenigen verantwortlich seien, die sie produzierten und anböten. Er glaube nicht, daß Netzwerkanbieter zur Verantwortung gezogen werden sollten.[113])

Er sieht die zentrale Bedeutung in der freiwilligen Selbstkontrolle der Anbieter, Netzbetreiber und Nutzer. Insoweit begrüßt er die Initiative bei T-Online, dem Online-Dienst der Deutschen Telekom, einen Ausschuß zur freiwilligen Selbstkontrolle zu gründen. Erst wenn diese Kontrolle versage, müsse der Staat tätig werden. Eine Zensur dürfe es nicht geben.

Eine Totalkontrolle sei heute weder technisch vorstellbar noch politisch wünschenswert und verfassungsrechtlich unzulässig. So wie die Post keine Briefe öffnen dürfe, so dürfe der Provider keine e-mails kontrollieren. Die angekündigte Selbstkontrolle der Provider dürfe keine Alibiveranstaltung sein, sondern es müßten Kriterien und Instrumente entwickelt werden, mit denen eine wirksame Kontrolle der online-Dienste möglich werde.[114])

I. Neueste europäische Entwicklungen

Während sich in den USA die Rechtsprechung seit der Entscheidung des Falles Cubby Inc. ./. CompuServe Inc. aus dem Jahr 1991 (s oben B I 1) häufiger mit der Frage nach der Verantwortlichkeit von online-Diensten – hier CompuServe – beschäftigt hatte, war dies bisher in Europa nur sehr vereinzelt der Fall. Dies dürfte wohl insb auf die in den USA fortgeschrittene technische Entwicklung in diesem Bereich zurückzuführen sein.

In jüngster Zeit finden sich in Europa insb drei neue Urteile aus den Niederlanden, Frankreich und Schweden[115]), die im folgenden näher unter-

---

[113]) Pressestatement zu den Rechtlichen Rahmenbedingungen für neue Informations- und Kommunikationsdienste (Multimedia-Gesetz) vom 2.5.1996, abrufbar im Internet unter http://www.kp.dlr.de/BMBF/rahmen/statementm2596.html.

[114]) Frankfurter Rundschau vom 27.7.1996, 5. Im September 1996 hat sich zudem die Arbeitsgemeinschaft Selbstkontrolle Multimedia mit Sitz in Berlin konstituiert. Sie besteht aus der Automaten Selbstkontrolle (ASK), dem Btx-Selbstkontrollgremium (BSK), dem Deutschen Multimedia-Verband (dmmv), der DT-Control sowie der Unterhaltungssoftware Selbstkontrolle (USK) im Förderverein für Jugend- und Sozialarbeit. Die Gründung stellt eine Reaktion auf die Bestrebungen des Gesetzgebers dar, die multimedialen Erscheinungsformen zu regeln, vgl FAZ vom 13.9.1996, 18.

[115]) Der deutsche Markt stellt mit 1.105.000 (11.102.000) Haushalten, die im Jahre 1996 Zugang zum Internet hatten, den bedeutendsten europäischen online-Markt dar. Dazu im Vergleich: Großbritannien: 635.000 (7.292.000), Frankreich: 246.000 (5.412.000), Italien: 131.000 (2.350.000), Spanien: 102.000 (1.946.000), Niederlande: 144.000 (1.915.000), Schweden: 159.000 (1.206.000), Belgien: 44.000 (1.012.000), Österreich: 98.000 (966.000), Schweiz: 113.000 (843.000), Rest Westeuropa: 154.000 (3.902.000); insgesamt 2.900.000 (38.000.000). Alle Zahlen beziehen sich auf die Haushalte im Jahr 1996, die Zugang zum Internet hatten; in Klammern angegebene Zahlen beziehen sich auf Schätzungen für das Jahr 2001 (Quelle: Datamonitor/Reuters).

sucht werden. Weiterhin hat sich ebenfalls die Europäische Kommission dieser Problematik angenommen.

I. Die Entscheidung des Bezirksgerichts Den Haag

Am 12.3.1996 fällte das Bezirksgericht Den Haag im Rahmen des vorläufigen Rechtsschutzes eine Entscheidung zur Frage der Haftung von online-Diensten.

Diese basiert auf folgendem Sachverhalt.[116]) Am 5.9.1995 betraten Mitglieder der Church of Scientology (CoS) in polizeilicher Begleitung die Niederlassung des holländischen Internet Service Providers XS4ALL in Amsterdam. Sie schrieben alle Seriennummern der Gerätschaften des Providers zur Vorbereitung eines Prozesses gegen ihn auf. CoS behauptete, daß über den holländischen Server einige ihrer urheberrechtlich geschützten und geheimen Dokumente über das Internet verbreitet würden. Hierzu gehöre auch das sog Fishman Affidavit. Dabei handelt es sich um eine eidesstattliche Versicherung des ehemaligen CoS-Mitgliedes Steven *Fishman* aus einem 1993 in Los Angeles gegen ihn geführten Strafprozeß.[117]) Zum Beweis, daß er angeblich unter besonderem psychischen Druck die ihm zur Last gelegten Verbrechen begangen habe, legte er diese vor. Die Dokumente wurden damit in den Prozeß eingeführt, als Anhang dem Affidavit angefügt und waren in der Gerichtsbibliothek öffentlich zugänglich und sogar käuflich.

Aus Protest gegen die oben genannte Durchsuchungsaktion speicherten holländische Internetnutzer auf über 100 sites das oben genannte Affidavit zum weltweiten Abruf. Eine dieser Nutzer war Karin *Spaink*, eine holländische Schriftstellerin und Mitglied der Liberalen Partei im holländischen Parlament.

CoS verklagte daraufhin sie sowie andere holländische Service Provider auf Entfernung und Unterlasssung des Angebots im Internet. Sie nahm die Klage jedoch Ende 1995 wieder zurück, nachdem sie keine notarielle Beglaubigung darüber erhalten konnte, daß die angebotenen Dokumente geschützte „heilige Schriften“ der CoS seien.

Anfang 1996 beantragte die CoS bzw diejenigen, die Rechte an den in Rede stehenden Dokumenten hatten, beim Bezirksgericht Den Haag im Wege des vorläufigen Rechtsschutzes ua wiederum Unterlassung und Entfernung der Angebote im Internet. Unter den insgesamt 23 Antragsgegnern waren 15 Internet Service Provider, mehrere Eigentümer dieser Provider, das Rotterdamer Dagblaad B.V., die Stadt Rotterdam für ihre Entwicklungsförderungsgesellschaft sowie Karin Spaink als Nutzerin.

---

[116]) Zu den Einzelheiten vgl die im Internet abrufbaren Informationen unter http://www.cybercom.net/~rnewman/scientology/dutch/home.html.

[117]) Im Internet abrufbar unter http://www.xs4all.nl/~kspaink/fishman/home.html sowie http://www.xs4all.nl/~kspaink/fishman/index2.html.

CoS war der Ansicht, daß die Provider durch die Zurverfügungstellung des Internetzugangs ihre ausschließlichen Verwertungsrechte nach Art 13 niederländisches UrhG verletzten. Die Provider spielten hierbei keine rein passive Rolle wie etwa ein Informationsverbreiter. Stattdessen würden sie aktiv Werke veröffentlichen bzw Dritte dazu ermuntern.

Die Antragsgegner erwiderten im wesentlichen, sie seien in keiner Weise für mögliche Verletzungshandlungen der Nutzerin als Home Page-Anbieter verantwortlich. Sie stellten nur die Infrastruktur zur Kommunikation zwischen den Nutzern, nicht aber Inhalte zur Verfügung. Dies täten vielmehr die Endnutzer. Weiterhin fehle ihnen jegliche Kontrollmöglichkeit über den „Informationsverkehr", der über ihre Server laufe.

Als während des Verfahrens am 18.2.1996 notariell beglaubigt wurde, daß drei Texte des Affidavits zugunsten der CoS geschützt waren, nahm Spaink diese Dokumente von ihrer Site und stellte eine bearbeitete Version mit entsprechenden Zitaten ins Netz.

Mit der Entscheidung vom 12.3.1996 lehnte das Gericht den Antrag ab.[118]) Es hatte sich hierbei mit der aktuellen Frage auseinanderzusetzen, wer für mögliche (Urheber-)Rechtsverletzungen im Internet verantwortlich ist – der Nutzer, der die Inhalte auf seiner Web-Site anbietet oder/und der Provider, der die Gerätschaften hierfür zur Verfügung stellt.

Die Ablehnung begründete das Gericht wie folgt: In bezug auf die Nutzerin gebe es keinen Grund, im Rahmen des Eilverfahrens ihr die weitere Nutzung der Texte zu untersagen. Der Verweis auf einzelne Textstellen sei ein zulässiges Zitat. Zudem sei das Affidavit in den USA in seiner Gänze schon veröffentlicht worden.

Interessanter sind jedoch die Gründe für die Ablehnung des Antrags gegen die Provider. Hier vertrat das Gericht die Ansicht, daß letztere die Möglichkeit zur Veröffentlichung von Werken eröffnet hätten und grundsätzlich keinen Einfluß darauf und auch kein Wissen davon gehabt hätten, was die Person, für die der Zugang bereitgestellt worden sei, für Inhalte anbiete. Provider seien damit für Urheberrechtsverletzungen grundsätzlich nicht verantwortlich.

Anders solle dies nur sein, wenn unmißverständlich klar sei, daß eine Veröffentlichung im Internet rechtswidrig sei und angenommen werden könne, daß dies dem Provider bekannt sei, zB weil ihn jemand hierüber in Kenntnis gesetzt habe. In diesem Falle könnten die Provider dazu verpflichtet sein, entsprechende Maßnahmen gegen eine solche Nutzungs ihres Zugangs zu ergreifen. Das Gericht war jedoch der Ansicht, daß die Tatsachen für etwaige Verpflichtung zum Einschreiten durch die Antragsteller nicht dargelegt worden seien.

---

[118]) Die Entscheidung nebst Rubrum ist im Internet abrufbar unter http://www.xs4all.nl/~kspaink/cos/verd1eng.html; vgl auch CR 1996, 596ff mit Anm *Ehmann*; *Flechsig* AfP 1996, 333 (340).

II. Die Entscheidung des Tribunal de Grande Instance in Paris

Es handelt sich bei dieser Entscheidung um einen Beschluß im summarischen Verfahren in einer Zivilrechtssache vom 14. 8. 1996 erlassen vom Tribunal de Grande Instance in Paris.[119]) Antragsteller waren die Inhaber von Rechten an Text und Musik des bekannten belgischen Künstlers Jaques *Brel*. Antragsgegner waren insb die Ecole Nationale Supérieure des Télécommunications, die Ecole Centrale de Paris sowie zwei Studenten dieser Schulen, die einen dort vorhandenen Server betrieben.

Der Entscheidung lag folgender Sachverhalt zugrunde:

Unter der Adresse http://www.stud.esnt.fr/bergotfx boten die beiden Studenten im Jahre 1996 Musik und Text von Jacques Brel im Internet zum weltweiten Abruf an. Die Server, auf denen die Werke gespeichert waren, standen jeweils in den oben genannten Schulen. Nachdem die Schulleitung Kenntnis von diesem Vorgang erhalten und man ihnen eine Urheberrechtsverletzung an den Werken Brels vorgeworfen hatte, sorgte sie für die Sperrung des Zugangs zu den entsprechenden Web-Sites auf ihren Servern.

Die Antragsteller waren der Ansicht, die Schulen bzw ihre Studenten hätten ihre ausschließlichen Rechte an Brels Werken durch die Digitalisierung und die Zurverfügungstellung zum weltweiten Abruf verletzt. Sie beantragten im wesentlichen festzustellen, daß diese Handlungen rechtswidrig waren und jedem Antragsgegner zu untersagen, die in Streit befindlichen Angebote auf einem Server in Frankreich oder im übrigen Ausland bereitzuhalten und damit die Übermittlung von Brels Werken fortzusetzen.

Die Antragsgegner beantragten, den Antrag zurückzuweisen. Der Leiter der EDV-Abteilung der Ecole Nationale Supérieure des Télécommunications, vertrat die Auffassung, daß die Schule keine Verantwortlichkeit treffe. Sie habe allein die technischen Mittel zur Inanspruchnahme entsprechender Dienste zur Verfügung gestellt. Man verstehe sich zudem nicht in der Rolle eines Zensors. Weiterhin hätten die Systemnutzer eine Erklärung unterschreiben müssen, die ihnen untersage, die zur Verfügung gestellten Systeme rechtswidrig zu benutzen. Deshalb sei derjenige verantwortlich, der gegen diese Vereinbarung verstoßen habe – also die Nutzer. Es wurde geltend gemacht, daß es unmöglich sei zu differenzieren, ob die geschützten Werke tatsächlich vom Computer des Web-Site Betreibers oder vielmehr vom Cache-Server des Service-Providers oder von einem anderen Computer abgerufen wurden. Das Internet bestehe aus einem Netzwerk unzähliger Computer. Schließlich wurde angeführt, daß üblicherweise die Zurverfügungstellung eines Werkes zur Nutzung ein aktives Tun erfordere, sei es die Übertragung im Bereich der Telekommunikation, sei es die Sendung eines Werkes über einen Satelliten. Impliziert sei immer die Aussendung einer Nachricht an einen Rezipienten. Der Betreiber einer Web-Site sei rein passiv. Vielmehr seien es die Nutzer, die durch aktives Tun sich den Zugang

[119]) Tribunal de Grande Instance Paris REF 60138/96, RIDA Bd 171 (1997) 361ff.

zur Web-Site beschaffen. Insoweit hätten weder der Betreiber der Web-Site noch die Schule einen aktiven Beitrag zur Einspeisung von Signalen an die Öffentlichkeit geleistet. Vielmehr sei das Internet ein passives Medium. Daraus sei wiederum der Schluß zu ziehen, daß allein der Nutzer, der sich den Weg zur Home-Page bahne, verantwortlich sei.

Das Gericht folgte nicht der Auffassung der Betreiber, daß ihre Web-Sites rein privater Natur seien, sondern stellte fest, daß mit der Eröffnung einer Web-Site im Internet die kollektive Nutzung geradezu vorprogrammiert sei. Weiterhin sei es unbeachtlich, daß die Antragsgegner keine Übermittlung der urheberrechtlich geschützten Werke durch positives Tun veranlaßt hätten, denn allein schon in der Gestattung, ihre Web-Sites „zu besuchen", liege implizit die Autorisierung, Text und Musik Brels zu kopieren.

Im wesentlichen faßte das Gericht seinen Beschluß wie folgt: Es wurde festgestellt, daß die beiden Web-Site Betreiber rechtswidrig Werke Jacques Brels vervielfältigt und öffentlich wiedergegeben haben. Dennoch wurde konstatiert, daß durch die Entscheidung der beiden Schulen nach Kenntnis von der Rechtsverletzung, der Zugang zu den obengenannten Web-Siten blockiert wurde. Das Gericht untersagte den Schülern, ihre Seiten, die Werke Brels enthalten, im Internet zugänglich zu machen. Weiterhin wurde den Schulen aufgegeben, die Schüler auf die Regelungen des geistigen Eigentums aufmerksam zu machen.

III. Die Entscheidung des schwedischen Obersten Gerichtshofes

Auch in Schweden ist mit Urteil vom 22.2.1996 festgestellt worden, daß das bloße Bereitstellen eines BBS keine urheberrechtlich relevante Handlung darstellt.[120])

IV. Die Position der Europäischen Kommission

Auch die Europäische Kommission hat sich nunmehr des in Rede stehenden Problems der Verantwortlichkeit von online-Diensten angenommen.

Ließ noch das „Grünbuch über Urheberrecht und verwandte Schutzrechte in der Informationsgesellschaft"[121]) Ausführungen hierzu vermissen, so kündigt sie nunmehr in ihrem Follow-up-Paper „Initiativen zum Grünbuch über Urheberrecht und verwandte Schutzrechte in der Informationsgesellschaft" die Prüfung des Erfordernisses einer Initiative auf EU-Ebene in der Frage der Haftung für Urheberrechtsverletzungen an.[122])

Zur Bekämpfung schädigender und illegaler Inhalte im Internet hat die Kommission zwei Dokumente vorgelegt, in denen sie entsprechende Maßnahmen vorschlägt. Zum einen handelt es sich hierbei um die „Mitteilung

---

[120]) Högsta Domstolen GRURInt 1997, 57ff.

[121]) KOM (95) 382 endg.

[122]) KOM (96) 586 endg 3, 24.

der Kommission an das Europäische Parlament, den Rat, den Wirtschafts- und Sozialausschuß sowie den Ausschuß der Regionen über illegale und schädigende Inhalte im Internet" und zum anderen um das „Grünbuch über den Jugendschutz und den Schutz der Menschenwürde in den Audiovisuellen- und Informationsdiensten".

Eine weitere Harmonisierung der nationalen Regelungen für online-Dienste sei – so die Generaldirektion X der Kommission – derzeit nicht geplant.[123])

1. Die Mitteilung an das Europäische Parlament[124])

Die Kommission stellt klar, daß sie sich der Grenzen des Gesetzesvollzuges bei Internet-Anwendungen bewußt ist. So ist sie einerseits der Auffassung, daß Gesetzesverletzung in den öffentlichen Internet-Anwendungen des World Wide Web leicht aufzuspüren seien, dies jedoch bei privaten Anwendungen, zB E-mail, anders sei. Insb bestünden technische Grenzen des Gesetzesvollzuges, da eine Kontrolle de facto nur am Netzeingang und -ausgang möglich sei, dh beim Server, über den der Benutzer Zugang erhält, oder bei dem Endgerät, über das die Informationen gelesen und heruntergeladen werden sowie bei dem Server, bei dem das Dokument veröffentlicht wird[125]). Zudem besteht die Möglichkeit der Übertragung der Inhalte von einem Server auf den anderen, so daß diese weiter verfügbar bleiben, auch wenn der Ursprungsserver gesperrt ist.

Die Kommission geht von einer sog Veranwortungskette aus. Hierbei differenziert sie zwischen den reinen Internet-Zugangsanbietern, also solchen, die allein den Zugang zum Internet anbieten, den Internet-Diensteanbietern, die zusätzliche Leistungen erbringen wie die Speicherung von Inhalten als sog Hostanbieter, die von Benutzern oder aber von Dritten produziert werden. Bieten sie eigene Inhalte an, werden sie als Inhaltsanbieter bezeichnet. Schließlich definiert die Kommission auch die online-Diensteanbieter als diejenigen, die Abonnentenfirmen eigenes Material auf ihre geschlossenen Systeme liefern und auch Internet-Zugang anbieten. Die Hauptverantwortung für die Inhalte liegt nach der Auffassung der Kommission bei den Autoren und den Inhaltsanbietern[126]). Sie gibt vor, die genaue Verantwortungskette zu ermitteln, damit für die illegalen Inhalte auch diejenigen zur Verantwortung gezogen werden könnten, die sie verfaßt haben. Sie rät dazu, unter Umständen bereits bestehende Gesetze zu ändern oder zu präzisieren, um den Zugangsanbietern und Hostdiensteanbietern, die in

---

[123]) Sabine von *Zanthier* (GD X) in *Holznagel*, ZUM 1996, 864 (865); vgl auch Erwägungsgrund 9 des Vorschlags für eine Richtlinie zur dritten Änderung der Richtlinie 83/189/EWG über ein Informationsverfahren auf dem Gebiet der Normen und technischen Vorschriften, ABl EG Nr C 307 vom 16.10.1996 , 11 (12).

[124]) KOM (96) 487; vgl auch CR 1997, 60ff.

[125]) Seite 10

[126]) Seite 11.

erster Linie eine Dienstleistung erbringen, dabei zu helfen, einen Weg zwischen dem Vorwurf der Zensur und der Gefahr der Haftbarmachung zu finden[127]). Sofern die Hostdiensteanbieter selbst Inhalte auf dem World Wide Web oder in News Groups anböten, hafteten sie hierfür „natürlich“ ebenso wie jeder andere Autor oder Inhaltsanbieter. In den Fällen, in den die Inhalte von Dritten geliefert würden, müßte die Haftung des Hostdienstanbieters klar geregelt werden. Die Kommission weist darauf hin, daß in einigen Mitgliedstaaten – ua auch Deutschland[128]) – Rechtsvorschriften diskutiert würden, in denen die Haftung der Hostdienstanbieter dahingehend definiert seien, daß sie nur haftbar seien, wenn von ihnen billigerweise erwartet werden könne, daß sie das Dokument als illegal erkennen oder wenn sie es unterlassen, mit angemessenen Maßnahmen dieses Material zu entfernen, nachdem sie klar darauf hingewiesen worden seien.

Die Netzbetreiber wie zB die Telekommunikationsunternehmen hafteten idR nicht. Es könne von ihnen nach bestimmen Rechtsvorschriften in entsprechenden Lizenzverträgen jedoch verlangt werden, daß sie gegenüber ihren Kunden (Zugangsanbietern) Schritte unternähmen, wenn diese Einrichtungen zur Weitergabe illegalen Materials benutzten.

Die Kommission begrüßt Tendenzen zur Ausarbeitung von Verhaltenskodices zur Selbstkontrolle. Hier weist sie insb auf die Entwicklungen in Frankreich[129]), Deutschland[130]) und Großbritannien[131]) hin. Eine entsprechende Information über die Verbreitung illegaler Inhalte könne von dem im Land des Anbieters eingesetzten Gremium zur Selbstkontrolle oder von einer entsprechenden Stelle in einem anderen Land kommen. Da Inhalte problemlos kopiert und an andere Server weitergegeben werden könnten, müßten auch andere Diensteanbieter nicht nur in dem entsprechenden Land, sondern weltweit auf gleiche Weise vorgehen. Für diesen Prozeß sei ein internationales Netz von Selbstkontrollgremien äußerst förderlich, allerdings würde der Aufbau derartigen Netzes zeitraubend sein[132]).

Wenn das illegale Material nicht aus dem Host-Server entfernt werden könne, zB weil sich der Server in einem anderen Land befinde, mit dem

---

[127]) Seite 11.

[128]) Siehe unter A.

[129]) Siehe unter C.

[130]) So haben die führenden deutschen Service Provider erklärt, einen Internet Medienrat zu etablieren, der Richtlinien und Werteskalen als „adäquate demokratische Mittel, um Rechtssicherheit für Provider und Online-Nutzer zu erreichen“, erarbeiten soll; so der Geschäftsführer des eco Forum e.V. *Summa* in Dialog 12/1996, 5: vgl auch http://www.anwalt.de/eco/Pr960605.htm. Vgl auch die diese Entwicklungen begrüßende Stellungnahme des Bundesforschungsministers *Rüttgers* in CR 1996, 787.

[131]) Nach einem von der Internet Service Providers Association (ISPA) verfaßten Code of Practice (http://www.ispo.org.uk/codenew.html) werden grundsätzlich die content provider als die für die Inhalte Verantwortlichen angesehen, vgl auch die Begründung im Internet unter http://www.ispo.org.uk/policy.html.

[132]) Seite 12.

keine Kooperationsbereitschaft bestehe oder weil das Material in dem betreffenden Land nach der dortigen Gesetzgebung nicht illegal sei, könne die Sperrung des Zugangs beim Zugangsanbieter eine Alternative darstellen. Eine zentrale Indizierung unerwünschten Materials sieht die Kommission als zu restriktiv an. Für Europa sei dies undenkbar und stünde im Widerspruch zur politischen Tradition und würde die persönliche Freiheit des Bürgers deutlich einschränken.[133])

Hinsichtlich der Frage der Behandlung schädigender Inhalte im Internet weist die Kommission auf den Grundsatz der freien Meinungsäußerung hin. Eine wie auch immer geartete Regelung zum Schutz Minderjähriger dürfe nicht in Form eines uneingeschränkten Verbots der Benutzung von Internet zur Weitergabe bestimmten Materials erfolgen, das in anderen Medien frei verfügbar sei. Weiterhin weist sie darauf hin, daß einzelstaatliche Stellen Maßnahmen treffen könnten, die die Freiheit des Dienstleistungsverkehrs einschränken könnten unter Außerachtlassung des Grundsatzes der Verhältnismäßigkeit. Dementsprechend hat die Kommission kürzlich einen Vorschlag für eine Richtlinie angenommen, die auf Gemeinschaftsebene ein Verfahren für die Information und Kooperation zwischen den Mitgliedstaaten und der Kommission auf dem Gebiet der neuen Vorschriften zu den Diensten der Informationsgesellschaft festlegt.[134]) Die Kommission begrüßt auch die Entwicklung von Filtersoftware, die es erlaubt, die unterschiedlichen moralischen Vorstellungen nicht nur in den einzelstaatlichen Rechtssystemen sondern auch im persönlichen Urteil der Benutzer zu berücksichtigen.

Abschließend spricht sie sich für eine Kooperation im Innen- und Justizbereich zwischen den Mitgliedstaaten aus, sodaß ein Austausch von Informationen über die Anbieter gesetzwidriger Inhalte und die Durchsetzung bestehender Rechtsvorschriften über gesetzwidriges Material sichergestellt ist. Es solle über eine europaweit einheitliche Definition gesetzwidriger Inhalte nachgedacht werden. Zu klären sei auch, in wieweit die Zugangsanbieter und Host-Dienstanbieter für illegale Inhalte haftbar gemacht werden könnten. Weiterhin sei die Selbstkontrolle zu fördern. Der Dialog sollte die größtmögliche Zahl an Ländern beteiligen und im Rahmen der OECD[135]), der Welthandelsorganisation, der Vereinten Nationen oder einer ihrer Sonderorganisationen stattfinden.

---

[133]) Seite 13. Eine Beschränkung des Internetzugangs auf rein wissenschaftliche Zwecke befürworten aber zB iranische Geistliche, FAZ Nr 298 vom 21.12.1996, 12. Nach Burmas kürzlich verabschiedetem „Computer Science Development Law“ macht sich strafbar, wer Netzwerke nutzt, um die staatliche Sicherheit, Gesetz und Ordnung, die nationale Einheit, Wirtschaft oder Kultur zu unterminieren, Wired Januar 1997, 96.

[134]) ABl EG Nr C 307 vom 16.10.1996, 11ff.

[135]) So auch die deutsche Vertretung der Europäischen Kommission auf ihrer Fachtagung im Dezember in Bonn, vgl Handelsblatt vom 4.12.1996.

2. Das Grünbuch über den Jugendschutz und den Schutz der Menschenwürde in den audiovisuellen- und Informationsdiensten

Dieses Grünbuch baut auf der oben genannten Mitteilung auf. Hier wird der Jugendschutz und der Schutz der Menschenwürde unter dem Aspekt untersucht, welchen Herausforderungen sich die Gesellschaft stellen muß, will sie, daß diese beiden Problemkreise, die für die Allgemeinheit von überragenden Interesse sind, in der sich schnell entwickelnden Welt der audiovisuellen Informationsdienste angemessen berücksichtigt werden. Das Grünbuch soll sich mit der oben genannten Mitteilung ergänzen, sowohl in bezug auf den zeitlichen als auch inhaltlichen Rahmen. Mit beiden Dokumenten wird den Anforderungen des Europäischen Parlaments und des Rates nach einer ausführlichen Analyse der Frage europäischer Politik im Zusammenhang mit dem Entstehen neuer Dienste entsprochen.

Auch im Grünbuch nimmt die Kommission zur Frage der Verantwortlichkeit Stellung.[136]) Zentrale Dienste hätten den Vorteil, daß es einen Betreiber gebe, der klar erkennbar sei, mit dem die einschlägigen Regelungen beraten werden könnten und der die Verantwortung für ihre Umsetzung trage. Bei den dezentralen Diensten sei es jedoch schwierig, die jeweilige Verantwortlichkeit der einzelnen Akteure in der Kommunikationskette von der Einspeisung des Inhalts bis zum Empfang beim Netznutzer zu bestimmen. Die Kommission wiederholt hier noch einmal die oben genannten Grundsätze, daß die Nutzer, die ungesetzliche Inhalte in das Netz einspeisten, verantwortlich seien und daß die Betreiber, die nur als Übermittler fungierten, nicht verantwortlich zu machen seien. Es bleibe aber die Frage der Verantwortlichkeit der Vermittler, vor allem im Zusammenhang mit Funktionen der selbst zeitweiligen Speicherung der Inhalte weitgehend offen. Es gehe darum zu bestimmen, was technisch möglich und wirtschaftlich vernünftig sei. Auch hier fordert die Kommission, gemeinsame Standards in den Rechtsvorschriften zu erarbeiten, um keinen rechtsfreien Raum entstehen zu lassen. Angeregt wird zudem die Ausarbeitung eines Verhaltenskodexes durch die betroffenen Industriezweige.[137]) Schließlich stellt die Kommission klar, daß von den Providern, die selbst keine (oder nur selten) Inhalte liefern, nicht verlangt werden könne, Mechanismen zur systematischen Kontrolle der Inhalte vorzusehen. Sie könnten allerdings veranlaßt werden mit der Sperrung von vorher festgelegten Seiten (sog schwarze Listen) zur Bekämpfung verbotener Inhalte beizutragen. [138])

---

[136]) Seite 14.
[137]) Seite 23.
[138]) Annex IV, 4.

J. Fazit

Betrachtet man zusammenfassend die obigen Ausführungen zu den Diskussionen in den verschiedenen Ländern, so lassen sich gewisse Gemeinsamkeiten aber auch Unterschiede aufzeigen.

Grundsätzlich versuchen die USA, Kanada und Großbritannien mit gesetzlichen Regelungen – sei es im strafrechtlichen oder im urheberrechtlichen Bereich – die Verantwortlichkeit von online-Diensten zu regeln, während Australien, Frankreich und die Schweiz sich für die Ausarbeitung selbstregulatorischer Verhaltenskodices schwerpunktmäßig aussprechen. Auch in Deutschland wird versucht, sowohl auf Gesetzesebene als auch in selbstregulatorischer Art, Regelungen auszuarbeiten.

Die *USA* haben mit dem CDA und dem NII-Act am deutlichsten versucht, staatlich die Verantwortlichkeit von online-Diensten zu regeln. Der online-Dienst soll – in Abkehr von einigen früheren Entscheidungen – nicht mehr einem Verleger gleichgestellt werden. Vielmehr wird er einem Zeitungskiosk ähnlich angesehen, der nur bei positiver Kenntnis von bzw bei Kennenmüssen der Verletzung und nach unterlassenem Einschreiten hiergegen haftet. Andererseits wird im Rahmen der Diskussionen zum Weißbuch geltend gemacht, daß eine eindeutige Zuordnung der online-Dienste verfrüht sei. Es sei jeweils der Einzelfall unter Berücksichtigung des konkreten Angebots und damit die konkrete Rolle des Dienstes zu würdigen.

In ähnlicher Weise will *Kanada* für den urheberrechlichen Bereich gesetzlich regeln, daß derjenige, der nur die notwendigen Telekommunikationsmittel zur Verfügung stellt, noch keine urheberrechtlich relevante Nutzungshandlung vollzieht. Auch in Kanada ist der Gesetzgeber im übrigen der Ansicht, daß eine Haftung nur bei Kenntnis von der Verletzungshandlung und unterlassenem Einschreiten verlangt werden kann. Die geeigneteste Lösung wird aber hier in einem Verhaltenskodex gesehen.

Auch in *Großbritannien* wird über konkrete gesetzliche Regelungen – allerdings nur für den strafrechtlichen Bereich – nachgedacht. Es findet sich dort ein den amerikanischen Ansätzen ähnliches System. Für den urheberrechtlichen Bereich wird der bestehende Copyright, Designs and Patents Act als ausreichend angesehen. Allerdings will man sich auch in Großbritannien im Rahmen eines Verhaltenskodex mit der Haftungsfrage auseinandersetzen.

Dieser Möglichkeit wird in *Australien* grundsätzlich der Vorzug gegeben. Grundlage soll der schon bestehende Verhaltenskodex für Rundfunkanstalten sein. Nur bei Kenntnis von der Verletzung und bei unterlassener Gegenreaktion im Rahmen zumutbarer Möglichkeiten soll der online-Dienst zur Verantwortung gezogen werden können.

Auch *Frankreich* spricht sich für einen Kodex aus. Hier ist das Vorbild das schon bestehende Regelwerk für das System Minitel.

Die *Schweiz* befürwortet ebenfalls zunächst die nichtstaatliche Regelung durch einen sog Ehrenkodex.

Deutschland hingegen setzt neben selbstregulatorischen Überlegungen – ähnlich wie die USA, Kanada und Großbritannien – auf eine gesetzliche Regelung durch das TDG. Auch hiernach löst die Kenntnis von der Verletzungshandlung und das unterlassene Einschreiten hiergegen grundsätzlich die Haftung aus.

Aufgrund der weltweiten Vernetzung und Nutzungsmöglichkeiten verbietet sich hier aber – wie auch in einzelnen Ländern vielfach betont – eine rein nationale Betrachtung. Denn wenn sich zB strenge Gesetze in bestimmten Ländern durchsetzen, werden die online-Dienste in das Ausland drängen, in dem weniger restriktive Vorschriften bestehen. Insoweit sind die von politischer Seite angestrengten Versuche etwa im Rahmen der Angleichung von Standards durch die UN – zumindest in der Frage der Verantwortlichkeit für die Verbreitung von Kinderpornographie in Datennetzen – auf weltweiter Ebene zu einer Lösung zu gelangen, nur zu begrüßen.[139])

Hierfür gibt es – wie die obige Untersuchung gezeigt hat – den Weg der staatlichen Einflußnahme durch Gesetze und den der Selbstregulierung durch Verhaltenskodices. Wie weit staatliche Kontrolle gehen kann, zeigen die Beispiele der Volksrepublik China und des Irans. In diesen Ländern werden alle Netzleitungen überprüft. Damit wird die Informationsbeschaffung über das Internet gänzlich kontrolliert bzw in vielen Fällen sogar ausgeschlossen.[140]) Auf der anderen Seite – im Bereich der Selbstkontrolle – ist zum Beispiel AOL dazu übergegangen, seinen Kunden auf Wunsch besondere Zugänge für Kinder einzurichten, in denen bestimmte Adressen nicht mehr zugänglich sind.[141]) Außerdem werden vielfach auf Softwareebene bestimmte Sperr- bzw Filterprogramme wie zB Cyber-Sitter, Cyber-Patrol oder Surf-Watch – allerdings mit dem Zwischenschritt des Downloadings dieser Programme durch die Eltern – von den online-Diensten zur Verfü-

---

[139]) Dies regte Bundesfrauenministerin *Nolte* vor der UN in New York für die zwischen dem 27. und 31.8.1996 in Stockholm stattgefundene Weltkonferenz der UN gegen die kommerzielle Ausbeutung von Kindern an, vgl FAZ Nr 165/29 D vom 18.7.1996, 1. „Die Internationalisierung der Kommunikation fordert eine Internationalisierung des Rechts“, *Endter* NJW 1996, 975 (976).

[140]) *Stange* CR 1996, 424 (428). Seit dem 15.9.1996 müssen Internetanbieter in Singapur jeden Zugriff auf ihre Systeme mit einer Liste verbotener Adressen vergleichen und ihn gegebenenfalls verhindern (vgl Computer Bild 18/1996, 95). Auch eine „Bit-Steuer“, die als ein Anteil der „Intensität“ der Informations- und Kommunikationsübermittlung erhoben werden könne, wird als Instrument in Erwägung gezogen, „Schund“ im Internet zu reduzieren, vgl *Soete/Kamp* (Studie der Universität Maastricht vom 12.8.1996) abrufbar im Internet unter http.//www.ispo.cec.be/hleg/bittax.html.

[141]) *Stange* CR 1996, 424 (428).

gung gestellt.[142]) Im deutschen AOL-Dienst sind zudem 30 sog Lotsen dafür angestellt, von belästigten Mitgliedern rund um die Uhr zu Hilfe gerufen werden zu können; in den allgemeinen Geschäftsbedingungen erlegt AOL seinen Nutzern auf, „keine verletzende, verleumderische, beleidigende, bedrohende, obszöne, rassistische oder in sonstiger Weise gesetzeswidrige Äußerungen zu verbreiten".[143]) Denkbar wären auch internationale Lösungsansätze im Rahmen der Internationalen Fernmeldeunion mit Sitz in Genf. Hierbei handelt es sich um ein völkerrechtliches Abkommen (Konstitution und Konvention von 1992), dem ua auch die USA, Kanada, Australien, Großbritannien, Frankreich, die Schweiz und die Bundesrepublik Deutschland angehören.[144]) Zweck des Abkommens ist es ua, die internationale Zusammenarbeit zwischen allen Mitgliedstaaten im Hinblick auf die Verbesserung und den zweckmäßigen Einsatz der Fernmeldeeinrichtungen aller Art [145]) zu erhalten und auszubauen sowie angesichts der Internationalisierung einer von der Informationstechnik geprägten Wirtschaft und Gesellschaft einen breiten Zugang zu den Angelegenheiten des Fernmeldewesens auf internationaler Ebene zu fördern (vgl Art 1 der Konstitution). Nach Art 34 der Konstitution behalten sich die Mitgliedstaaten das Recht vor, jede Art von Fernmeldeverbindung zu unterbrechen, die als für die Sicherheit des Staates gefährlich oder als seinen Gesetzen der öffentlichen Ordnung oder den guten Sitten zuwiderlaufend erscheint.[146])

Auch im Rahmen der EU ist bereits – wie in den oben genannten Dokumenten dargestellt – eine Verantwortungskette festgelegt worden. Zudem

---

[142]) Die Entwicklung derartiger Programme wurde von dem amerikanischen Präsidenten *Clinton* in einer Presseerklärung zur Verfassungswidrigkeitserklärung des Communication and Decency Acts am 12.6.1996 ausdrücklich begrüßt, abrufbar im Internet unter http://www.cdt.org/ciec/decision_PA/960612_Clinton_stmnt.html. Zudem haben sich im August 1995 die US-Firmen Netscape, Microsoft und Progressive Networks, IBM, Apple, AT&T, MCI sowie insb die online-Dienste America Online und CompuServe mit dem World Wide Web-Consortium des Massachusetts Institute of Technology sowie mit dem französischen Institute National de Recherche en Informatique et en Automatique zur Plattform for Internet Content Selection (PICS) zusammengeschlossen. Ihre Aufgabe ist die Entwicklung und Ausgabe von elektronischen Kennzeichungs- und Klassifizierungsmethoden, die die elterliche Zugangskontrolle zum Internet vereinfachen soll (vgl hierzu die Informationen aus dem Internet unter http://www.w3.org/pub/www/PICS/.) Am 25.3.1996 wurde das System erstmals in Europa vorgestellt.

[143]) Der Spiegel vom 24.6.1996, 92.

[144]) Die Konvention ist für die Bundesrepublik Deutschland am 20.8.1996 in Kraft getreten, vgl BGBl II vom 27.8.1996 Nr 28, 1306ff.

[145]) Hierbei geht es gem der Anlage zur Konstitution um jede Übermittlung, Aussendung oder jeden Empfang von Zeichen, Signalen, Schriftzeichen, Bildern, Lauten oder Nachrichten jeder Art über Draht, Funk etc oder andere elektromagnetische Systeme und somit wohl auch über Netzwerke.

[146]) Dies kann auch eine Auflage für eine Allgemeingenehmigung nach dem Vorschlag für eine Richtlinie über einen gemeinsamen Rahmen für Allgemein- und Einzelgenehmigungen für Telekommunikationsdienste vom 30.1.1996 sein, vgl ABl EG Nr C 90, 5 (15 Punkt 3.7) vom 27.3.1996.

wird über einen multilateralen Verhaltenskodex für online-Dienste oder eine internationale Konvention für den Bereich des Internets nachgedacht. Auf einer Sitzung des Telekommunikationsministerrats vom 24. bis 25.4.1996 in Bologna sprachen sich die Minister für derartige Regelungen auf der Ebene der WTO (Welthandelsorganisation) oder OECD (Organisation für wirtschaftliche Zusammenarbeit und Entwicklung) aus.[147]) Die Europäische Kommission wurde gebeten, eine Studie über dieses Thema zu verfassen. Diese wird – wie in der Sitzung des Telekommunikationsministerrats vom 27.9.1996 beschlossen – Gegenstand seiner nächsten Sitzung am 28.11.1996 sein.[148])Während eines „Transatlantischen Workshops über Geistiges Eigentum im Rahmen eines EU-US-Aktionsplans" vom 28. bis 29.5.1996 in Rom, veranstaltet von der Generaldirektion I der Europäischen Kommission, sprach man auch über die Frage, ob die Betreiber von online-Diensten für Urheberrechtsverletzungen in strenger Weise haftbar seien. Schließlich existiert bereits ein Richtlinienentwurf über ein Informationsverfahren auf dem Gebiet der Normen und technischen Vorschriften und Vorschriften zu den Diensten der Informationsgesellschaft.[149]) Dort soll ua durch Regelungen über den Inhalt der online-Dienste wie Werbung, Schutz von Minderjährigen, Beachtung des geistigen Eigentums die Verantwortlichkeit der Dienste festgelegt werden.

All dies zeigt, daß sowohl auf nationaler wie auf internationaler Ebene im wesentlichen in gleicher Richtung nachgedacht wird, damit aus dem Faszinosum Internet nicht die „gespenstische" Einbahnstraße wird.

---

[147]) Vgl NJW-CoR 1996, 214. Leider konnte man sich im Rahmen der Vorbereitung der in FN 46 genannten diplomatischen Konferenz der WIPO über Fragen des Urheberrechts und verwandter Schutzrechte im Dezember 1996 in Genf nicht über Haftungsregelungen – zumindest im urheberrechtlichen Bereich – einigen, vgl WIPO-Dokument CRNR/DC/4 vom 30.8.1996, 48.

[148]) Vgl die entsprechende Mitteilung im Internet unter http://www.cordes.lu:8087/cgi-bin/srchnews/?ACTION=D&SESSION=281701996-10-14&DOC=3. Vgl hierzu die Mitteilung der Europäischen Kommission an das Europäische Parlament, den Rat, den Wirtschafts- und Sozialausschuß sowie den Ausschuß der Regionen über „Illegale und schädigende Inhalte im Internet" KOM(96) 487 vom 16.10.1996 sowie in Ergänzung dieser Initiative das Grünbuch über den Jugendschutz und den Schutz der Menschenwürde in den audiovisuellen und Informationsdiensten.

[149]) ABl EG Nr C 307, 11ff vom 16.10.1996. Der Entwurf dient der Anpassung der Richtlinie des Rates über ein Informationsverfahren auf dem Gebiet der Normen und technischen Vorschriften (83/189/EWG) vom 28.3.1983, ABl EG Nr L 109, 8ff vom 26.4.1983.

Überlegungen zur „communication to the public“ auf Grund des neuen WIPO-Urheberrechtsvertrages

Von *Hon.-Prof. DDr. Robert Dittrich,*
Sektionschef im BMJ iR, Wien

1. Eine Auslegung nach dem Willen des historischen Gesetzgebers, also auf Grund der Vorgeschichte der diplomatischen Konferenz, auf der die beiden neuen Übereinkommen abgeschlossen worden sind, und ihrem Verhandlungsverlauf kann sich derzeit im wesentlichen nur auf die Konferenzunterlagen stützen, weil der Verhandlungsverlauf Nichtteilnehmern der Konferenz bis jetzt nicht zugänglich ist; entgegen einer weitverbreitet geübten Gepflogenheit gibt es keinen Bericht eines Generalberichterstatters oder ein gleichwertiges Dokument (gleichwertige Dokumente), zB einen Bericht der Berichterstatter der beiden Hauptkommissionen. Daß die Konferenzprotokolle noch nicht vorliegen, ist ganz normal. Auch Schrifttum von Konferenzteilnehmern fehlt begreiflicherweise bis jetzt.

2. Der Begriff „communication to the public“ kommt in beiden angenommenen Übereinkommen vor. Ich beschäftige mich aus Zeitgründen nur mit dem „WIPO Copyright Treaty“.[1])

---

[1]) Der „WIPO Performances and Phonograms Treaty“ regelt die „communication to the public“ in seinem Art 6 mit der Überschrift „Economic Rights of Performers in their Unfixed Performances“, der wie folgt lautet: „Performers shall enjoy the exclusive right of authorizing, as regards their performances:

(i) the broadcasting and communication to the public of their unfixed performances except where the performance is already a broadcast performance; and

(ii) the fixation of their unfixed performances.“

Dieser Vertrag enthält – im Gegensatz zu dem hier behandelten – Definitionen, und zwar in seinem Art 2. Danach sind für die Zwecke dieses Vertrages: „(f) ‚broadcasting‘ . . . the transmission by wireless means for public reception of sounds or of images and sounds or of the representations thereof, such transmission by satellite is also ‚broadcasting‘; transmission of encrypted signals is ‚broadcasting‘ where the means for decrypting are provided to the public by the broadcasting organization or with its consent;

(g) ‚communication to the public‘ of a performance or a phonogram . . . the transmission to the public by any medium, otherwise than by broadcasting, of sounds of a performance or the sounds or the representations of sounds fixed in a phonogram. For the purposes of Article 15, ‚communication to the public‘ includes making the sounds or representations of sounds fixed in a phonogram audible to the public.“

3. Die Konferenzunterlagen (Dokument CRNR/DC/4 vom 30. 8. 1996, veröffentlicht in Journal of the Copyright Society of the USA Band 43 Nr 4, 399 ff[2]) hat zwei einschlägige Artikel enthalten, nämlich die Art 6 und 10.

3.1. Art 6 Abs 1 der Konferenzunterlagen mit der Überschrift „Abolition of Certain Non-Voluntary Licenses“ lautet: „Within three years of ratifying or acceding to this Treaty, Contracting Parties shall no longer provide for non-voluntary licenses under Article 11bis(2) of the Berne Convention in respect of the broadcasting of a work.“

Er sah also (unter anderem) eine Verpflichtung vor, eine gesetzliche Lizenz auf Grund des Art 11bis(2) RBÜ binnen drei Jahren nach der Ratifikation bzw nach dem Beitritt zu den neuen Abkommen aufzuheben.

Rundfunksendung („broadcasting“) sollte terrestrische Sendungen und Satellitensendungen in gleicher Weise umfassen, nicht aber Drahtfunk („communication to the public by wire“) und Weitersendungen („rebroadcasting“); Bemerkung 6.01 zu Art 6 (S 26 der Konferenzunterlagen).

Inhaltlich, also ohne Rücksicht auf die Nummerierung, findet sich dieser Artikel im beschlossenen Text nicht mehr; auch eine korrespondierende Bestimmung, also eine inhaltlich veränderte Bestimmung, die denselben Gegenstand betrifft, gibt es nicht.

Die Ermächtigung zur Einführung bzw Beibehaltung einer solchen gesetzlichen Lizenz bleibt daher auch für die Mitglieder des neuen Abkommens aufrecht.

3.2.1. Art 8 des Vertrages mit der Überschrift „Right of Communication to the Public“ lautet:

> „Without prejudice to the provisions of Articles 11(1)(ii), 11bis(1)(i) and (ii), 11ter(1)(ii), 14(1)(ii) and 14bis(1) of the Berne Convention, authors of literary and artistic works shall enjoy the exclusive right of authorizing any communication to the public of their works, by wire or wireless means, including the making available to the public of their works in such a way that members of the public may access these works from a place and at a time individually chosen by them.“

Ihm entspricht Art 10 der Konferenzunterlagen, der die Überschrift „Right of Communication“ trägt und wie folgt lautet:

> „Without prejudice to the rights provided for in Articles 11(1)(ii), 11bis(1)(i), 11ter(1)(i), 14(1)(i) and 14bis(1) of the Berne Convention, authors of literary and artistic works shall enjoy the exclusive right of authorizing any communication to the public of their works, including the making available to the public of their works, by wire or wireless means, in such a way that members of the public may access these works from a place and at a time individually chosen by them.“

Diese Definitionen sind eine Weiterentwicklung auf der Linie der Definitionen des Art 3 RA; der Begriff „communication to the public“ deckt sich nicht mit jenem des WIPO Copyright Treaty (s diesbezüglich oben im Text später unter 3.2.2.).

[2]) Hier werden die Stellen dieses Dokuments nach dem genannten WIPO-Dokument zitiert, weil ich dieses für verbreiteter halte als das Journal of the Copyright Society of the USA.

Zwischen beiden Fassungen bestehen demnach folgende Unterschiede:

a) Die Konferenzunterlagen sprechen von „rights provided for . . .“, die beschlossene Fassung nur von „provisions“. Dies ist mE eine bloß redaktionelle Änderung ohne inhaltliche Bedeutung.

b) In die Aufzählung der vorbehaltenen Bestimmungen wurde Art 11bis(1)(ii) RBÜ eingefügt. Dies ist mE eine Berichtigung eines bei der Abfassung der Konferenzunterlagen unterlaufenen Redaktionsversehens.

c) Der Vorbehalt von Art 14(1)(i) RBÜ wurde in einen Vorbehalt von Art 14(1)(ii) geändert. Dies ist mE ebenfalls eine Berichtigung eines bei der Abfassung der Konferenzunterlagen unterlaufenen Redaktionsversehens.

d) Die Wortfolge „by wire or wireless means“ wurde nach den Worten „including the making available to the public of their works“ eingefügt und nach den Worten „communication to the public of their works“ gestrichen, mit anderen Worten, die Wortfolge innerhalb des Satzes wurde umgestellt. Dies ist mE eine bloß sprachliche Änderung.

3.2.2. Die gegenwärtige Ausgangssituation auf Grund der RBÜ läßt sich zusammenfassend wie folgt umschreiben: Die Regelung der „communication to the public“ ist zersplittert und lückenhaft. Sie ermöglicht unterschiedliche Auslegungen und trägt der neuen technologischen Entwicklung insofern nicht Rechnung, als es fraglich ist, ob diese erfaßt sind, und wenn ja, in welcher Weise.

3.3.1. Die neue Regelung schafft zuerst einmal für alle Werkkategorien eine einheitliche Regelung.

Dies entspricht der Rechtslage in Österreich. Ein Anpassungsbedarf besteht insoweit nicht.

Es steht außer Frage, daß diese Entwicklung aus österreichischer Sicht sehr zu begrüßen ist, weil sie – vereinfacht gesagt – Werken „österreichischen Ursprungs“ in den anderen Mitgliedstaaten der RBÜ einen verbesserten Schutz garantiert.

3.3.2. Darüber hinaus ist die neue Fassung darum bemüht, neuen technologischen Entwicklungen Rechnung zu tragen und einen Beitrag zu einer einheitlichen Auslegung zu leisten.

Im einzelnen ist dazu folgendes zu sagen:

a) In Bemerkung 10.13 der Konferenzunterlagen (S 44) heißt es, daß der mit „making available“ beginnende Teil der Bestimmung auch für die Auslegung der Bestimmungen der RBÜ selbst von Bedeutung sein könnte. Dieser Hoffnung schließe ich mich gerne und mit Nachdruck an.

b) der Ausdruck „communication to the public“ ist in dem neuen Übereinkommen nicht definiert. Jedoch enthält Bemerkung 10.14 der Konferenzunterlagen (S 44 f) Ausführungen über den Inhalt dieses Begriffs. Dort wird gesagt, dieser Begriff meine, ein Werk der Öffentlichkeit durch andere Mittel oder Vorgänge zugänglich zu machen als durch die Verbreitung von Kopien. Dies schließt die Übermittlung durch Draht oder durch drahtlose Mittel ein (wie schon der Text selbst sagt). Die benützte Technologie kann analog oder digital sein, die Übermittlung kann durch elektromagnetische Wellen oder durch gerichtete optische Strahlen geschehen. Das Wort „any“

vor „communication to the public“ betont die Breite dieses Begriffes. „Communication“ bedeutet die Übertragung zu einer Öffentlichkeit, die nicht dort anwesend ist, wo die „communication“ ihren Ursprung hat. „Communication“ eines Werks kann eine Serie von Übermittlungsakten und eine zeitweilige Speicherung einschließen, wenn eine solche Speicherung notwendig ist, um die Übermittlung vornehmen zu können; wird das gespeicherte Werk der Öffentlichkeit zugänglich gemacht, so bedeutet dieses Zugänglichmachen einen weiteren Akt einer „communication“, der die Zustimmung erfordert, wobei die Speicherung selbst vom Vervielfältigungsrecht abgedeckt wird.

Der Begriff „communication“ enthält immer eine Übertragung; daher hätte der Ausdruck „transmission“ als Schlüsselausdruck gewählt werden können, um die relevante Tätigkeit zu umschreiben. Der Ausdruck „communication“ ist doch aufrecht erhalten worden, weil dieser Ausdruck in allen relevanten Artikeln der RBÜ in ihrer englischen Fassung enthalten ist. In diesem Zusammenhang wird ausdrücklich darauf hingewiesen, daß in Art 11 und 11ter RBÜ in der französischen Fassung der Ausdruck „la transmission publique“ und in Art 14 der Ausdruck „la transmission par fil au public“ verwendet wird, während die entsprechenden englischen Ausdrücke „communication to the public“ und „communication to the public by wire“ sind. In Art 11bis RBÜ französischer Fassung lautet hingegen der korrespondierende französische Ausdruck „la communication publique“. Nach der Konferenzunterlage ist es klar, daß der Ausdruck „communication“ als ein überbrückender Ausdruck („bridging term“) verwendet werden kann, wobei in den nationalen Gesetzgebungen entweder der Ausdruck „transmission“ oder der Ausdruck „communication“ verwendet werden kann. Der erstere bezieht sich auf eine technische Übertragung, während der zweite zusätzlich zur technischen Übertragung bedeutet, daß etwas übermittelt wird. Für die Zwecke des neuen Vertrags sei dieser kleine Unterschied unbedeutend; was übertragen oder mitgeteilt wird, ist das Werk (Bemerkungen 10.15 und 10.16 der Konferenzunterlagen S 46).

Der Ausdruck „öffentlich“ („public“) wird in gleicher Weise in der RBÜ verwendet. Es ist eine Angelegenheit der nationalen Gesetzgebung und Rechtsprechung, ihn zu definieren. Dabei sind jedoch die Bemerkungen zur neuen Technologie (s diesbezüglich unter c) zu berücksichtigen. Die Öffentlichkeit bestehe aus individuellen „members of the public“, die Zugang zu den Werken von unterschiedlichen Orten und zu unterschiedlichen Zeiten bekommen können (Bemerkung 10.17 der Konferenzunterlagen, S 46).

Die Mitteilung im privaten Rahmen bleibt demnach nach wie vor frei (Bemerkung 10.12 der Konferenzunterlagen, S 44).

c) Wie schon oben eingangs gesagt, will die neue Bestimmung der technologischen Entwicklung Rechnung tragen. Sie besteht darin, daß es nunmehr technisch möglich ist, daß Personen Zugang zu Werken von einer Stelle und zu einer Zeit bekommen, die sie selbst individuell wählen (sogenanntes On-demand-Service). Hiezu heißt es in Bemerkung 10.10 der Konferenzunterlagen (S 44), es sei urheberrechtlich relevant, daß der Zugang zu den Werken ermöglicht wird. Unwesentlich hingegen ist der Umfang des Angebots, die Übermittlungsverbindungen, die Möglichkeiten für den Transport und das Ausfindigmachen der Signale. Es ist ferner unwesentlich, ob Kopien für den Benützer verfügbar sind oder ob das Werk ihm lediglich wahrnehmbar und damit benützbar gemacht wird. Eines der entscheidenden rechtspolitischen Ziele des zweiten Teils von Art 10 ist es klarzustellen, daß interaktive On-demand-Dienste[3]) darunter fallen. Dies geschieht dadurch, daß Fallgruppen eingeschlossen werden, bei denen Personen Zugang zu den Werken von unterschiedlichen Orten und zu unterschiedlichen Zeiten haben, wobei das Element der individuellen Wahl die interaktive Natur des Zuganges einschließt.

d) Die Formulierung des Art 10 schließt nicht ausdrücklich die Wiedergabe eines Werks ein, wie dies in Art 11 (1) (ii) und 11ter (1)(ii) RBÜ zum Teil durch Verwendung der Worte „performance" und „recitation" der Fall ist. Zu Recht steht Bemerkung 10.18 der Konferenzunterlagen (S 46) auf dem Standpunkt, daß die Formulierung „communication . . . of their works" auch die Mitteilung von Darbietungen deckt. Sie verweisen diesbezüglich darauf, daß auch Art 9 und 11bis RBÜ Pariser Fassung nicht ausdrücklich auf Darbietungen von Werken Bedacht nehmen, weil dies als unnötig empfunden worden sei. Dieser Standpunkt entspricht allgemeinen urheberrechtlichen Gedankengängen und ist aus österreichischer Sicht sehr zu billigen.

e) Selbstverständlich gilt nach allgemeinen urheberrechtlichen Grundsätzen Art 10 auch für Übersetzungen, Adaptionen, Arrangements und andere Umarbeitungen eines Werks (Bemerkungen 10.19 der Konferenzunterlagen, S 46).

f) Eine Erschöpfung des Rechts der „communication to the public" gibt es nicht. Eine Erschöpfung des Rechts gibt es vielmehr nur im Zusammenhang mit der Verbreitung von Werkstücken (Bemerkung 10.20 der Konferenzunterlagen, S 47 f).

Der (deutsche) BGH wird seine Auffassung (BGHZ 79, 350 – Kabelfernsehen in Abschattungsgebieten) wonach der Erschöpfungsgrundsatz auch im Zusammenhang mit Rundfunkempfang über Gemeinschaftsantennen und Kabelweiterleitung anzuwenden ist, demnach – meines Erachtens sehr erfreulicherweise – nicht aufrecht erhalten können.

g) Art 10 versucht nicht, die Rechtsnatur bzw das Ausmaß der Verantwortung auf nationaler Ebene zu regeln. Er regelt vielmehr nur den Umfang des Ausschließungsrechts, das die Urheber hinsichtlich ihrer Werke

---

[3]) Das wesentliche Merkmal von On-demand-Diensten besteht darin, daß nicht Daten auf Initiative des Absenders an den Empfänger übermittelt werden, sondern daß derjenige, der Daten wünscht, diese selbst abruft. Nach dem mir zur Verfügung stehenden Schrifttum erlaubt diese neue Technologie die gleichzeitige Individualkommunikation mit bis zu 500 Benützern (*Flechsig*, Die Auswirkungen der digitalen Signalverarbeitung auf Anbieter von Rundfunk und Fernsehen, in *Becker/Dreier*, Hrsg, Urheberrecht und digitale Technologie, 27, 30; *Zanger*, Urheberrecht und Leistungsschutz im digitalen Zeitalter, 81).

genießen. Wer für die Verletzung dieses Rechts verantwortlich ist und die Rechtsbehelfe gegen solche Verletzungen ist eine Angelegenheit der nationalen Gesetzgebungen und der nationalen Rechtsprechung entsprechend den Rechtstraditionen jedes Mitgliedslands (Bemerkung 10.21 der Konferenzunterlagen, S 48).

h) Die sogenannten „kleinen Ausnahmen“ werden durch diese Regelung nicht abgeschafft (Bemerkung 10.22 der Konferenzunterlagen, S 48). Dies sagt übrigens Art 10 Abs 1 des neuen Abkommens ausdrücklich. Er dehnt allerdings sowohl für die Ausschließungsrechte nach dem neuen Abkommen als auch nach der RBÜ selbst die in ihrer Pariser Fassung in Art 9 Abs 2 enthaltene Regelung auf alle Ausschließungsrechte aus.

3.3.3. Ob hinsichtlich dieser neuen Technologien ein Anpassungsbedarf besteht, hängt davon ab, welchen Standpunkt man zur gegenwärtigen innerstaatlichen Rechtslage in Österreich vertritt.

Wie ich in meiner Arbeit „On-demand-Dienste: Drahtfunksendung oder öffentliche Wiedergabe?“ (RfR 1996, 7) gezeigt habe, ist die Wiedergabe von geschützten Werken über Bildschirm und/oder Lautsprecher (also ohne erneuten Vervielfältigungsakt beim Empfänger) bei einem On-demand-Dienst als bloße öffentliche Wiedergabe zu betrachten. Folgt man dieser Meinung, so besteht kein Anpassungsbedarf. Ich halte jedoch eine Klarstellung in dieser Richtung für dringend empfehlenswert.

Folgt man der soeben zitierten Meinung nicht, so wird man wohl zu dem Ergebnis kommen müssen, daß der Wiedergabe von geschützten Werken über Bildschirm und/oder Lautsprecher (also ohne erneuten Vervielfältigungsakt beim Empfänger) bei einem On-demand-Dienst eine Drahtfunksendung vorangeht. Auch dann bleibt eine Klarstellung in dieser Richtung dringend empfehlenswert, weil das Recht zur öffentlichen Wiedergabe und zu Drahtfunksendungen in verschiedenen Händen liegen kann.

3.4. Auf das Ausstellungsrecht kann im gegebenen Zusammenhang aus Zeitgründen nicht eingegangen werden.